全国银行校园招聘考试教材

题海两万里：综合知识
专项训练

时代教育教研中心　组　编

陈小莉　赵　川　主　编

雍　振　徐　娜　吕　磊
张俊佳　万振华　刘春友　副主编

中国财经出版传媒集团

经济科学出版社
Economic Science Press

图书在版编目（CIP）数据

题海两万里：综合知识专项训练/时代教育教研中心组编.
—北京：经济科学出版社，2017.8
全国银行校园招聘考试教材
ISBN 978 - 7 - 5141 - 8259 - 0

Ⅰ.①题… Ⅱ.①时… Ⅲ.①银行 - 招聘 - 考试 -
中国 - 习题集 Ⅳ.①F832 - 44

中国版本图书馆 CIP 数据核字（2017）第 173542 号

责任编辑：周国强
责任校对：郑淑艳
版式设计：齐　杰
责任印制：邱　天

题海两万里：综合知识专项训练
时代教育教研中心　组　编
陈小莉　赵　川　主　编

雍　振　徐　娜　吕　磊　张俊佳　万振华　刘春友　副主编
经济科学出版社出版、发行　新华书店经销
社址：北京市海淀区阜成路甲 28 号　邮编：100142
总编部电话：010 - 88191217　发行部电话：010 - 88191522
网址：www. esp. com. cn
电子邮件：esp@ esp. com. cn
天猫网店：经济科学出版社旗舰店
网址：http：//jjkxcbs. tmall. com
北京密兴印刷有限公司印装
787×1092　16 开　18.75 印张　460000 字
2017 年 9 月第 1 版　2017 年 9 月第 1 次印刷
ISBN 978 - 7 - 5141 - 8259 - 0　定价：56.00 元
（图书出现印装问题，本社负责调换。电话：010 - 88191510）
（版权所有　侵权必究　举报电话：010 - 88191586
电子邮箱：dbts@ esp. com. cn）

前　言

在中国经济快速发展的进程中，银行业金融机构作为现代经济的主要组成部分发挥着重要的作用。随着银行业务规模的不断扩大，整个银行业需要注入大量高素质的新鲜"血液"，这为广大银行职业追寻者提供了很好的工作机会。因其薪资待遇高、工作环境好、培训系统完善、职业发展通道广、对应届毕业生工作经验要求少等优势条件，而成为莘莘学子竞相追逐的职业目标。近几年银行招聘考试呈现白热化趋势，报考人数激增，考试难度逐年增大，面对如此残酷的竞争局面，应试者要想脱颖而出，必须提前做好各项准备工作。

银行招聘考试历经数年的发展日臻成熟，一是招考流程日益规范，在招聘时间上一般分为春季招聘和秋季招聘、在考试形式上大多采用机考；二是试题逐渐走向定型化、模式化。考试虽主流考查方向相同但各行考查的侧重点和题量有明显差异，且考试难度日趋提升。考生若想在考试中取得好成绩，须透彻研究真题、洞悉试题的命题思路及特点，才是必胜的法宝。

作为金融教育培训领域的佼佼者，时代教育为了帮助广大考生在较短时间内高效、准确地把握银行招考的脉络，在多年研发的基础上，聚集领袖师资和权威专家集中攻关，为考生打造最为完备的"六阶教学法"（①网申必杀→②初面技巧→③系统精讲→④题海两万里→⑤考前密押→⑥面试通关），并精心编写了相应阶段的全国银行校园招聘考试教材。

"题海两万里"阶段使用的教程，包括"真题解析"和"专项训练"两个系列。这套教程历经多次增改升级，呈现出如下特点：

1. 内容全面，结构合理

"题海两万里"的内容涵盖了银行招考所涉及的通用就业能力测试（EPI）、英语、金融学、经济学、会计学、法律学、计算机、管理学、市场营销学等学科，做到科目全覆盖，在内容上和难度上都逐步契合银行招考。

"真题解析"系列，在于帮助考生了解真题的命题思路、考查知识点和考查难度，并配以考点点拨和解析，练与学并举，更好地巩固和掌握常考考点。"专项训练"系列，是对"真题解析"的进一步延伸，精准选取每个科目在银行招考中的必考点，让考生强化对核心考点的练习，巩固核心考点，灵活应对考试。

2. 大咖选题，精准备考

本套图书的编写人员均由时代教育的一线教研大咖担任，他们深谙考试规律和命题方向，能精准把握考情。每一道题目的针对性和考查难度均经过深思熟虑，有效地解决了考生复习备考无目标的难题，使考生从大量重复习题中解脱出来，轻松备考。

最后，我们衷心地感谢陈小莉、赵川、徐娜、雍振、张俊佳、吕磊、周云、杨书燕、杨亚男、万振华、刘春友等十多位老师的精心编写。他们曾帮助无数学子成功上岸。在本书编写过程中他们强强联手，愿点石成金，让考生在成就金融职业之路上更加轻松自如！

时代教育始终以"做实教育产品，用心服务学员"作为服务的宗旨，旨在追求专业和专注的同时，为广大考生提供最精准的备考资料，这也是本套书在编写过程中不懈追求的境界。但在编审校的过程中，千虑难免一失，如存在缺点、疏忽和错误，敬请广大考生和各位同仁批评指正！大家可登录http：//www.sdlbedu.com/进行留言，或拨打电话：400－875－6006进行联系。

预祝各位考生成功打开黄金就业之门，成就金融就业之梦！

时代教育教研中心

目　录

第一篇 金融学

　　金融专项以考生在银行招聘考试中快、准、狠的表现为目标，严选高频核心考点12个供考生在专项练习阶段巩固复习。每一个核心考点分为两个部分：第一部分为经典例题展示，考生通过经典例题熟悉、回顾本考点的核心内容、常见考法和出题形式；第二部分为同步训练，考生通过精练我们专门具有针对性研发出的考题，来巩固该考点的知识，真正做到对于该考点的各种出题形式都能快速准确地找到解题思路和答案。此外，本专项所涉及考点在考试中均有大量真题出现，考生可以配合历年真题解析部分同步学习，以达到更好的效果。

专项训练一

货币的层次、职能与货币制度

1. 经典示例

经典例题1（单选题） 按目前中国人民银行公布的货币层次划分口径，M1 是指（   ）。

A. 现金
B. 活期存款
C. 现金与活期存款之和
D. 储蓄存款

【答案】C

【解析】本题考查货币层次的划分。目前中国人民银行公布的货币划分口径是：M0 = 流通中的现金；M1 = M0 + 企业活期存款；M2 = M1 + 准货币（定期存款 + 居民储蓄存款 + 其他存款）。故选 C 项。

经典例题2（单选题） 关于货币层次，下列说法中错误的是（   ）。

A. 从数量上看，M0 < M1 < M2
B. M1 是狭义货币，M2 是广义货币
C. M0 包括银行的库存现金
D. 在我国，准货币包括定期存款和储蓄存款等

【答案】C

【解析】本题考查货币层次的划分。M0 指流通中的现金，不包括银行体系内部的现金。故选 C 项。

经典例题3（判断题） M1 是一国中央银行调控的主要目标。（   ）

【答案】正确

【解析】本题考查中央银行最主要的调控变量。中央银行运用货币政策进行调控时，选择的调控目标必须具有可测性、可控性和相关性，而 M1 流通中的现金和活期存款最能体现这些要求。故本题正确。

经典例题4（单选题） 货币在衡量并表示商品价值大小时，执行（   ）。

A. 价值尺度职能
B. 流通手段职能

C. 储备手段职能　　　　　　　　　D. 支付手段职能

【答案】A

【解析】本题考查货币价值尺度职能。货币价值尺度职能指货币能够衡量和表现商品的价值。故选 A 项。

经典例题 5（单选题） 在双本位之下，往往产生"劣币驱逐良币"的现象，这种现象被称为（　　　）。

A. 现金漏损　　　　B. 格雷欣法则　　　C. 三元悖论　　　D. 米德冲突

【答案】B

【解析】本题考查劣币驱逐良币规律。在双本位制下，出现的劣币驱逐良币现象也叫作格雷欣法则。故选 B 项。

经典例题 6（单选题） 企业向税务部门上缴企业所得税，这体现了货币的（　　　）。

A. 价值尺度　　　　B. 支付手段　　　C. 流通手段　　　D. 贮藏手段

【答案】B

【解析】本题考查支付手段职能。货币价值单方面转移体现了货币支付手段的职能，如赊销、发工资、缴纳税收、交租金等。故选 B 项。

2. 同步训练

一、单项选择题

1. 我国对货币供应量指标 M1、M2、M3 等的划分标准为（　　　）。

A. 发行数量　　　　B. 流动性　　　　C. 持有人　　　　D. 材质

2. 我国央行首要调控的货币是（　　　）。

A. M1、M2 和 M3　　　　　　　　B. M1 和 M2

C. M0 和 M1　　　　　　　　　　D. M3

3. "劣币驱逐良币"现象存在于（　　　）。

A. 银元本位制　　　　　　　　　　B. 金块本位制

C. 纸币本位制　　　　　　　　　　D. 金银复本位制

4. 当货币作为资产成为持有者的财富时，货币是在执行（　　　）。

A. 价值尺度　　　　　　　　　　　B. 流通手段

C. 支付手段　　　　　　　　　　　D. 贮藏手段

5. 当货币在用于支付工人工资的时候，执行了货币的什么职能（　　　）。

A. 价值尺度　　　　　　　　　　　B. 流通手段

C. 支付手段　　　　　　　　　　　D. 贮藏手段

6. 货币在（　　　）时执行流通手段的职能。

A. 企业发工资　　　　　　　　　　B. 分期付款购房

C. 交水电费　　　　　　　　　　　D. 超市购物

7. 货币在执行价值尺度职能时，此时的"货币"属于（　　　　）。

A. 现实货币　　　　B. 观念货币　　　　C. 货币实体　　　　D. 货币符号

8. 货币之所以能充当价值尺度是因为（　　　　）。

A. 货币本身是商品，它具有价值　　　　B. 货币是财富的象征

C. 货币本身是劳动产品　　　　D. 货币有其特殊的使用价值

9. 下列不属于狭义货币范畴的是（　　　　）。

A. 流通中的现金　　　　B. 活期存款

C. 个人持有的信用卡存款　　　　D. 银行体系的储蓄存款

10. "劣币驱逐良币"规律也称"格雷欣法则"，其中被驱逐的良币是（　　　　）。

A. 实际价值高于名义价值的货币　　　　B. 名义价值高于实际价值的货币

C. 现实的货币　　　　D. 狭义的货币

二、多项选择题

1. 现代信用货币可以是（　　　　）等形式。

A. 钞票　　　　B. 定期存款　　　　C. 信用卡　　　　D. 支票存款

2. 下列属于准货币的有（　　　　）。

A. 银行定期存款　　　　B. 储蓄存款

C. 银行承兑汇票　　　　D. 信用证

E. M2

3. 下列表达正确的有（　　　　）。

A. M0 包括一切现金　　　　B. M1 = 流通中的现金 + 活期存款

C. M2 的流通性要强于 M1　　　　D. M2 中包含准货币

4. 充当世界货币的条件有（　　　　）。

A. 币值稳定　　　　B. 自由兑换

C. 国家保证发行　　　　D. 具有普遍的接受性

5. 金本位制是指以黄金作为本位货币的制度，其主要类型有（　　　　）。

A. 金币本位制　　　　B. 金块本位制

C. 金汇兑本位制　　　　D. 金流通本位制

参考答案与解析

一、单项选择题

1.【答案】B

【解析】货币层次的划分依据是流动性，即金融资产转变成现金且不遭受损失的能力。故选 B 项。

2.【答案】C

【解析】中央银行运用货币政策进行调控时，选择的调控目标必须具有可测性、可

控性和相关性，而 M1 流通中的 M0 现金和活期存款最能体现这些要求。故选 C 项。

3. 【答案】D

【解析】劣币驱逐良币现象发生于金银复本位制的双本位制下。故选 D 项。

4. 【答案】D

【解析】货币的贮藏手段指货币退出流通领域，作为财富保存起来，能够调节流通中的货币量。故选 D 项。

5. 【答案】C

【解析】货币价值单方面转移体现了货币支付手段的职能，如赊销、发工资、缴纳税收、交租金等。故选 C 项。

6. 【答案】D

【解析】流通手段就是货币在商品流通中充当交换媒介的职能。支付手段是指货币在商品赊购赊销过程中用于清偿债务以及支付租金、利息、工资等的职能。实际上，货币作为支付手段是一种信用交易的媒介。故选 D 项。

7. 【答案】B

【解析】货币执行价值尺度职能时，它的最大的一个特点就是观念性，即不需要现实的货币。故选 B 项。

8. 【答案】A

【解析】货币价值尺度职能的含义是指用货币表现和衡量商品的价值。因此，从根本上说是因为货币本身是商品，具有价值，才能够衡量其他商品的价值。故选 A 项。

9. 【答案】D

【解析】狭义货币 M1 ＝流通中的现金（M0）＋活期存款。银行体系的储蓄存款属于广义货币 M2 的范畴。故选 D 项。

10. 【答案】A

【解析】格雷欣法则描述的是在金银复本位制下的双本位制中，由于法定兑换比例和实际兑换比例之间的差异导致的劣币驱逐良币的现象。劣币是指名义价值高于实际价值的货币，即被高估的货币；良币是指名义价值低于实际价值的货币，即被低估的货币。故选 A 项。

二、多项选择题

1. 【答案】ABCD

【解析】在今天，信用货币的表现形式多种多样，包括现钞、支票存款、定期存款、信用卡等。故选 ABCD 项。

2. 【答案】ABC

【解析】准货币主要由银行定期存款、储蓄存款以及各种短期信用流通工具等构成，包括国库券、储蓄存单、承兑汇票等；准货币＝M2－M1。故选 ABC 项。

3. 【答案】BD

【解析】M0 包括流通中的现金，不包括银行的库存现金；M2 的流动性小于 M1。

故选 BD 项。

4.【答案】ABD

【解析】当货币超越国内流通领域，在国际市场上充当一般等价物时，执行世界货币职能。充当世界货币主要有以下条件：币值稳定；自由兑换；具有普遍的接受性。故选 ABD 项。

5.【答案】ABC

【解析】金本位制包括：金币本位制、金块本位制和金汇兑本位制。故选 ABC 项。

专项训练二

现代信用形式

1. 经典示例

经典例题 1（单选题） 信用的基本特征是（　　）。

A. 平等的价值交换　　　　　　　B. 无条件的价值单方面让渡

C. 以偿还为条件的价值单方面转移　　D. 无偿的赠与或援助

【答案】C

【解析】本题考查信用的定义。信用在金融学中定义为以还本付息为条件的借贷行为，体现了一种债权债务关系，是价值的单方面转移。故选 C 项。

经典例题 2（单选题） 甲公司同意乙公司以分期付款的方式偿还所欠贷款，这种信用属于（　　）。

A. 直接信用　　　B. 国家信用　　　C. 银行信用　　　D. 消费信用

【答案】A

【解析】本题考查商业信用的特点。企业之间以赊销、分期付款为方式提供的信用是商业信用，是一种直接信用。故选 A 项。

经典例题 3（多选题） 商业信用是现代信用的基本形式，它是指（　　）。

A. 工商企业之间存在的信用　　　　B. 银行与企业之间提供的信用

C. 以商品的形式提供的信用　　　　D. 是商品买卖双方可以相互提供的信用

E. 是买卖行为与借贷行为同时发生的信用

【答案】ACDE

【解析】本题考查商业信用的特点。商业信用是指企业之间与商品交易相联系提供的一种直接信用，商业信用是整个信用形式的基础，既包括商品买卖行为，也包括货币借贷行为。故选 ACDE 项。

经典例题 4（单选题） 以下哪个是直接融资工具（　　）。

A. 商业票据　　　B. 银行本票　　　C. 保险单　　　　D. 银行券

【答案】A

【解析】本题考查直接融资工具。常见的直接融资工具有：商业票据、债券、股票等；间接融资工具有：银行票据、银行贷款、大额可转让定期存单、保险单、基金凭证等。故选 A 项。

经典例题 5（单选题）信用卡的功能不包括（　　）。

A. 消费信用　　　　B. 投资　　　　C. 转账结算　　　　D. 提取现金

【答案】B

【解析】本题考查信用卡功能。信用卡作为消费信用的主要工具之一，其功能有：消费贷款、透支消费、提取现金和转账结算等，一般不能用于投资。故选 B 项。

经典例题 6（单选题）金融 IC 卡比磁条卡的优势是（　　）。

①金融 IC 卡有脱机消费、圈存、脱机查询及明细等功能

②由于智能芯片技术的采用使金融 IC 卡的安全性大幅提高

③由于支持脱机交易和自动圈存等功能使金融 IC 卡在各行业广泛应用

④支持一卡多用，可以有效拓展金融 IC 卡在各行业的广泛应用

A. ①②③　　　　B. ①②④　　　　C. ②③④　　　　D. ①②③④

【答案】D

【解析】本题考查金融 IC 卡的特点。金融 IC 卡的优势主要体现在：安全性高，金融 IC 卡的信息存储在智能芯片中，卡内信息难以复制，加上多重的交易认证流程，可以有效保障持卡人银行账户资金安全；快捷便利，金融 IC 卡除具备磁条卡所有功能外，还可以进行小额快速支付，可以自动圈存、脱机交易；一卡多用，金融 IC 卡可用于社保、交通、医疗、教育等公共领域。故选 D 项。

2. 同步训练

一、单项选择题

1. 个人获得住房贷款属于（　　）。

A. 商业信用　　B. 消费信用　　　C. 国家信用　　　D. 补偿贸易

2. 间接融资领域中最主要的金融机构是（　　）。

A. 投资银行　　B. 商业银行　　　C. 证券公司　　　D. 保险公司

3. 现代社会最主要的信用形式是（　　）。

A. 商业信用　　B. 国际信用　　　C. 消费信用　　　D. 银行信用

4. 下列属于消费信用的是（　　）。

A. 直接投资　　B. 银团投资　　　C. 赊销　　　　　D. 出口信贷

5. 国家信用主要是指国家的负债，其主要作用工具是（　　）。

A. 银行票据　　B. 国家债券　　　C. 法人股　　　　D. 商业票据

二、多项选择题

1. 以下既属于短期金融工具又属于银行信用工具的有（　　　）。

A. 债券　　　　　B. 银行汇票　　　　C. 银行本票　　　　D. 股票

2. 金融企业提供的服务，与工商企业提供的产品相比，具有以下（　　　）特点。

A. 具有实物形态，只是没有工商企业的产品那样具有明显的形态

B. 服务的提供和消费是同步的，而工商企业的产品提供和消费是可以分离的

C. 不能进行储存，而工商企业的产品可以储存

D. 不像工业产品那样有相同的品质，服务具有异质性

3. 下列属于直接融资信用工具的有（　　　）。

A. 大额可转让定期存单　　　　　　B. 股票

C. 国库券　　　　　　　　　　　　D. 商业票据

4. 商业信用的局限性主要有（　　　）。

A. 严格的方向性　　　　　　　　　B. 稳定性强

C. 产业规模的约束性　　　　　　　D. 信用链条不稳定

E. 债权债务人可以是银行

5. 银行信用的特点包括（　　　）。

A. 买卖行为与借贷行为的统一　　　B. 以金融机构为媒介

C. 借贷的对象是处于货币形态的资金　D. 属于直接信用形式

E. 属于间接信用形式

参考答案与解析

一、单项选择题

1.【答案】B

【解析】个人住房贷款是银行给消费者提供的信用，属于消费信用中的消费贷款形式。故选 B 项。

2.【答案】B

【解析】最典型的直接融资机构是证券公司或投资银行，最典型的间接融资机构是商业银行。故选 B 项。

3.【答案】D

【解析】整个信用形式的基础是商业信用，现在最主要的信用形式是银行信用，银行信用依赖于商业信用，但突破了商业信用资金规模、期限的局限。故选 D 项。

4.【答案】C

【解析】消费信用的主要形式有：赊销、消费贷款、分期付款等。故选 C 项。

5.【答案】B

【解析】国家信用是指国家为信用主体，其主要的信用工具是发行国债。故选 B 项。

二、多项选择题

1. 【答案】BC

【解析】股票和债券都是直接融资工具且是长期融资工具，银行票据既是短期融资工具又是银行信用工具。故选 BC 项。

2. 【答案】BCD

【解析】服务一般不具有实物形态，是无形的。金融企业提供的服务和消费是同步的，并且这种服务没法储存，同样也具有异质性，即不同的消费者获得的服务是有差异的。故选 BCD 项。

3. 【答案】BCD

【解析】直接融资工具包括债券、股票、商业票据等，间接融资工具包括银行贷款、银行票据、大额可转让定期存单、保险单、基金凭证等。故选 BCD 项。

4. 【答案】ACD

【解析】商业信用具有上下游之间的买卖关系，容易形成债务链；商业信用的资金规模、期限有局限；商业信用没有银行的参与。故选 ACD 项。

5. 【答案】BCE

【解析】银行信用的特点主要包括：它是一种间接信用；银行信用的客体是货币资金；银行信用是以银行及其他金融机构通过存贷款业务活动提供的信用。商业信用是买卖行为与借贷行为的统一，银行信用只具有借贷行为。故选 BCE 项。

专项训练三

利率的分类与决定

1. 经典示例

经典例题1（单选题） 在物价上涨的情况下，名义利率不变，实际利率会（　　）。

A. 上涨　　　　　　B. 下降　　　　　　C. 保持不变　　　　　　D. 随机变动

【答案】B

【解析】 本题考查实际利率与名义利率。实际利率＝名义利率－通货膨胀率，所以当名义利率不变而物价上涨时，实际利率会下降。故选B项。

经典例题2（单选题） 若某笔贷款的名义利率是7%，同期的市场通货膨胀率是3%，则该笔贷款的实际利率是（　　）。

A. 3%　　　　　　B. 4%　　　　　　C. 5%　　　　　　D. 10%

【答案】B

【解析】 本题考查实际利率简单的计算。实际利率＝名义利率－通货膨胀率，将题中数据代入计算公式，可得实际利率为4%。故选B项。

经典例题3（单选题） 关于固定利率和浮动利率，下列说法正确的是（　　）。

A. 按固定利率借贷，由于在期初就约定利率，所以固定利率借贷不存在风险

B. 按固定利率借贷有利于财务预算和决策

C. 在市场利率波动较大时，贷款者（银行）更偏爱于固定利率

D. 以上说法均不正确

【答案】B

【解析】 本题考查固定利率与浮动利率。按固定利率借贷时，若利率下跌，则存在多付利息的风险，所以A项错误；在市场利率波动较大时，贷款者（银行）更偏爱浮动利率贷款，浮动利率可以规避因通货膨胀带来的损失，所以C项错误；按固定利率借贷可以提前确定好偿还的本息，有利于财务预算和决策；故选B项。

经典例题4（单选题） LIBOR指的是（　　）。

A. 伦敦同业拆借率　　　　　　　　B. 上海同业拆借率

C. 纽约同业拆借率　　　　　　　　D. 新加坡同业拆借率

【答案】 A

【解析】 本题考查国际利率。伦敦同业拆借利率是世界上使用最广泛的同业拆借利率，其缩写为 LIBOR。纽约同业拆借利率 NIBOR，新加坡同业拆借利率 SIBOR，我国目前使用的是上海同业拆借利率 SHIBOR。故选 A 项。

经典例题5（单选题）被大多数国家和市场普遍接受的利率是（　　　）。

A. 固定利率　　　　B. 浮动利率　　　　C. 名义利率　　　　D. 实际利率

【答案】 B

【解析】 本题考查浮动利率。浮动利率较固定利率更能反映市场借贷资本的供求状况，具有一定的科学合理性，因而被大多数国家和市场所普遍接受。故选 B 项。

经典例题6（单选题）凯恩斯认为，利率是由下面哪组因素决定的（　　　）。

A. 储蓄与投资　　　　　　　　B. 货币的供给与需求

C. 可贷资金的供给与需求　　　　D. 风险与时间

【答案】 B

【解析】 本题考查凯恩斯的利率决定理论。凯恩斯的利率决定理论首先从人们持有货币的动机出发（交易动机、预防动机和投机动机）提出了货币的需求函数。然后，认为货币是由中央银行供给，属于外生变量。货币的需求与供给达到均衡时，所得到的利率即为均衡利率，所以凯恩斯认为利率由货币供求共同决定。故选 B 项。

经典例题7（单选题）根据凯恩斯利率决定理论，当市场上货币供给大于需求时，利率会（　　　）。

A. 下降　　　　B. 上升　　　　C. 不变　　　　D. 无法确定

【答案】 A

【解析】 本题考查货币供求与利率的关系。货币供给增加，即理解为商业银行可用于贷向市场的资金增加，会使得商业银行的存贷利率下降。故选 A 项。

经典例题8（单选题）利率市场化是市场主体自主决定利率的过程，任何单一市场主体都不能单方面决定利率，在这种制度下，利率的变动将（　　　）。

A. 随市场资金供求而变化　　　　B. 随中央银行的基准利率而变化

C. 随市场货币流动性大小而变化　　　　D. 随货币的汇率变动而变化

【答案】 A

【解析】 本题考查利率市场化。利率市场化是指中央银行把利率的决定权放开，由商业银行根据市场资金的供求状况来确定利率水平。故选 A 项。

2. 同步训练

一、单项选择题

1. 中国人民银行制定的利率是（　　　）。

A. 基准利率 　　　　B. 浮动利率 　　　　C. 法定利率 　　　　D. 执行利率

2. 在各种利率并存条件下起决定作用的利率是（　　　　）。

A. 官定利率 　　　　B. 名义利率 　　　　C. 实际利率 　　　　D. 基准利率

3. 公式"借贷资金的需求＝货币需求的改变量＋投资量"表示的是（　　　　）。

A. 可贷资金利率理论 　　　　　　　　B. 古典利率理论

C. 流动性偏好理论 　　　　　　　　　D. 期限偏好理论

4. 利率水平能够影响债券价格，某机构于利率较高时购进短期国债及企业债券，随后一种情况下，利率开始下降，则下列表述中正确的是（　　　　）。

A. 短期国债的价格上升，企业债券的价格下降

B. 短期国债的价格下降，企业债券的价格下降

C. 短期国债的价格上升，企业债券的价格上升

D. 短期国债的价格下降，企业债券的价格上升

5. 当前我国银行同业拆借利率属于（　　　　）。

A. 官定利率 　　　　B. 市场利率 　　　　C. 公定利率 　　　　D. 基准利率

6. 不存在信用风险和通货膨胀风险的情况下，均衡点利率是指（　　　　）。

A. 市场利率 　　　　B. 纯利率 　　　　C. 固定利率 　　　　D. 实际利率

7. 对经济社会有决定性的影响，当它发生变动时，经济活动也会跟着变动的利率是（　　　　）。

A. 活期存款利率 　　B. 定期存款利率 　　C. 实际利率 　　　　D. 名义利率

8. 利率可以分为名义利率和实际利率，负利率指的是（　　　　）。

A. 名义利率低于零 　　　　　　　　　B. 实际利率低于零

C. 实际利率低于名义利率 　　　　　　D. 名义利率低于实际利率

9. 可以规避市场风险的利率是（　　　　）。

A. 固定利率 　　　　B. 浮动利率 　　　　C. 名义利率 　　　　D. 实际利率

10. 利率作为调节经济的杠杆，其杠杆作用发挥的大小主要取决于（　　　　）。

A. 利率对储蓄的替代效应 　　　　　　B. 利率对储蓄的收入效应

C. 利率弹性 　　　　　　　　　　　　D. 消费倾向

二、多项选择题

1. 关于名义利率和实际利率的说法正确的有（　　　　）。

A. 名义利率是包含了通货膨胀因素的利率

B. 名义利率扣除通货膨胀率即可视为实际利率

C. 通常在经济管理中能够操作的是实际利率

D. 实际利率调节借贷双方的经济行为

E. 名义利率对经济起实质性影响

2. 根据借贷期内是否调整利率，利率可分为（　　　　）。

A. 固定利率 　　　　B. 实际利率 　　　　C. 名义利率 　　　　D. 浮动利率

3. 我国利率的决定与影响因素有（　　　）。

A. 利润的平均水平　　　　　　B. 资金的供求状况

C. 物价变动的幅度　　　　　　D. 国际经济环境

E. 政策性因素

4. 提高利率可能产生的经济影响有（　　　）。

A. 减少国际收支逆差　　　　　B. 加大国际收支逆差

C. 使有价证券价格下跌　　　　D. 刺激投资增加

5. 利率市场化产生的影响包括（　　　）。

A. 小型银行面临破产风险　　　B. 引起贷款利率上升

C. 信贷资金分流　　　　　　　D. 金融竞争增加

E. 加剧中小企业融资难的问题

参考答案与解析

一、单项选择题

1.【答案】C

【解析】中国人民银行制定的利率叫法定利率或官定利率；由市场确定的利率叫市场利率；由银行业协会或非政府组织确定的利率叫公定利率。故选 C 项。

2.【答案】D

【解析】在各种利率并存条件下起决定作用的利率叫基准利率。故选 D 项。

3.【答案】A

【解析】可供资金利率理论是新古典学派的利率理论，是古典利率理论与凯恩斯流动性偏好理论的一种综合。该理论认为，利率是由可贷资金的供求关系决定的。借贷资金的需求与供给均包括两个方面：借贷资金的需求来自某期间投资流量和该期间人们希望保有的货币需求量；借贷资金的供给来自同一期间的储蓄流量和该期间货币供给量的变动。故选 A 项。

4.【答案】C

【解析】利率与证券价格呈反方向变动，即利率下降时，证券价格上升。故选 C 项。

5.【答案】B

【解析】我国同业拆借利率由商业银行根据自身的资金供求状况确定，属于市场利率。故选 B 项。

6.【答案】B

【解析】纯利率是指通货膨胀为零时，无风险证券的平均利率。即纯利率是在没有风险、没有通货膨胀情况下均衡点的利率。故选 B 项。

7.【答案】C

【解析】实际利率是提出了通货膨胀因素之后的利率，实际利率反映了真实的借贷关系，对经济社会有实质性影响。故选 C 项。

8.【答案】B

【解析】实际利率是指名义利率减去通货膨胀率。由于通货膨胀严重，因此通胀率大于名义利率，使得实际利率为负，所以称为负利率。故选 B 项。

9.【答案】B

【解析】浮动利率较固定利率更能反映市场借贷资本的供求状况，具有一定的科学合理性，而且浮动利率可以在一定程度上规避通货膨胀的风险。故选 B 项。

10.【答案】C

【解析】利率在经济生活中的作用，主要体现在对于储蓄及投资的影响上，通过储蓄和投资对经济生活的影响到底有多大，取决于利率弹性的大小。故选 C 项。

二、多项选择题

1.【答案】ABD

【解析】名义利率是包含了通货膨胀因素的利率；名义利率扣除通货膨胀率即可视为实际利率；通常在经济管理中能够操作的是名义利率；实际利率调节借贷双方的经济行为，实际利率对经济起实质性影响。故选 ABD 项。

2.【答案】AD

【解析】按是否剔除了通货膨胀率的影响可将利率划分为实际利率和名义利率；根据借贷期内利率是否可以调整分为固定利率和浮动利率。故选 AD 项。

3.【答案】ABCDE

【解析】一个国家利率水平的高低受特定的社会经济条件制约。从我国现阶段的实际出发，决定和影响利率的主要因素有：利润的平均水平；资金的供求状况；物价变动的幅度；国际经济环境；政策性因素。故选 ABCDE 项。

4.【答案】AC

【解析】利率提高，使得投资下降；利率提高抑制消费和投资需求，使得总需求下降，进口为需求的一部分，所以进口需求也会下降，从而改善贸易状况，减少国际收支逆差。故选 AC 项。

5.【答案】ACD

【解析】利率市场化产生的影响有：金融机构竞争增加，使得贷款利率下降；小型银行面临破产倒闭的风险；利率市场化还会引起信贷资金的分流，有利于降低企业的融资成本，缓解中小企业融资难的问题。故选 ACD 项。

专项训练四

货 币 市 场

1. 经典示例

经典例题1（单选题） 具有"准货币"特性的金融工具是（　　）。

A. 货币市场工具　　B. 资本市场工具　　C. 金融衍生品　　　D. 外汇市场工具

【答案】 A

【解析】 本题考查货币市场的特点。准货币＝M2－M1，包括储蓄存款和定期存款＋短期可变现工具，而短期可变现工具一般属于货币市场，具有货币市场期限短、流动性强、风险较低、收益较低的特征。故选A项。

经典例题2（多选题） 货币市场包括（　　）。

A. 商业票据市场
B. 大面额可转让存单市场
C. 银行承兑汇票市场
D. 债券市场

【答案】 ABC

【解析】 本题考查货币市场的子市场。货币市场是指短期一年以内的资金融通市场，包括同业拆借市场、国库券市场、票据市场、回购协议市场和大额可转让定期存单市场等。故选ABC项。

经典例题3（单选题） 金融市场按期限分为（　　）。

A. 资本市场与货币市场
B. 货币市场与流通市场
C. 资本市场与发行市场
D. 资本市场与债券市场

【答案】 A

【解析】 本题考查金融市场的分类。按金融工具的期限可将金融市场分为资本市场和货币市场。货币市场是短期一年以内的资金融通市场；资本市场是一年以上的中长期资金融通市场。故选A项。

经典例题4（单选题） 下列关于同业拆借的说法正确的是（　　）。

A. 同业拆借是银行及其他金融机构之间的短期资金借贷
B. 同业拆借利率由国家法令予以确定

C. 国际货币市场上最著名的同业拆借利率是 SIBOR

D. 我国银行的存贷款基准利率由 SHIBOR 确定

【答案】A

【解析】本题考查同业拆借。同业拆借，是指银行及其他金融机构之间以货币借贷方式进行短期资金的融通活动；同业拆借利率随资金供求的变动而变动，属于市场利率，不是由国家法令确定；国际上最著名的是伦敦银行同业拆放利率 LIBOR；我国银行的存贷款基准利率由中央银行公布。故选 A 项。

经典例题5（单选题） 在证券回购市场上，回购的品种许多，除了（　　）。

A. 国库券　　　　　　　　　　B. 商业票据

C. 支票　　　　　　　　　　　D. 大额可转让定期存单

【答案】C

【解析】本题考查回购的对象。回购协议的标的物主要是国库券等政府债券或其他有担保的债券，也可以是商业票据、大额可转让定期存单等其他货币市场工具，一般不能回购支票。故选 C 项。

经典例题6（单选题） 我国的公开市场操作中，中国人民银行向一级交易商卖出有价证券，并约定在未来特定日期买回有价证券，这种交易行为称为（　　）。

A. 现券买断　　B. 现券卖断　　C. 正回购　　　D. 逆回购

【答案】C

【解析】本题考查正回购和逆回购。回购协议是指交易双方在货币市场上买卖证券的同时签订一个协议，由卖方承诺在日后将证券如数买回，买方保证在日后将买入的证券回售给卖方的交易活动。从交易的主动性出发分为正回购和逆回购，正回购是资金需求者出售证券的同时，与证券购买者签订承诺到期购回证券协议；逆回购是资金供给者买入证券给资金需求者提供资金，在约定到期时将资金收回的证券协议。故选 C 项。

经典例题7（单选题） 同业拆借市场是金融机构之间为（　　）而相互融通的市场。

A. 减少风险　　B. 提高流动性　　C. 增加收入　　D. 调剂短期资金余缺

【答案】D

【解析】本题考查同业拆借的目的。同业拆借是指金融机构之间的短期资金借贷，属于货币市场。故选 D 项。

---

2. 同步训练

一、单项选择题

1. 金融机构在同业拆借市场交易的主要是（　　）。

A. 法定存款准备金　　　　　　B. 超额存款准备金

C. 原始存款　　　　　　　　　D. 派生存款

2. 货币市场是金融市场体系中的重要组成部分，下列选项中，不属于货币市场范畴的是（   ）。

    A. 同业拆借市场   B. 国库券市场

    C. 企业中长期债券市场   D. 商业票据市场

3. 以下关于安全性、流动性和收益性关系表述正确的是（   ）。

    A. 安全性与流动性正相关，与收益性负相关

    B. 安全性与流动性负相关，与收益性负相关

    C. 安全性与流动性负相关，与收益性正相关

    D. 安全性与流动性正相关，与收益性正相关

4. 下列不属于货币市场工具的是（   ）。

    A. 回购协议   B. 商业票据   C. 开放式基金   D. 国库券

5. 资本市场和货币市场基础性金融工具划分的标准是（   ）。

    A. 交易对象不同   B. 金融工具发行时的地域不同

    C. 金融资本发行和流通的特征不同   D. 偿还期限的长短不同

6. 下列关于我国同业拆借市场说法正确的是（   ）。

    A. 包括了全国所有的金融机构，覆盖了整个金融系统

    B. 是一种无须担保的资金融通行为

    C. 属于商业银行的长期借款行为

    D. 同业拆借利率反映了银行间货币存量的多寡

7. 同业拆借市场的主要特征是（   ）。

    A. 同业性、长期性、担保性、大额交易和不提交存款准备金

    B. 同业性、短期性、无担保性、大额交易和提交存款准备金

    C. 同业性、短期性、市场准入性、大额交易和不提交存款准备金

    D. 同业性、长期性、市场准入性、大额交易和不提交存款准备金

8. 证券回购中，出售方付给买方的利息由（   ）确定。

    A. 被抵押的证券本身的   B. 基准利率

    C. 市场利率   D. 买卖双方商议

9. CD 市场是（   ）的发行和转让市场。

    A. 股票   B. 定期存单   C. 公债   D. 证券投资基金

10. 近年来，同业拆借市场利率迅速攀升，其中隔夜拆借利率涨幅尤为迅猛，不断刷新银行间市场成立以来历史记录。下列关于商业银行同业拆借的表述中，错误的是（   ）。

    A. 同业拆借主要通过全国银行间债券市场进行

    B. 拆出资金限于交足存款准备金、留存备付金和归还中国人民银行到期贷款之后的闲置资金

    C. 同业拆借的利率随资金供求的变化而变化，常作为货币市场的基准利率

    D. 拆入资金用于弥补票据结算、联行汇差头寸的不足和解决临时性周转资金的需要

二、多项选择题

1. 传统的定期存单相比，大额可转让定期存单具有的特点有（　　　）。

A. 记名并可转让流通

B. 存单金额不固定，由存款人意愿决定

C. 不可提前支取，只能在二级市场上流通

D. 固定利率

E. 利率一般高于同期定期存款利率

2. 短期政府债券的特点有（　　　）。

A. 以国家信用为担保　　　　　　　B. 几乎不存在违约风险

C. 极易在市场变现　　　　　　　　D. 收益免缴所得税

3. 货币市场工具包括（　　　）。

A. 商业票据　　　B. 国库券　　　C. 回购协议　　　D. 大额可转让定期存单

E. 股票

4. 下列关于金融工具的四个性质之间的关系，论述正确的有（　　　）。

A. 金融工具的期限性与收益性成正相关

B. 金融工具的期限性与流动性成负相关

C. 金融工具的收益性与风险性成正相关

D. 金融工具的期限性与风险性成负相关

5. 在证券回购市场上，回购的品种有（　　　）。

A. 国库券　　　B. 商业票据　　　C. 支票　　　D. 大额可转让定期存单

E. 政府债券

参考答案与解析

一、单项选择题

1. 【答案】B

【解析】同业拆借是金融机构之间的短期资金借贷行为，其拆借的资金主要是金融机构存放在中央银行的可以自由支配的超额准备金。故选 B 项。

2. 【答案】C

【解析】货币市场是一年以内的短期资金借贷市场，包括同业拆借市场、票据市场、大额可转让定期存单市场、短期国债市场和回购协议市场。中长期债券市场属于资本市场。故选 C 项。

3. 【答案】A

【解析】金融工具的性质中，安全性与流动性成正相关，与收益性成负相关。故选 A 项。

4. 【答案】C

【解析】货币市场是一年以内的短期资金借贷市场，包括同业拆借市场、票据市场、大额可转让定期存单市场、短期国债市场和回购协议市场。基金市场属于资本市场。故选 C 项。

5.【答案】D

【解析】根据金融工具的期限不同，可以分为货币市场和资本市场。货币市场指短期一年以内的资金融通市场；资本市场是一年以上的中长期资金融通市场。故选 D 项。

6.【答案】B

【解析】同业拆借是指金融机构（主要是商业银行）之间为了调剂资金余缺，利用资金融通过程的时间差、空间差、行际差来调剂资金而进行的短期借贷。同业拆借属于信用借款，不需要担保，我国同业拆借市场只允许符合条件的金融机构参与，另外同业拆借利率反映的是整个货币市场短期资金的供求，即流量的多寡，而不是存量的多寡。故选 B 项。

7.【答案】C

【解析】同业拆借市场具有同业性、短期性、无须担保、具有准入门槛、大额交易和不用提交存款准备金等特点。故选 C 项。

8.【答案】D

【解析】证券回购中，出售方付给买方的利息由买卖双方商议确定。故选 D 项。

9.【答案】B

【解析】CD 市场即可转让大额存单市场，是可转让定期存单的发行和转让市场。故选 B 项。

10.【答案】A

【解析】同业拆借市场与银行间债券市场是两个分立的市场；拆出资金限于交足存款准备金、留存备付金和归还中国人民银行到期贷款之后的闲置资金；拆入资金用于弥补票据结算、联行汇差头寸的不足和解决临时性周转资金的需要；同业拆借的利率随资金供求的变化而变化，常作为货币市场的基准利率。故选 A 项。

二、多项选择题

1.【答案】CE

【解析】大额可转让定期存单的特点有：面额固定较大；不记名；不可以提前支取，但可以流通转让；利率有固定的，也有浮动的；利率一般高于同期限的其他存款利率。故选 CE 项。

2.【答案】ABCD

【解析】短期政府债券又叫国库券，以国家信用担保，几乎不存在违约风险，流动性很强，极易变现，利息免税。故选 ABCD 项。

3.【答案】ABCD

【解析】货币市场是一年以内的短期资金借贷市场，包括同业拆借市场、票据市场、大额可转让定期存单市场、短期国债市场和回购协议市场。股票市场属于资本市场。故选 ABCD 项。

4.【答案】ABC

【解析】金融工具的性质有：期限性、流动性、收益性和风险性。其中，期限性与流动性负相关，与收益性、风险性正相关；流动性与收益性、风险性负相关；收益性与风险性正相关。故选 ABC 项。

5.【答案】ABDE

【解析】回购协议的标的物主要是国库券等政府债券或其他有担保的债券，也可以是商业票据、大额可转让定期存单等其他货币市场工具，一般不可以回购支票。故选 ABDE 项。

专项训练五

资 本 市 场

1. 经典示例

经典例题1（单选题） 下列属于资本市场特点的是（　　）。

A. 偿还期短、流动性强、风险小　　　　B. 偿还期短、流动性小、风险高

C. 偿还期长、流动性小、风险高　　　　D. 偿还期长、流动性强、风险小

【答案】C

【解析】本题考查资本市场的特点。资本市场是一年以上的中长期融资市场，具有期限长、流动性小、风险较高、收益较高的特点。故选C项。

经典例题2（单选题） 以人民币为面值，外币为认购和交易币种，在上海和深圳证券交易所上市交易的股票是（　　）。

A. A股　　　　　B. H股　　　　　C. B股　　　　　D. N股

【答案】C

【解析】本题考查B股的定义。A股是指我国境内的公司在中国内地上市，发行的以人民币标明票面面额，以人民币认购的普通股票；B股是指我国境内的公司在中国内地上市，发行以人民币标明票面面额，以外币认购的特种股票；H股指在内地注册，香港上市的外资股；N股指在内地注册，在纽约上市的外资股。故选C项。

经典例题3（单选题） 下列关于封闭式基金的说法，错误的是（　　）。

A. 封闭式基金的规模和存续期是既定的

B. 投资者在基金存续期不能向基金公司赎回资金

C. 投资者可以在二级市场上转让基金单位

D. 基金转让价格一定等于基金单位净值

【答案】D

【解析】本题考查封闭式基金的特点。封闭式基金的特点有：有具体期限、面额固定；在存续期内不得认购和赎回；可以在市场上流通转让，可以将资金用于投资和上市。基金转让价格随市场供求而变动，不一定等于基金单位净值。故选D项。

经典例题 4（多选题）股票的主要特点包括（　　）。

A. 股票持有者不能向公司退股　　B. 股票可以在证券市场上买卖抵押和转让

C. 股票价格等于股票面额　　D. 股票持有者按持股投资额承担风险和责任

E. 股票市场价格波动影响持股者的收益

【答案】ABDE

【解析】本题考查股票的特点。股票的持股者不可以要求公司退股，只能在二级市场上流通转让；股票投资者以购买的股票额为限承担风险和责任；股价的波动会影响到持股者的收益；股票价格随市场供求状况而变动，不一定等于股票的票面面额。故选ABDE项。

经典例题 5（多选题）下列金融工具中，没有偿还期的有（　　）。

A. 永久性债券　　B. 银行定期存款

C. 股票　　D. 大额可转让定期存单（CDs）

E. 商业票据

【答案】AC

【解析】本题考查金融工具性质。永久性债券不规定还本付息的时间，可以无限期地取得债券的利息；股票无偿还性；商业票据、定期存款和大额可转让定期存单（CDs）都是期限在一年以内的货币市场工具。故选AC项。

经典例题 6（多选题）与债券筹资相比，属于股票筹资优点的有（　　）。

A. 保持公司的控制权　　B. 降低公司财务风险

C. 降低公司资本成本　　D. 增强公司信誉，提高筹资能力

【答案】BD

【解析】本题考查股票筹资的优点。股票筹资的特点有：能增强公司的信誉，提高筹资能力；不用偿还本金和利息，无债务负担，财务风险小。缺点主要是：给股东的收益较高，即资本成本较高；会因发行股票导致对公司控制权的分散，即股票对公司的控制权有稀释作用。故选BD项。

经典例题 7（单选题）购买企业普通股票和债券的根本区别在于（　　）。

A. 买股票收益高，买债券风险大

B. 债权人有权参与公司的经营管理

C. 买债券收益高，买股票风险大

D. 买股票他是股东，原则上有权参与公司管理

【答案】D

【解析】本题考查股票与债券的区别。一般来说，股票的收益和风险都高于债券；购买债券无权参与公司的管理，购买股票有权参与公司管理。故选D项。

经典例题 8（单选题）赵某拥有某上市公司的可累计优先股1万股，面值为1元/股，作为该公司的优先股股东，赵某不拥有以下（　　）权利。

A. 分红优先权　　B. 固定股息优先索取权

C. 剩余财产分配索取权　　D. 投票表决权

【答案】D

【解析】本题考查优先股的特点。优先股股东的特点有：股息固定，分红优先，剩余财产分配优先，风险较小，但一般无权参与公司的投票表决权。故选 D 项。

2. 同步训练

一、单项选择题

1. 股票体现的是（   ）。

A. 买卖关系   B. 债权债务关系   C. 借贷关系   D. 所有权关系

2. 下列选项中，属于按证券投资基金投资对象分类的是（   ）。

A. 公司型基金   B. 契约型基金   C. 股票型基金   D. 开放型基金

3. 在下列哪种市场中，组合管理者会选择消极保守型的态度，只求获得市场平均的收益率水平（   ）。

     A. 弱式有效市场   B. 无效市场

     C. 半强式有效市场   D. 强式有效市场

4. 股票市场上常常会被提到的 "IPO" 的意思是（   ）。

A. 首次公开发行，即公司第一次公募股票

B. 公司第一次私募股票

C. 已有股票的公司再次公募股票

D. 已有股票的公司再次私募股票

5. 股票是一种重要的融资工具，对此，下列说法正确的是（   ）。

A. 任何性质的公司都可以发行股票，但不同股票的流动性存在很大区别

B. 股票是一种凭证，可以用来追索发行公司归还股本

C. 持有股票的人是股票发行公司的股东，但是只有持有 5% 以上股票的股东才有权参与公司的决策

D. 凭借股票，持有人可以获得股息和分红

6. 下列关于债券的说法错误的是（   ）。

     A. 债券代表所有权关系   B. 债券代表债权债务关系

     C. 债券持有人是债权人   D. 债券发行人到期须偿还本金和利息

7. 某股票每股预期股息收入为每年 2 元，如果市场年利率为 5%，则该股票的每股市场价格应为（   ）元。

A. 20   B. 30   C. 40   D. 50

8. 证券投资基金反映了投资者和基金管理人之间的关系是（   ）。

A. 债权   B. 所有权   C. 相互制衡关系   D. 委托代理关系

9. 下列关于封闭式基金的说法中错误的是（   ）。

A. 封闭式基金的规模和存续期是既定的

B. 投资者在基金存续期内不能向基金公司赎回资金

C. 封闭性基金买卖价格受到市场供求关系影响较大

D. 封闭型基金一般投资于变现能力强的资产

10. 债券的发行价格与市场利率、债券收益有直接关系，若市场利率低于债券收益率时，债券为（　　）发行。

A. 溢价   B. 折价   C. 平价   D. 时价

二、多项选择题

1. 金融机构筹集资本的基本途径可分为（　　）。

A. 内部筹集资本   B. 发行股票   C. 外部筹集资本   D. 国家财政拨款

2. 证券投资基金的特点主要有（　　）。

A. 积少成多、规模经营   B. 专业性管理

C. 集中进行投资   D. 多元化经营、分散风险

E. 收益较高

3. 推动金融领域改革，发展多层次资本市场，提高直接融资的比例，那么，以下属于直接融资的有（　　）。

A. 甲企业向乙企业购买了 100 万元的物品，双方约定采用分期付款支付方式支付款项

B. 国家发行国库券筹集财政资金

C. 某商业银行向李某发放 80 万元住房贷款

D. 某企业申请在 A 股主板发行股票，筹集发展资金

4. 下列行为中属于证券市场上的欺诈行为的有（　　）。

A. 违背客户的委托为其买卖证券

B. 以自己为交易对象，进行不转移所有权的自买自卖，影响证券交易价格或者证券交易量

C. 不在规定时间内向客户提供交易的书面确认文件

D. 挪用客户所委托买卖的证券或者客户账户上的资金

5. 基金按组织形态可以分为（　　）。

A. 公司型基金   B. 契约型基金   C. 独资型基金   D. 合作型基金

参考答案与解析

一、单项选择题

1.【答案】D

【解析】股票体现了所有权关系；债券体现了债权债务关系。故选 D 项。

2.【答案】C

【解析】证券投资基金按是否可以认购和赎回可以分为封闭式基金和开放式基金；

按基金的组织形态可以分为公司型基金和契约型基金；按基金的投资对象可以分为股票型基金、债券型基金、货币市场基金、混合型基金等。故选 C 项。

3.【答案】D

【解析】在强势有效市场中，过去的、公开的和内幕消息都已充分反映，投资者只能够通过采取被动型投资方式获得整个市场的平均收益。故选 D 项。

4.【答案】A

【解析】IPO 是指一家公司第一次将它的股份向公众出售，即首次公开发行，指股份公司首次向社会公众公开招股的发行方式。故选 A 项。

5.【答案】D

【解析】只有股份有限公司才可以发行股票筹集资金；股票持有者不能向公司要求归还股本，只能将股票在二级市场上流通转让；只要是普通股股东，都有权参与公司的股东大会投票表决；通过股票可以获得股息红利。故选 D 项。

6.【答案】A

【解析】债券发行人到期必须偿还本息，债券代表的是债权债务关系非所有权关系；股票代表的是所有权关系。故选 A 项。

7.【答案】C

【解析】根据股票理论价格公式有：每股股息收入/市场年利率 = 每股市场价格，代入题中数据可得每股价格 = 2 ÷ 5% = 40（元），故选 C 项。

8.【答案】D

【解析】证券投资基金，是通过发行基金单位，集中投资者的资金，由基金托管人托管，由基金管理人管理和运用资金，为基金份额持有人的利益，以资产组合方式进行证券投资的一种利益共享、风险共担的投资方式。反映了投资者和基金管理人之间的委托代理关系。故选 D 项。

9.【答案】D

【解析】封闭式基金的特点是：基金份额固定不变、有具体期限；基金份额可以上市交易；基金份额不得认购或者赎回；资金可以全部用于投资。所以，一般情况下，封闭式基金可以投资于变现能力弱的资产，也可以做长期投资。故选 D 项。

10.【答案】A

【解析】如果市场利率低于债券收益率，债券的市场价格高于债券面值，债券为溢价发行；如果市场利率高于债券收益率，债券的市场价格低于债券面值，债券为折价发行；如果市场利率等于债券收益率，债券的市场价格等于债券面值，债券为平价发行。故选 A 项。

二、多项选择题

1.【答案】AC

【解析】筹资渠道是指筹集资金来源的方向和通道。从筹集资金来源的角度看，筹资渠道可分为内部筹资渠道和外部筹资渠道。故选 AC 项。

2. 【答案】ABD

【解析】证券投资基金的特点有：集合资金、独立托管、专家理财、组合投资、分散风险、风险共担、利益共享等。故选 ABD 项。

3. 【答案】ABD

【解析】直接融资的形式及工具有：企业之间的赊销、商业票据融资、发行债券、股票筹资等；间接融资工具有：银行贷款、银行票据、大额可转让存单、保险单、基金等。故选 ABD 项。

4. 【答案】ACD

【解析】证券公司及从业人员的欺诈行为包括：违背客户的委托为其买卖证券；不在规定时间内向客户提供交易的书面确认文件；挪用客户所委托买卖的证券或者客户账户上的资金；未经客户的委托，擅自为客户买卖证券，或者假借客户的名义买卖证券；为牟取佣金收入，诱使客户进行不必要的证券买卖；利用传播媒介或者通过其他方式提供、传播虚假或者误导投资者的信息；其他违背客户真实意思表示，损害客户利益的行为。B 项属于操纵证券市场。故选 ACD 项。

5. 【答案】AB

【解析】证券投资基金按照组织形态可以分为公司型基金和契约型基金。故选 AB 项。

专项训练六

金融衍生工具

1. 经典示例

经典例题1（单选题） 在金融衍生工具中，远期合约的最大功能是（　　）。

A. 增加收益　　　　B. 增加交易量　　　　C. 方便交易　　　　D. 转嫁风险

【答案】D

【解析】本题考查远期合约的功能。远期合约最基本、最大的功能就是套期保值、转嫁风险。故选D项。

经典例题2（单选题） 在金融衍生品市场交易主体中，利用不同市场上的定价差异，同时在两个或两个以上的市场中进行衍生品交易，以获得无风险收益的是（　　）。

A. 投机者　　　　B. 套利者　　　　C. 套期保值者　　　　D. 经纪人

【答案】B

【解析】本题考查金融衍生市场的参与主体。套利者是衍生证券市场中重要的参与者，套利指同时进入两个或多个市场的交易，以锁定一个无风险的收益；投机者是指在金融市场上通过"买空卖空""卖空买空"，希望以较小的资金来博取利润的投资者，投机者愿意承担投机标的价格波动带来的风险；套期保值者指通过金融衍生工具来规避风险的人；经纪人指是买卖双方介绍交易以获取佣金的中间商人。故选B项。

经典例题3（单选题） 远期合约与期货之间最主要的区别在于（　　）。

A. 标准化程度不同　　　　　　　　B. 交易机制不同

C. 风险机制不同　　　　　　　　　D. 定价机制不同

【答案】A

【解析】本题考查远期与期货的区别。期货合约与远期合约最大的差别在于合约是否标准化。期货合约是在远期合约的基础上发展而来的，是买卖双方通过签订标准化合约，同意按照指定的时间、数量与其他交易条件集中在期货交易所进行买卖。而远期合约是非标准化合约，一般在场外交易。故选A项。

经典例题 4（单选题） 持有者能在规定的期限内按交易双方商定的价格购买或出售一定数量的某种商品的权利称为（　　）。

A. 期货　　　　　B. 远期　　　　　C. 期权　　　　　D. 互换

【答案】C

【解析】本题考查期权的定义。期权是指买方向卖方支付期权费后拥有的在未来一段时间内（指美式期权）或未来某一特定日期（指欧式期权）以事先规定好的价格向卖方购买或出售一定数量的特定商品的权利。期权更加强调"权利"二字，而远期和期货不具备这一特点。故选 C 项。

经典例题 5（单选题） 看涨期权的买方具有在约定期限内按（　　）价格买入一定数量金融资产的权利。

A. 市场　　　　　B. 买入　　　　　C. 卖出　　　　　D. 协议

【答案】D

【解析】本题考查看涨期权。看涨期权的买方预测未来价格会涨，于是为了套期保值，即签订协议约定在未来某一时间按协议价格买入一定数量金融资产。故选 D 项。

经典例题 6（单选题） 期权交易如果只能在到期日当天执行，则称为（　　）。

A. 美式期权　　　B. 欧式期权　　　C. 普通期权　　　D. 到期期权

【答案】B

【解析】本题考查欧式期权与美式期权。根据期权的交割时间，可分为欧式期权和美式期权。欧式期权指必须在到期日当天选择是否交易；美式期权指可以在到期前的任何一天选择是否交易。故选 B 项。

经典例题 7（单选题） 是否行使期权合约所赋予的权利，是（　　）的选择。

A. 期权买方　　　　　　　　　　B. 期权卖方
C. 标的资产的买方　　　　　　　D. 标的资产的卖方

【答案】A

【解析】本题考查期权双方的权利与义务。期权是指买方向卖方支付期权费后拥有的在未来一段时间内（指美式期权）或未来某一特定日期（指欧式期权）以事先规定好的价格向卖方购买或出售一定数量的特定商品的权利。因此期权的买方才具有是否行使合约的权利，而期权的买方既可以是标的资产的买方（购买某标的资产），也可以是标的资产的卖方（卖出某标的资产）。故选 A 项。

经典例题 8（多选题） 我国的期货交易所有（　　）。

A. 中国金融期货交易所　　　　　B. 上海期货交易所
C. 大连商品期货交易所　　　　　D. 郑州商品期货交易所
E. 华夏贵金属期货交易所

【答案】ABCD

【解析】本题考查我国的期货交易所。我国四大期货交易所为：中国金融期货交易所、上海期货交易所、大连商品期货交易所和郑州商品期货交易所。故选 ABCD 项。

2. 同步训练

一、单项选择题

1. 做"多头"期货是指交易者预计价格将（　　　）。

A. 上涨而进行贵买贱卖　　　　　　B. 下降而进行贱买贵卖

C. 上涨而进行贱买贵卖　　　　　　D. 下降而进行贵买贱卖

2. 与期货相比，远期合约所面临的流动性风险要（　　　）。

A. 更大　　　　　B. 更小　　　　　C. 差不多　　　　　D. 无法比较

3. 对于看涨期权的买方来说，到期行使期权的条件是（　　　）。

A. 市场价格低于执行价格　　　　　B. 市场价格高于执行价格

C. 市场价格上涨　　　　　　　　　D. 市场价格下跌

4. 一家美国投资公司需 1 万英镑进行投资，预期一个月后收回，为避免一个月后英镑汇率下跌的风险，可以（　　　）。

A. 买进 1 万英镑现汇，同时买进 1 万英镑的一个月期汇

B. 卖出 1 万英镑期汇，同时卖出 1 万英镑的一个月期汇

C. 买进 1 万英镑现汇，同时卖出 1 万英镑的一个月期汇

D. 卖出 1 万英镑现汇，同时买进 1 万英镑的一个月期汇

5. 甲购买了 A 公司股票的欧式看涨期权，协议价格为每股 20 元，合约期限为 3 个月，期权价格为每股 1.5 元。若 A 公司股票市场价格在到期日为每股 21 元，则甲将（　　　）。

A. 不行使期权，没有亏损　　　　　B. 行使期权，获得盈利

C. 行使期权，亏损小于期权费　　　D. 不行使期权，亏损等于期权费

二、多项选择题

1. 以下属于衍生性金融工具的有（　　　）。

A. 远期　　　　　B. 期货　　　　　C. 期权　　　　　D. 股票

2. 以下不属于远期合约特点的有（　　　）。

A. 是一种标准化合约　　　　　　　B. 有集中地交易所

C. 违约风险较高　　　　　　　　　D. 流动性较差

3. 某公司一年后将要支付 100 万英镑，则可以运用的正确汇率风险管理法方法有（　　　）。

A. 买入远期英镑　　　　　　　　　B. 买进英镑看跌期权

C. 买入英镑期货　　　　　　　　　D. 买进英镑看涨期权

4. 期权合约买方损益可能的情况有（　　　）。

A. 买方收益无限　　　　　　　　　B. 买方收益有限

C. 买方损失有限　　　　　　　　　D. 买方损失无限

5. 下列关于期权的说法正确的有（　　　）。

A. 买卖双方的风险与收益对等　　　B. 期权的交易对象是选择权

C. 只有期权的买方有选择权　　　　D. 期权买方可以放弃行使权利

参考答案与解析

一、单项选择题

1.【答案】C

【解析】多头方即为买方，买进期货意味着预计标的资产价格将上涨，从而贱买贵卖以规避风险。故选 C 项。

2.【答案】A

【解析】远期合约是非标准化合约，流动性较差，违约风险高。故选 A 项。

3.【答案】B

【解析】看涨期权是指当合约协议价格低于实际市场价格时，期权的买方有权以较低的协议价格买进金融资产。故选 B 项。

4.【答案】C

【解析】美国公司应在现汇市场上买进 1 万英镑进行投资，为了防止一个月后收到的英镑汇率下跌，应在期汇市场上卖出 1 万英镑以规避英镑汇率下跌的风险。故选 C 项。

5.【答案】C

【解析】若甲不行使期权，则亏损 1.5 元期权费；若甲行使期权，则以协议价 20 元买进股票，该股票实际市场价格 21 元，赚 1 元，可以用来弥补期权费，最后亏损 0.5 元。故选 C 项。

二、多项选择题

1.【答案】ABC

【解析】金融衍生工具包括远期、期货、期权、互换等。故选 ABC 项。

2.【答案】AB

【解析】远期合约是非标准化合约，没有固定的交易场所，流动性差，违约风险高。故选 AB 项。

3.【答案】ACD

【解析】该公司未来要支付欧元，面临的汇率风险主要是英镑升值后，将来支付的成本增加。所以为了应对该种风险，该公司可以通过买进英镑看涨期权、买入英镑期货或远期来固定将来支付英镑的成本。故选 ACD 项。

4.【答案】AC

【解析】由于期权合约买卖双方收益与风险不对等，买方最多亏损期权费，因此买方收益可能是无限的，损失是有限的。故选 AC 项。

5. 【答案】BCD

【解析】期权合约买卖双方风险与收益不对等，权利与义务也不对等。只有买方具有选择权，即买方到期可以选择交易，也可以选择放弃交易。故选 BCD 项。

专项训练七

各种收益率的计算

1. 经典示例

经典例题1（单选题） 假设100元的存款以12%的年利率每半年支付一次利息，也就是说6个月的收益是12%的一半，即6%。因此6个月末的终值为（   ）。

A. 103　　　　　B. 106　　　　　C. 112.36　　　　　D. 120

【答案】B

【解析】本题考查终值的计算。6个月末的终值即求6个月末的本利和，6个月后的本利和 $=100\times6\%+100=106$（元）。故选B项。

经典例题2（单选题） 小王借给好友小张10 000元，一年后物价水平上涨了10%，小张偿还给小王10 800元，小王的实际收益率为（   ）。

A. 8%　　　　　B. 10%　　　　　C. −2%　　　　　D. 2%

【答案】C

【解析】本题考查实际收益率的计算。先求出名义收益率 $=(10\,800-10\,000)\div10\,000=8\%$，则实际收益率 $=$ 名义收益率 $-$ 物价上涨率 $=8\%-10\%=-2\%$。故选C项。

经典例题3（单选题） 月利率一般以本金的千分之几表示，通常成为月厘，如月息3厘意味着年利率为（   ）。

A. 3%　　　　　B. 10.8%　　　　　C. 3.6%　　　　　D. 10.95%

【答案】C

【解析】本题考查计息单位"厘"。月息3厘表明月利率为3‰，则年利率为 $3‰\times12=36‰=3.6\%$。故选C项。

经典例题4（单选题） 某人借款2 000元，如果年利率为10%，两年后到期，按复利计算，到期时借款人应支付利息为（   ）。

A. 210元　　　　　B. 420元　　　　　C. 1 210元　　　　　D. 2 420元

【答案】B

【解析】本题考查复利的计算。利息＝本利和－本金，按复利法计算 2 年后的本利和＝2 000×(1＋10%)^2＝2 420（元），则利息＝2 420－2 000＝420（元）。故选 B 项。

经典例题 5（单选题）某附息票债券的期限为 5 年，面额为 1 000 元，息票载明年利息额为 100 元，则该债券的票面收益率为（　　）。

A. 2%　　　　　　B. 10%　　　　　　C. 11.11%　　　　　　D. 50%

【答案】B

【解析】票面收益率＝票面利息/票面金额＝100÷1 000＝10%。故选 B 项。

经典例题 6（单选题）某公司是专业生产芯片的厂商，已在美国纳斯达克上市。当前该公司的 β 系数为 1.5，纳斯达克的市场组合收益率为 8%，美国国债利率为 2%。

（1）当前市场条件下美国纳斯达克市场的风险溢价是（　　）。

A. 3%　　　　　　B. 5%　　　　　　C. 6%　　　　　　D. 9%

【答案】C

【解析】本题考查市场的风险溢价。根据公式，市场风险溢价＝市场预期收益率－无风险利率＝8%－2%＝6%。故选 C 项。

（2）该公司股票的风险溢价是（　　）。

A. 10%　　　　　　B. 12%　　　　　　C. 6%　　　　　　D. 9%

【答案】D

【解析】本题考查单个资产的风险溢价。根据公式，单个资产的风险溢价＝市场的风险溢价×β＝6%×1.5＝9%。故选 D 项。

（3）该公司股票的预期收益率是（　　）。

A. 10%　　　　　　B. 11%　　　　　　C. 6%　　　　　　D. 9%

【答案】B

【解析】本题考查单个资产的预期收益率。根据公式，单个资产的预期收益率＝（市场预期收益率－无风险利率）×β＋无风险利率＝单个资产的风险溢价＋无风险利率＝9%＋2%＝11%。故选 B 项。

经典例题 7（单选题）某人于 1993 年以 120 元的价格购买了面值为 100 元，利率为 10%，每年支付一次利息的 10 年期国债，并持有到 1998 年以 140 元的价格卖出，则该债券的持有期间收益率为（　　）。

A. 10%　　　　　　B. 11.7%　　　　　　C. 8.6%　　　　　　D. 13.3%

【答案】B

【解析】本题考查债券持有期收益率的计算。根据持有期间收益率计算公式：持有期间收益率＝（利息收入＋买卖差价）/（购买价格×期限）＝（100×10%×5＋140－120）÷（120×5）＝11.7%。故选 B 项。

经典例题 8（单选题）某企业将一张票面金额为 10 000 元，3 个月后到期的商业汇票，提交某商业银行请求贴现，若商业银行的年贴现率为 6%，那么银行应付给企业的现款为（　　）。

A. 9 800 元　　　　　B. 9 860 元　　　　　C. 9 850 元　　　　　D. 9 820 元

【答案】C

【解析】本题考查贴现利息的计算。根据贴现的计算公式，贴现利息＝票面金额×年贴现率×未到期年限＝10 000×6%×3÷12＝150（元），则商业银行应付给企业的现款为10 000－150＝9 850（元）。故选C项。

2. 同步训练

单项选择题

1. 当银行的年利率为3.6%时，那么日利率为（   ）。

A. 0.1   B. 0.01   C. 0.001   D. 0.0001

2. 按复利计算，年利率为5%的100元贷款，经过两年后产生的利息是（   ）。

A. 5元   B. 10元   C. 10.25元   D. 20元

3. 无风险利率为6%，市场上所有股票的平均报酬率为12%，某种股票β系数为2，则该股票的报酬率为（   ）。

A. 12%   B. 14%   C. 18%   D. 30%

4. 一张差半年到期的面额为2 000元的票据，到银行得到1 900元的贴现金额，则年贴现率为（   ）。

A. 5%   B. 10%   C. 2.56%   D. 5.12%

5. 已知一年到期的国库券名义收益率为4.2%，市场对某资产所要求的风险溢价为4%，那么市场对该资产的必要收益率分别为（   ）。

A. 8.2%   B. 4%   C. 7.2%   D. 11.2%

6. 某机构发售了面值为100元，年利率为5%，到期期限为10年的债券，按年付息，某投资者为90元的价格买入该债券，2年后以98元的价格卖出，则该投资者实际的年收益率为（   ）。

A. 10%   B. 9.8%   C. 7%   D. 5%

7. 某人借款2 000元，如果月利率8‰，借款期限为8个月，按单利计算，到期时借款人应支付利息为（   ）。

A. 80元   B. 100元   C. 128元   D. 140元

8. 假设购买债券花费100元，今年得到的利息支付为10元，债券票面金额为200元，则该债券的本期收益率为（   ）。

A. 10%   B. 5%   C. 11%   D. 4%

9. 某投资者在1994年12月1日以122元购买了面值100元的1992年发行的5年期国债券，并持有到1996年12月1日以145元卖出，则其持有期间收益率为（   ）。

A. 9.43%   B. 3.77%   C. 4.6%   D. 7.38%

10. 王先生希望构造一个β值与市场组合β值相等的投资组合。该投资组合由3项资产组成，投资额的30%是资产A，β值为1.6；30%是国库券，年收益率为3%；王先生要完成此目标，则第三项资产的 β 值应该为（　　　）。

A. 1.3　　　　　　B. 0.52　　　　　　C. 1　　　　　　D. 0

参考答案与解析

单项选择题

1.【答案】D

【解析】年利率为 3.6%，则日利率为 3.6% ÷ 360 = 0.0001。故选 D 项。

2.【答案】C

【解析】按复利法计算本利和 = 100 × (1 + 5%)^2 = 110.25（元），则利息 = 110.25 − 100 = 10.25（元）。故选 C 项。

3.【答案】C

【解析】根据计算公式有：该股票的预期报酬率 =（市场的平均报酬率 − 无风险利率）× β + 无风险利率 =（12% − 6%）× 2 + 6% = 18%。故选 C 项。

4.【答案】B

【解析】根据贴现利息计算公式：贴现利息 = 票面金额 × 年贴现率 × 未到期年数，则有 2 000 − 1 900 = 2 000 × 年贴现率 × 1/2，求得年贴现率 = 10%。故选 B 项。

5.【答案】A

【解析】单个资产预期收益率 = 该资产的风险溢价 + 无风险利率 = 4% + 4.2% = 8.2%。故选 A 项。

6.【答案】A

【解析】持有期间收益率 =（利息 + 买卖差价）/（购买价格 × 持有期限）=（100 × 5% × 2 + 98 − 90）÷（90 × 2）= 10%。故选 A 项。

7.【答案】C

【解析】按单利法计算，8 个月后的利息 = 2 000 × 8‰ × 8 = 128（元）。故本题 C 项。

8.【答案】A

【解析】根据计算公式：债券本期收益率 = 本期利息/买入价 = 10 ÷ 100 = 10%。故选 A 项。

9.【答案】A

【解析】持有期间收益率 =（利息 + 买卖差价）/（购买价格 × 持有期限）=（145 − 122）÷（122 × 2）= 9.43%。故选 A 项。

10.【答案】A

【解析】国库券 β 系数为 0，市场组合 β 系数为 1，则有 1.6 × 30% + 0 × 30% + β × 40% = 1，求得 β = 1.30。故选 A 项。

专项训练八

商业银行业务

1. 经典示例

经典例题1（单选题） 信用创造是（　　）通过相关业务创造出更多的存款货币的行为。

A. 信托公司　　　　B. 保险公司　　　　C. 投资银行　　　　D. 商业银行

【答案】D

【解析】本题考查信用创造的主体。信用创造是商业银行特有的功能，也是区别于其他金融机构的重要标志。故选D项。

经典例题2（单选题） 商业银行最主要的负债是（　　）。

A. 自有资本　　　　B. 贷款　　　　C. 证券投资　　　　D. 存款

【答案】D

【解析】本题考查商业银行的负债。存款是商业银行最主要、最重要的负债业务，也是商业银行资金最主要的来源。故选D项。

经典例题3（单选题） 某商业银行现有存款准备金500万元，在中央银行的存款200万元，那么其库存现金为（　　）万元。

A. 700　　　　B. 500　　　　C. 300　　　　D. 200

【答案】C

【解析】本题考查商业银行准备金的构成。商业银行的存款准备金（广义）包括存放在中央银行的法定存款准备金和超额准备金，还有自己持有的库存现金，所以题中库存现金 = 500 - 200 = 300（万元）。故选C项。

经典例题4（单选题） 派生存款指商业银行以（　　）为基础，运用信用流通工具进行其他资产业务时所衍生出来的、超过最初部分存款的存款。

A. 基础货币　　　　B. 货币乘数　　　　C. 货币供应量　　　　D. 原始存款

【答案】D

【解析】本题考查派生存款的定义。派生存款指银行由转账贷款而创造出的存款，是原始存款的对称，是原始存款的派生和扩大，是指由商业银行发放贷款、办理贴现或投资等业务活动引申而来的存款。故选 D 项。

经典例题 5（单选题）中国人民银行制定的《贷款损失准备计提指引》规定，对贷款进行分类后，按贷款计提损失准备，其中对关注类贷款和可疑类贷款，计提比例分别为（ ）。

A. 5%，50% B. 5%，80% C. 2%，80% D. 2%，50%

【答案】D

【解析】本题考查贷款损失计提比例。对于关注类贷款，计提比例为 2%；对于次级类贷款，计提比例为 25%；对于可疑类贷款，计提比例为 50%；对于损失类贷款，计提比例为 100%。故选 D 项。

经典例题 6（单选题）2003 年修改通过的《中华人民共和国商业银行法》规定，商业银行以安全性、流动性和（ ）为经营原则。

A. 政策性 B. 公益性 C. 效益性 D. 审慎性

【答案】C

【解析】本题考查商业银行的经营原则。商业银行经营管理原则是：安全性、流动性、盈利性或效益性，其中安全性是基础，流动性是条件，盈利性或效益性是目的。故选 C 项。

经典例题 7（单选题）商业银行的新型业务运营模式区别于传统业务运营模式的核心点是（ ）。

A. 集中核算 B. 业务外包 C. 前后台分离 D. 设综合业务窗口

【答案】C

【解析】本题考查商业银行新型业务的核心。商业银行的新型业务运营模式区别于传统业务运营模式的核心点是前后台分离。故选 C 项。

经典例题 8（单选题）下列不属于商业银行的主要经营范围的是（ ）。

A. 买卖政府债券 B. 提供保管箱服务
C. 代理和推出新的保险业务 D. 提供信用证服务及担保

【答案】C

【解析】本题考查商业银行的业务限制。商业银行可以经营的范围有：存贷业务、代理国债的买卖、提供保管箱服务、提供信用证及担保等，商业银行目前可以代理保险业务，但不得推出自己的保险业务。故选 C 项。

经典例题 9（单选题）在我国银行的贷款五级分类办法中，借款人偿还贷款本息没有问题，但潜在的问题若发展下去将会影响偿还的一类贷款称为（ ）。

A. 关注贷款 B. 可疑贷款 C. 次级贷款 D. 损失贷款

【答案】A

【解析】本题考查商业银行的贷款五级分类。在商业银行的贷款五级分类中，若借款人偿还本息没有问题，但让潜在的问题继续发展下去将会影响还款的一类贷款称为关注类贷款。故选 A 项。

2. 同步训练

一、单项选择题

1. 以下商业银行业务属于中间业务的是（   ）。

A. 基金托管业务   B. 票据贴现放款   C. 存款   D. 同业存放

2. 商业银行的资产业务指（   ），负债业务指（   ）。

A. 资金来源业务；资金运用业务

B. 存款业务；贷款业务

C. 资金运用业务（存款）；资金来源业务（贷款）

D. 资金运用业务（贷款）；资金来源业务（存款）

3. 下列关于商业银行表外业务的说法中，错误的是（   ）。

A. 经营的是"信誉"而非资金   B. 提供资金和提供服务相分离

C. 取得手续费收入   D. 取得利差收入

4. 在我国银行的贷款五级分类办法中，已肯定要发生一定损失，但由于贷款人重组、兼并、合并、抵押物处理诉讼未决等待定因素，贷款损失数目还不能确定的一类贷款称为（   ）。

A. 关注贷款   B. 可疑贷款   C. 次级贷款   D. 损失贷款

5. 一般而言，银行最主要的资产业务是（   ）。

A. 存款   B. 贷款   C. 证券投资   D. 固定资产

6. 按贷款风险分类法如果借款人能够履行合同，没有足够理由怀疑贷款本息不能按时足额偿还的贷款应归为（   ）。

A. 正常   B. 关注   C. 次级   D. 可疑

7. 按贷款风险分类法借款人的还款能力出现明显问题，完全依靠其正常营业收入无法足额偿还贷款本息，即使执行担保，也可能会造成一定损失的贷款应归为（   ）。

A. 正常   B. 关注   C. 次级   D. 可疑

8. 按贷款保障条件划分，贷款分为（   ）。

A. 保证贷款、抵押贷款、质押贷款   B. 信用贷款、担保贷款、票据贴现

C. 信用贷款、保证贷款、票据贴现   D. 担保贷款、抵押贷款、质押贷款

9. 办理银行票据贴现业务属于银行的（   ）。

A. 中间业务   B. 负债业务   C. 表外业务   D. 资产业务

10. 以下业务属于商业银行的表外业务的是（   ）。

A. 结算业务   B. 信托业务   C. 承诺业务   D. 代理业务

二、多项选择题

1. "贷款五级分类法"中，称为"不良贷款"的有（　　　　）。

A. 损失　　　　　　B. 关注　　　　　　C. 次级　　　　　　D. 可疑

2. 根据担保方式的不同，担保贷款可以分为（　　　　）。

A. 信用贷款　　　　B. 抵押贷款　　　　C. 质押贷款　　　　D. 保证贷款

3. 中间业务相比于传统业务而言，具有以下特点（　　　　）。

A. 不运用或不直接运用银行的自有资金

B. 不承担或不直接承担相关的风险

C. 以接受客户委托为前提，为客户办理业务

D. 赚取利差

4. 以下可引起商业银行现金头寸减少的因素有（　　　　）。

A. 归还中央银行借款　　　　　　　　B. 本行客户贷款支付他行债务

C. 法定存款准备金调减　　　　　　　D. 同业往来利息收入

E. 本行客户交存他行支票

5. 下列属于商业银行中间业务的有（　　　　）。

A. 结算业务　　　B. 托管业务　　　C. 存款业务　　　D. 贷款业务

E. 代收业务

参考答案与解析

一、单项选择题

1.【答案】A

【解析】商业银行的中间业务是指以赚取手续费、佣金为目的传统无风险业务，包括代收代付、结算业务、代理业务、托管业务等。票据贴现属于资产业务，存款和同业存放属于负债业务。故选 A 项。

2.【答案】D

【解析】商业银行的资产业务指资金的运用业务，最重要的资产业务是贷款；商业银行的负债业务是资金的来源业务，最主要的负债业务是存款。故选 D 项。

3.【答案】D

【解析】商业银行的表外业务是资产负债表以外的业务，不包括存贷业务，即不赚取存贷利差。故选 D 项。

4.【答案】B

【解析】可疑类贷款是指借款人就算变卖资产或执行担保抵押都不可能完全还本付息，银行肯定要遭受较大（一定）损失。故选 B 项。

5.【答案】B

【解析】商业银行最重要的资产业务是贷款业务。故选 B 项。

6.【答案】A

【解析】正常贷款是指借款人能够履行合同，一直能正常还本付息，不存在任何影响贷款本息及时全额偿还的消极因素，银行对借款人按时足额偿还贷款本息有充分把握。故选 A 项。

7.【答案】C

【解析】次级贷款是指借款人的还款能力出现明显问题，完全依靠其正常营业收入无法足额偿还贷款本息，需要通过处分资产或对外融资乃至执行抵押担保来还款付息，可能要遭受一定损失。故选 C 项。

8.【答案】B

【解析】按贷款保障条件划分，贷款可以分为信用贷款、担保贷款和票据贴现。故选 B 项。

9.【答案】D

【解析】商业银行的资产业务包括贷款、贴现、证券投资、现金资产等。所以票据贴现属于商业银行的资产业务。故选 D 项。

10.【答案】C

【解析】商业银行资产负债表以外的业务统称为广义的表外业务。广义的表外业务包括狭义的表外业务和中间业务。中间业务指资产负债业务以外以收取佣金、代理费为目的的无风险业务，包括代收代付、结算、汇兑、托管、代理和咨询等业务；狭义的表外业务是指会形成或有资产、或有负债，存在一定风险的业务，包括票据发行便利、贷款承诺、担保业务、保函业务、备用信用证和金融衍生工具等业务。故选 C 项。

二、多项选择题

1.【答案】ACD

【解析】贷款五级分类法中的不良贷款是指次级类、可疑类和损失类贷款。故选 ACD 项。

2.【答案】BCD

【解析】按贷款保障条件划分，贷款可以分为信用贷款、担保贷款和票据贴现；根据担保贷款担保方式的不同，可以分为质押贷款、抵押贷款和保证贷款。故选 BCD 项。

3.【答案】ABC

【解析】中间业务是以赚取手续费、佣金为目的的传统无风险业务，包括代收代付、结算业务、代理业务、托管业务等。中间业务以接受客户委托为前提，为客户办理业务，一般不运用或不直接运用银行的自有资金，不承担或不直接承担相关的风险。中间业务不赚取存贷利差。故选 ABC 项。

4.【答案】AB

【解析】商业银行头寸减少的意思即商业银行的可用资金减少。因此可以判断归还中央银行贷款、本行客户贷款支付他行债务都将导致该商业银行的可用资金减少。而调减法定存款准备金、本行客户交存他行支票和同业往来利息收入都会导致该商业银行可用资金增加。故选 AB 项。

5.【答案】ABE

【解析】中间业务包括代收代付、结算业务、托管业务、代理业务等；存款属于负债业务，贷款属于资产业务。故选 ABE 项。

专项训练九

货 币 供 求

1. 经典示例

经典例题 1（单选题） 某一年度预计商品价格总额为 1 200 万元，赊销商品总价格为 200 万元，货币流通速度为 2.5 次，按马克思货币必要量公式计算的货币必要量是（　　）。

A. 480 万元　　　　B. 400 万元　　　　C. 560 万元　　　　D. 500 万元

【答案】B

【解析】本题考查马克思货币必要量公式的计算。根据马克思的货币必要量公式有：$M = PQ/V$，由于商品总价格中有 200 万元是赊销商品，说明该 200 万元商品在当年不需要用货币来支付，所以当年实际需要货币来支付的商品价格总额为 1 000 万元，即 $M = 1\ 000 \div 2.5 = 400$（万元）。故选 B 项。

经典例题 2（单选题） 货币学派认为货币需求函数具有（　　）特点。

A. 不稳定　　　　B. 不确定　　　　C. 相对稳定　　　　D. 相对不稳定

【答案】C

【解析】本题考查弗里德曼的货币需求理论。货币学派的代表性人物是弗里德曼，认为货币需求与恒久收入有关，且恒久收入相对稳定，所以货币需求也是相对稳定的。故选 C 项。

经典例题 3（单选题） 在我国，收入变动与货币需求量变动之间的关系是（　　）。

A. 同方向　　　　　　　　　　B. 反方向

C. 无任何直接关系　　　　　　D. A 与 B 都可能

【答案】A

【解析】本题考查凯恩斯的货币需求理论。根据凯恩斯的货币需求理论，交易性货币需求和预防性货币需求与收入正相关，故选 A 项。

经典例题 4（单选题） 如果中央银行从公众手中买入 10 亿元债券，则会导致货币供给（　　）。

A. 减少 10 亿元
B. 增加 10 亿元
C. 增加超过 10 亿元
D. 增加 10 亿元，也有可能超过 10 亿元

【答案】D

【解析】本题考查中央银行投放基础货币对货币供给量的影响。中央银行从公众手里买入 10 亿元债券表明中央银行向市场增加基础货币投放 10 亿元，若公众将 10 亿元都持有在手中，则货币供给量刚好增加 10 亿元；若公众将这 10 亿元中的一部分存入银行，则商业银行通过信用创造会产生派生存款，使得货币供给量超过最初的 10 亿元。故选 D 项。

经典例题 5（单选题）基础货币又称强力货币或高能货币，是货币供给量中最核心和最根本的部分。关于基础货币的组成，正确的选项为（   ）。

A. 流通中的现金货币

B. 银行体系的准备金总额

C. 流通中的现金货币与银行体系的准备金总额之和

D. 银行体系的准备金总额与货币乘数之积

【答案】C

【解析】本题考查基础货币的构成。基础货币又叫强力货币、高能货币，中央银行通过对基础货币的投放影响货币供给量，基础货币＝流通中的现金＋存款准备金。故选 C 项。

经典例题 6（单选题）在凯恩斯的几个持币动机理论中，他认为（   ）对利率最为敏感。

A. 投机动机　　B. 预防动机　　C. 交易动机　　D. 无私动机

【答案】A

【解析】本题考查凯恩斯的货币需求三大动机。凯恩斯的三大动机中，交易动机和预防动机与收入正相关，投机动机与利率负相关。故选 A 项。

经典例题 7（单选题）弗里德曼货币需求理论与凯恩斯货币需求理论最大的区别在于（   ）。

A. 货币需求函数形式
B. 恒久性收入对货币需求的影响
C. 利率对货币需求影响的程度不同
D. 货币是否有收益的分歧

【答案】B

【解析】本题考查弗里德曼的货币需求理论。弗里德曼货币需求理论强调恒久收入的作用；凯恩斯的货币需求理论强调利率的作用。故选 B 项。

2. 同步训练

一、单项选择题

1. 假设某银行 2014 年原始存款 1 000 亿元，法定存款准备金率 9%，提现率 6%，

超额准备金率 5%，则该银行 2014 年派生存款额度为（　　　）。

A. 6 000 亿元　　　　B. 5 000 亿元　　　　C. 1 000 亿元　　　　D. 4 000 亿元

2. 货币在现代经济生活中扮演着重要角色，某国去年的商品价格总额为 16 万亿元，流通中需要的货币量为 2 万亿元。假如今年该国商品价格总额增长 10%。其他条件不变，理论上今年流通中需要的货币量为（　　　）万亿元。

A. 1.8　　　　　　B. 2　　　　　　C. 2.2　　　　　　D. 2.4

3. 提高存款准备金率对货币供求的影响是（　　　）。

A. 增加货币需求　B. 减少货币需求　C. 增加货币供给　D. 减少货币供给

4. 货币供应量一般是指（　　　）。

A. 流通中的现金　　　　　　　　B. 流通中的存款量

C. 流通中的现金和存款之和　　　D. 流通中的现金和存款之差

5. 中央银行增加黄金、外汇储备，货币供应量将（　　　）。

A. 不变　　　　　B. 减少　　　　　C. 增加　　　　　D. 上下波动

6. 财政部向（　　　）出售政府债券时，基础货币会增加。

A. 居民　　　　　B. 企业　　　　　C. 事业单位　　　　D. 中央银行

7. 在正常情况下，市场利率与货币需求成（　　　）。

A. 正相关　　　　B. 负相关　　　　C. 正负相关都可能　D. 不相关

8. 下列哪个方程式中（　　　）是马克思的货币必要量公式。

A. MV = PT　　　B. P = MV/T　　　C. M = PQ/V　　　D. M = KPY

9. 费雪的交易方程式反映的是（　　　）。

A. 货币量决定货币价值的理论　　　B. 货币价值决定物价水平的理论

C. 货币量决定物价水平的理论　　　D. 物价水平决定货币量的理论

10. 在其他条件不变的情况下，若人们预期利率上升，则会（　　　）。

A. 买入债券、多存货币　　　　　　B. 买入债券、少存货币

C. 卖出债券、多存货币　　　　　　D. 卖出债券、少存货币

二、多项选择题

1. 下列选项中，属于货币乘数的影响因素的有（　　　）。

A. 法定存款准备金率　　　　　　　B. 超额准备金率

C. 现金漏损率　　　　　　　　　　D. 定期存款与活期存款间的比率

2. 小王将每月到手的 6 000 元收入分为三份：日常花销 2 000 元、投资货币基金 2 000 元、存款 2 000 元作为机动，根据凯恩斯的货币需求理论，这分别满足了他的（　　　）。

A. 交易动机　　　B. 投机动机　　　C. 预防动机　　　D. 流动动机

3. 商业银行创造存款货币的条件有（　　　）。

A. 部分准备金　　B. 全额准备金　　C. 现金结算　　　D. 非现金结算

4. 在弗里德曼的货币需求函数中，与货币需求成正比的因素有（　　　）。

A. 恒久性收入　　　B. 人力财富比例　　C. 存款的利率　　　D. 债券的收益率
E. 股票的收入率

5. 下列选项中属于中央人民银行投放基础货币渠道的有（　　　）。

A. 卖出黄金　　　B. 买进外汇　　　　C. 发放再贷款　　　D. 办理再贴现

参考答案与解析

一、单项选择题

1.【答案】D

【解析】根据公式，派生存款＝存款总额－原始存款，存款总额＝原始存款×存款乘数，存款乘数＝1/(r＋e＋c＋rt×t)，先求出存款乘数＝1/(9%＋6%＋5%)＝5，再求存款总额＝5×1 000＝5 000（亿元），最后求派生存款＝5 000－1 000＝4 000（亿元）。故选 D 项。

2.【答案】C

【解析】商品总价格增长 10%，在其他条件不变的情况下，货币需求量也会增加 10%，所以今年的货币需求为 2.2 万亿元。故选 C 项。

3.【答案】D

【解析】提高存款准备金率会使得商业银行的可用资金减少，从而货币供给量减少。故选 D 项。

4.【答案】C

【解析】货币供给量＝流通中的现金＋存款。故选 C 项。

5.【答案】C

【解析】中央银行增加黄金和外汇，说明中央银行投放了货币从市场中购入黄金和外汇，这样会使得货币供给量增加。故选 C 项。

6.【答案】D

【解析】从货币来源看，基础货币是指由货币当局投放并为货币当局所能直接控制的那部分货币。当财政向中央银行出售债券时，中央银行必然向社会投放货币，这将造成基础货币的增加。故选 D 项。

7.【答案】B

【解析】凯恩斯提出货币需求的三大动机。包括：交易动机、预防动机和投机动机。交易动机和预防动机与收入有关，而投机动机的货币需求和市场利率呈反相关。故选 B 项。

8.【答案】C

【解析】马克思的货币必要量理论认为，货币的需求量与商品的价格、待售商品的数量以及货币的流通速度有关。与商品的价格和待售商品的数量成正比，与货币的流通速度成反比。公式为 M＝PQ/V。故选 C 项。

9.【答案】C

【解析】经济学家费雪认为，货币量是最活跃的因素，会经常主动地变动，并且马上就会反映到物价上来。因此，交易方程式所反映的是货币量决定物价水平的理论。故选 C 项。

10.【答案】C

【解析】根据凯恩斯货币需求理论中的投机动机，如果预期利率上升则预期债券价格会下降，那么现在人们会抛出手上的债券持有货币。故选 C 项。

二、多项选择题

1.【答案】ABCD

【解析】影响货币乘数的因素有：法定存款准备金率、超额准备金率、现金漏损率和定期存款占活期存款的比重。故选 ABCD 项。

2.【答案】ABC

【解析】日常花销满足的是交易的动机、买基金是投机的动机、存款是预防的动机。故选 ABC 项。

3.【答案】AD

【解析】商业银行能够进行信用创造的前提条件是部分准备金制度和非现金结算制度。故选 AD 项。

4.【答案】AB

【解析】本题考查弗里德曼的货币需求函数。其中恒久性收入、人力财富比例与货币需求成正比。存款的利率、债券的收益率、股票的收入率与货币需求成反比。故选 AB 项。

5.【答案】BCD

【解析】买入外汇、发放贷款，发放再贴现都会增加基础货币的投放，卖出黄金会回收基础货币。故选 BCD 项。

专项训练十

货币政策工具

1. 经典示例

经典例题 1（单选题） 中央银行在市场中向商业银行大量卖出证券，从而减少商业银行超额存款准备金，引起货币供应量减少、市场利率上升，中央银行动用的货币政策工具是（　　）。

A. 公开市场业务　　　　　　　　　B. 公开市场业务和存款准备金率

C. 公开市场业务和利率政策　　　　D. 公开市场业务、存款准备金率和利率政策

【答案】A

【解析】本题考查公开市场业务。中央银行在市场中大量卖出证券是公开市场业务的运用，其他的表现都是该项政策操作引起的反映。故选 A 项。

经典例题 2（单选题） 在货币政策工具中，不动产信用控制属于（　　）。

A. 一般性政策工具　　　　　　　　B. 选择性政策工具

C. 直接信用控制　　　　　　　　　D. 间接信用指导

【答案】B

【解析】本题考查选择性货币政策工具。一般性货币政策工具指"三大法宝"：法定存款准备金率、再贴现率和公开市场业务；选择性货币政策工具包括：不动产信用控制、消费者信用控制、证券市场信用控制，预缴进口保证金和优惠利率；补充性信用工具包括直接信用控制和间接信用控制，直接信用控制包括利率限额、信用配额、流动性比率和直接干预，间接信用控制包括窗口指导和道义劝告。故选 B 项。

经典例题 3（单选题） "2007 年上半年，中国人民银行基本上按照每月一次的频率先后 6 次上调存款准备金率共 3 个百分点"。这里的"存款准备金"属于（　　）。

A. 一般性货币政策工具　　　　　　B. 选择性货币政策工具

C. 特殊性货币政策工具　　　　　　D. 临时性货币政策工具

【答案】A

【解析】本题考查存款准备金。存款准备金政策属于一般性货币政策工具，即"三

大法宝"。故选 A 项。

经典例题 4（单选题） 公开市场活动是指（　　）。

A. 商业银行的信贷活动

B. 中央银行增加或减少对商业银行的贷款

C. 中央银行在金融市场上买进或卖出有价证券

D. 银行创造货币的机制

【答案】C

【解析】本题考查公开市场业务的定义。公开市场业务是指中央银行在金融市场上买进或卖出有价证券，以调节货币供给量。故选 C 项。

经典例题 5（单选题） 下调存款准备金率在市场上引起的反应为（　　）。

A. 商业银行可用资金减少，贷款下降，导致货币供应量减少

B. 商业银行可用资金增多，贷款上升，导致货币供应量增多

C. 商业银行可用资金减少，贷款上升，导致货币供应量增多

D. 商业银行可用资金增多，贷款下降，导致货币供应量减少

【答案】B

【解析】本题考查存款准备金对货币供给量的影响。下调法定准备金率是扩张性的货币政策，会使得商业银行的可贷资金增加，贷款数额上升，货币供给量增加。故选 B 项。

经典例题 6（单选题） 2013 年 11 月，中国人民银行连续三期暂停逆回购操作，这将导致（　　）。

A. 货币市场利率升高，货币流动性趋紧

B. 货币市场利率升高，货币流动性宽松

C. 货币市场利率降低，货币流动性宽松

D. 货币市场利率降低，货币流动性趋紧

【答案】A

【解析】本题考查逆回购对市场资金的影响。逆回购是央行公开市场操作常用的手段之一，是指央行在向一级交易商购买有价证券的同时，约定在一定期限之后将债券卖给一级交易商的一种政策操作。中央银行实施逆回购是投放流动性，扩张性的货币政策；暂停逆回购则恰恰相反，属于紧缩的货币政策，收回流动性。因此本题央行暂停逆回购属于紧缩性的货币政策，会使得货币供给量减少，利率上升，流动性趋紧。故选 A 项。

2. 同步训练

一、单项选择题

1. 对经济运行影响强烈而不常使用的货币政策工具是（　　）。

A. 信用配额　　　B. 公开市场业务　　C. 再贴现政策　　　D. 存款准备金政策

2. 道义劝告，即中央银行利用其在金融体系中的特殊地位和声望，以口头或书面的形式对商业银行和其他金融机构发出通告、指示，劝其遵守政策，主动合作。这属于（　　）。

A. 直接信用控制的工具　　　　　　B. 间接信用控制的工具

C. 选择性货币政策工具　　　　　　D. 一般性货币政策工具

3. 在席卷全球的金融危机期间，中央银行为了对抗经济衰退，刺激国民经济增长，不应该采取的措施是（　　）。

A. 降低商业银行法定存款准备金率　B. 降低商业银行再贴现率

C. 在证券市场上卖出国债　　　　　D. 下调商业银行贷款基准利率

4. 为了促进房地产市场健康发展，央行与银监会于 2015 年 9 月 30 日联合发文，在不实施限购的城市，对居民家庭首次购买住房的商业性个人住房贷款。最低首付款比例调整为不低于 25%。降低房地产贷款的首付比例属于货币政策工具中的（　　）。

A. 选择性控制工具　　　　　　　　B. 间接性控制工具

C. 直接性控制工具　　　　　　　　D. 一般性政策工具

5. 2013 年三季度，中国人民银行坚持稳中求进的工作总基调，继续实施稳健的货币政策，并着力增强政策的针对性、协调性。第三季度，累计开展逆回购操作 4 700 亿元，开展央行票据到期续做操作 4 000 亿元，截至 9 月末，逆回购余额为 800 亿元。央行逆回购操作的实施，意在（　　）。

A. 调节货币供应，释放通货膨胀压力

B. 宽松货币供应，缓解流动性紧张

C. 稳定利率水平，促进经济趋稳、复苏

D. 引导利率上行，激发企业投资需求

6. 各国中央银行最常用的货币政策工具是（　　）。

A. 公开市场操作　　　　　　　　　B. 再贴现政策

C. 存款准备金政策　　　　　　　　D. 窗口指导

7. "中央银行在金融市场中的'相机抉择'式的交易行为"属于（　　）。

A. 再贴现率　　　　　　　　　　　B. 公开市场操作

C. 存款准备金　　　　　　　　　　D. 窗口指导

8. 以下有关货币政策的说法不正确的是（　　）。

A. 我国货币政策的最终目标是保持货币币值稳定，并以此促进经济增长

B. 现阶段我国货币政策的操作目标是货币供应量

C. 货币政策的"三大法宝"包括公开市场业务、存款准备金和再贴现

D. M1 被称为狭义货币，是现实购买力

9. 中央银行为控制通货膨胀风险，如果提高法定存款准备金率，将（　　）。

A. 可能迫使存款类金融机构降低贷款利率

B. 可能迫使存款类金融机构收紧信贷

C. 使企业得到成本更低的贷款

D. 可能迫使存款类金融机构降低存款利率

10. 下列货币政策操作中，可能会导致货币供应量增加的是（　　　）。

A. 提高法定存款准备金率　　　　　　B. 提高再贴现率

C. 央行出售所持有的债券　　　　　　D. 降低再贴现率

二、多项选择题

1. 实施下列哪些货币政策，会导致利率提高，企业投资意愿下降（　　　）。

A. 人民银行在公开市场上出售债券

B. 降低贷款贴现率

C. 人民银行通过 MLF（中期借贷便利）向商业银行投放基础货币

D. 提高法定存款准备金率

2. 中央银行公开市场操作工具的优点有（　　　）。

A. 能够主动影响商业银行准备金　　B. 可进行经常性的操作

C. 吞吐的规模和方向可以灵活安排　D. 可进行连续性的操作

3. 治理通货膨胀可采取紧缩的货币政策，主要手段包括（　　　）。

A. 通过公开市场购买政府债券　　　B. 提高再贴现率

C. 通过公开市场出售政府债券　　　D. 提高法定准备金率

4. 当经济衰退时，（　　　）。

A. 央行在公开市场上购入有价证券　B. 央行要降低再贴现率

C. 央行要降低存款准备金率　　　　D. 央行在公开市场上卖出有价证券

5. 选择性货币政策工具包括（　　　）。

A. 利率最高限额　　　　　　　　　B. 优惠利率

C. 消费者信用控制　　　　　　　　D. 信用配额

E. 道义劝告

参考答案与解析

一、单项选择题

1.【答案】D

【解析】法定存款准备金率作为货币政策的工具之一，具有主动性、公平性等特点，但其最大的缺陷在于作用太过于猛烈，对经济冲击太大。故选 D 项。

2.【答案】B

【解析】道义劝告和窗口指导都属于补充性货币政策工具中的间接信用控制。故选 B 项。

3.【答案】C

【解析】应对经济衰退，应采取扩张性的货币政策，降低法定存款准备金率或降低再贴现率，买进债券来增加货币供给量以降低利率，刺激消费和投资，促进经济增长。

故选 C 项。

4.【答案】A

【解析】题中体现了对房地产的信用控制，即属于选择性货币政策工具中的不动产信用控制。故选 A 项。

5.【答案】B

【解析】央行实施逆回购操作是扩张性的货币政策，使得货币供给量上升，利率下降，以刺激投资与消费，促进经济增长。故选 B 项。

6.【答案】A

【解析】各国中央银行最常用的货币政策工具是公开市场操作。故选 A 项。

7.【答案】B

【解析】实行相机抉择货币政策的三个主要工具：公开市场业务；调整法定存款准备金率；调整再贴现率；而在金融市场中的"相机抉择"式的交易行为属于公开市场业务。故选 B 项。

8.【答案】B

【解析】我国货币政策的最终目标是保持货币币值稳定，并以此促进经济增长；现阶段我国货币政策的操作目标是基础货币，中介目标是货币供给量；货币政策的"三大法宝"包括公开市场业务、存款准备金和再贴现政策；M1 被称为狭义货币，是现实购买力，M2 是广义的货币，其中的准货币看作潜在的购买力。故选 B 项。

9.【答案】B

【解析】法定存款准备金率是指一国中央银行规定的商业银行和存款金融机构必须缴存中央银行的款项占总存款的比率。增加存款准备金率将减少商业银行的可贷资金，收缩商业银行的信贷规模，从而迫使商业银行提高存贷利率。故选 B 项。

10.【答案】D

【解析】扩张性的货币政策会导致货币供给量增加，包括：降低法定存款准备金率、降低再贴现率、在公开市场上买进债券等。故选 D 项。

二、多项选择题

1.【答案】AD

【解析】紧缩性的货币政策会使得利率提高，企业投资下降，紧缩性的货币政策包括提高再贴现率、提高准备金率、公开市场出售债券等。中央银行降低再贴现率、增加给商业银行贷款的发放都是扩张性的政策，会使得利率下降，投资增加。故选 AD 项。

2.【答案】ABCD

【解析】公开市场业务是各国中央银行最常用的货币政策工具，其优点有：中央银行处于主动地位；具有灵活性，可以逆向修正；可以经常性、连续性操作。故选 ABCD 项。

3.【答案】BCD

【解析】紧缩性的货币政策包括：提高再贴现率、提高法定存款准备金率和在公开市场上卖出债券。故选 BCD 项。

4.【答案】ABC

【解析】当经济衰退时，央行应采取扩张性的货币政策，包括：降低法定存款准备金率、降低再贴现率、在公开市场上买进债券等措施，以增加货币供给量，降低利率，刺激投资，促进经济复苏。故选 ABC 项。

5.【答案】BC

【解析】货币政策工具是指有选择地对某些特殊领域的信用加以调节和影响的措施。包括消费者信用控制、证券市场的信用控制、不动产信用控制、优惠利率、预缴进口保证金等。故选 BC 项。

专项训练十一

通 货 膨 胀

1. 经典示例

经典例题 1（单选题）经济学家一般认为，能够产生真实效应的通货膨胀是（　　）通货膨胀。

A. 公开型　　　　　B. 抑制型　　　　　C. 隐蔽型　　　　　D. 非预期性

【答案】D

【解析】本题考查非预期的通货膨胀。非预期性通货膨胀指的是消费者并没有预期到通货膨胀，消费者来不及对突然的物价上涨作出反应，故此种通货膨胀对人们经济生活冲击作用十分明显，具有最实际、最真实的效应。故选 D 项。

经典例题 2（单选题）由于各种商品价格变化的繁复和统计上的困难，一般用（　　）来表示价格总水平的变化。

A. 价格总指数　　　　　　　　　B. 代表性商品和服务价格变动率

C. 价格景气指数　　　　　　　　D. 价格变动频率

【答案】A

【解析】本题考查衡量通货膨胀的指标。用价格指数来表示价格总水平的变化。消费者物价指数和生产者物价指数都属于价格指数类指标。故选 A 项。

经典例题 3（单选题）通货膨胀率是衡量（　　）的宏观经济目标。

A. 经济增长　　　　　　　　　　B. 充分就业

C. 国际收支平衡　　　　　　　　D. 物价稳定

【答案】D

【解析】本题考查衡量物价稳定的指标。通货膨胀率是衡量物价是否稳定的主要指标。故选 D 项。

经典例题 4（单选题）物价稳定是指（　　）。

A. 保持物价总水平的大体稳定　　B. 零通货紧缩

C. 零通货膨胀　　　　　　　　　D. 保持基本生活资料价格不变

【答案】 A

【解析】 本题考查物价稳定的定义。物价稳定，是指物价总水平的大体基本稳定。物价水平稳定并不等于物价上涨率为零，只要物价上涨的幅度在社会可容忍的范围内，即可称为物价稳定。故选 A 项。

经典例题 5（单选题） 价格水平失去控制，以递增的速度猛烈上涨，这种现象叫（ ）。

A. 温和通货膨胀   B. 严重通货膨胀

C. 急性通货膨胀   D. 恶性通货膨胀

【答案】 D

【解析】 本题考查通货膨胀的分类。通货膨胀按照上升的幅度不同，可以分为爬行式（2% ~ 3%）、温和式（3% ~ 10%）、奔腾式（10% ~ 100%）和恶性通货膨胀（100% 以上）。其中，恶性通货膨胀是一种不能控制的通货膨胀，在物价很快地上涨的情况下，使货币失去价值。故选 D 项。

经典例题 6（单选题） 由工资提高导致通货膨胀的原因是（ ）。

A. 需求拉动   B. 成本推动   C. 结构性   D. 国际因素

【答案】 B

【解析】 本题考查成本推动型通货膨胀。成本推动型通货膨胀是供给方面的原因导致的通货膨胀，包括工资推动、利润推动和进口原材料价格推动。故选 B 项。

经典例题 7（单选题） 需求拉上的通货膨胀（ ）。

A. 通常用于描述某种供给因素所引起的价格波动

B. 通常用于描述某种总需求的增长所引起的价格波动

C. 表示经济制度已调整过的预期通货膨胀率

D. 以上均不是

【答案】 B

【解析】 本题考查需求拉上的通货膨胀。通货膨胀按照原因可以分为需求拉上型、成本推动型、供求混合型和结构型通货膨胀。需求拉上型是指总需求水平过大导致的通货膨胀；成本推动型是指供给方面的原因导致的通货膨胀，包括工资推动、利润推动和进口原材料价格推动；供求混合型是需求拉上型和成本推动型通货膨胀共同作用导致的；结构型通货膨胀是结构方面的原因导致的，如需求转移、部门差异等。故选 B 项。

经典例题 8（单选题） 在通货膨胀不能完全预期的情况下，通货膨胀将有利于（ ）。

A. 债务人   B. 债权人   C. 在职工人   D. 离退休人员

【答案】 A

【解析】 本题考查通货膨胀的再分配效应。通货膨胀时期，债务的名义数量不变，但一定量货币的购买力下降，即货币贬值，当债务人按名义数量还款时，债权人将遭受货币贬值的损失；相反，债务人将获得利益。故选 A 项。

2. 同步训练

一、单项选择题

1. 下列情形中，最不可能引起社会存款增加的是（ ）。

A. 存款利率上升   B. 发生通货膨胀

C. 收入水平上升   D. 证券投资风险增加

2. 物价水平的上涨并没有完全通过公开的物价指数上涨表现出来的通货膨胀被称为（ ）。

A. 需求拉动通货膨胀   B. 成本推动通货膨胀

C. 结构性通货膨胀   D. 隐蔽性通货膨胀

3. 通货膨胀时期债权人将（ ）。

A. 增加收益   B. 损失严重

C. 不受影响   D. 短期损失长期收益更大

4. 在衡量通货膨胀时，通常使用最多、最普遍的指标是（ ）。

A. 消费者物价指数   B. 生产者物价指数

C. 批发物价指数   D. 国民生产总值物价平减指数

5. 一般来说，发生通货膨胀时，靠固定工资生活的人生活水平会（ ）。

A. 提高   B. 下降   C. 不变   D. 难以判断

6. 为抑制通货膨胀而采取的保值储蓄属于（ ）政策。

A. 紧缩性货币政策   B. 紧缩性财政政策

C. 利润管制   D. 收入指数化

7. 通货膨胀对收入和财富进行再分配的影响是指（ ）。

A. 造成收入结构的变化   B. 使收入普遍上升

C. 使债权人收入上升   D. 使收入普遍下降

8. 垄断企业和寡头企业利用市场势力谋取过高利润所导致的通货膨胀，属于（ ）。

A. 成本推动通货膨胀   B. 结构性通货膨胀

C. 需求拉动通货膨胀   D. 需求结构通货膨胀

9. 抑制型通货膨胀的表现（ ）。

A. 人们持币待购，导致货币流通速度变慢

B. 物价普遍上涨

C. 有效需求不足

D. 货币贬值

10. 在下列通货膨胀的原因中，（ ）最可能是成本推动通货膨胀的原因。

A. 银行贷款的扩张   B. 预算赤字

C. 进口商品价格的上涨 D. 投资率下降

二、多项选择题

1. 下列因素中可能造成需求拉动通货膨胀的有（ ）。

A. 过度扩张性的财政政策 B. 过度扩张性的货币政策

C. 消费习惯突然的改变 D. 农业的歉收

E. 劳动生产率的突然降低

2. 成本推动通货膨胀包括（ ）。

A. 工资推动通货膨胀 B. 需求膨胀推动通货膨胀

C. 利润推动通货膨胀 D. 部门间生产率增长差别导致通货膨胀

3. 根据通货膨胀的起因，通货膨胀可分为（ ）。

A. 平衡的和非平衡的通货膨胀 B. 需求拉上通货膨胀

C. 成本推进通货膨胀 D. 结构性通货膨胀

4. 下列通货膨胀类型中，属于成本推进型通货膨胀的有（ ）。

A. 扩张性货币政策造成的通货膨胀

B. 消费强劲增长引发的通货膨胀

C. 工资和物价螺旋上升引发的通货膨胀

D. 进口品价格上涨引起的通货膨胀

E. 垄断企业人为抬高价格引发的通货膨胀

5. 菲利普斯曲线表明（ ）。

A. 失业率越低，通货膨胀率越低 B. 失业率越高，通货膨胀率越高

C. 失业率越低，通货膨胀率高 D. 失业率越高，通货膨胀率越低

E. 失业率与通货膨胀率存在负相关关系

参考答案与解析

一、单项选择题

1. 【答案】B

【解析】当发生通货膨胀时对储蓄者不利，随着价格上涨，存款的实际价值或购买力会降低，人们会减少储蓄，增加消费。存款利率上升、收入水平上升和证券投资风险增加都有可能引起社会存款增加。故选 B 项。

2. 【答案】D

【解析】隐蔽性通货膨胀是指由于受到某种因素的管制，价格没有公开、明显的上涨。其表现有：供不应求、排队购买、黑市交易等。故选 D 项。

3. 【答案】B

【解析】通货膨胀时期，债务的名义数量不变，但一定量货币的购买力下降，即货币贬值，当债务人按名义数量还款时，债权人将遭受货币贬值的损失。故选 B 项。

4. 【答案】A

【解析】衡量通货膨胀的指标有：消费者物价指数（CPI）、生产者物价指数（PPI）和 GDP 平减指数。其中消费者物价指数最常用，GDP 平减指数最全面。故选 A 项。

5. 【答案】B

【解析】当一个经济中的大多数商品和劳务的价格连续在一段时间内普遍上涨时，宏观经济学就称这个经济经历着通货膨胀。靠固定工资生活的人收入不变，但货币因通货膨胀上涨，导致购买力下降，从而生活水平下降。故选 B 项。

6. 【答案】D

【解析】收入指数化是工资、利息、各种证券收益以及其他收入一律实行指数化，同物价变动联系起来，使各种收入随物价的变动而作出调整，从而避免通货膨胀所带来的损失，该种措施并不能消除通货膨胀。保值储蓄是指当物价上涨到一定幅度时，银行对储户的存款在规定的期限内给予一定保值补贴的储蓄方式，属于收入指数化政策范畴。故选 D 项。

7. 【答案】A

【解析】通货膨胀有利于债务人，不利于债权人。有利于变动收入的人，不利于固定收入的人。实质上是对收入结构的一种重新分配。故选 A 项。

8. 【答案】A

【解析】成本推动型通货膨胀包括：工资推动、利润推动和进口原材料价格推动。故选 A 项。

9. 【答案】A

【解析】隐蔽性通货膨胀也叫抑制性通货膨胀，是指由于受到某种因素的管制，价格没有公开、明显的上涨。会出现供不应求、排队购买、持币待购和黑市交易，导致货币流通速度减慢等现象。故选 A 项。

10. 【答案】C

【解析】成本推动型通货膨胀由供给方面的因素导致，包括工资推动、利润推动和进口原材料价格推动。故选 C 项。

二、多项选择题

1. 【答案】ABC

【解析】需求拉动的通货膨胀是由于总需求过大而引起的，即过多的货币追求过少的商品。A、B、C 项都是改变需求的因素。D 项是供给方面的原因，E 项是结构方面的原因。故选 ABC 项。

2. 【答案】AC

【解析】成本推动型通货膨胀由供给方面的因素导致，包括工资推动、利润推动和进口原材料价格推动。故选 AC 项。

3. 【答案】BCD

【解析】根据通货膨胀的成因，可以分需求拉上型、成本推动型、供求混合型和结构性通货膨胀。故选 BCD 项。

4. 【答案】CDE

【解析】成本推动型通货膨胀由供给方面的因素导致，包括工资推动、利润推动和进口原材料价格推动。故选 CDE 项。

5. 【答案】CDE

【解析】菲利普斯曲线衡量的是通货膨胀率与失业率之间的关系，二者呈反方向变动。当失业率较高时，通货膨胀率较低；通货膨胀率较高时，失业率就较低。故选 CDE 项。

专项训练十二

汇 率

1. 经典示例

经典例题 1（单选题） 在直接标价法下，一定单位的外币折算的本国货币增多，说明本币汇率（　　）。

A. 上升　　　　　　B. 下降　　　　　　C. 不变　　　　　　D. 难以确定

【答案】B

【解析】本题考查直接标价法。直接标价法下，一定单位外币折算的本币增多，说明本币贬值，即本币汇率下降。故选 B 项。

经典例题 2（单选题） 以下关于汇率的说法中错误的是（　　）。

A. 汇率是两种货币之间的相对价格

B. 汇率的直接标价法可以表示为 1 单位外币等于多少数额本币

C. 我国的汇率报价一般采用直接标价法

D. 我国的汇率报价一般采用间接标价法

【答案】D

【解析】本题考查汇率标价方法。汇率的标价方法分为直接标价法和间接标价法。直接标价法：又叫应付标价法，是以一定单位的外国货币为标准来计算应付出多少单位本国货币，世界上绝大多数国家都采用直接标价法，我国也是；间接标价法：又称应收标价法，是指以一定单位的本国货币为基准，将其折合为一定数额的外国货币的标价方法，英国、美国、澳大利亚等联邦制国家采用间接标价法。故选 D 项。

经典例题 3（单选题） 将一国货币币值的升高定义为升值，那么，对该国来说，将导致（　　）。

A. 直接标价法汇率值将减小，间接标价法下汇率值将减小

B. 直接标价法汇率值将减小，间接标价法下汇率值将增大

C. 直接标价法汇率值将增大，间接标价法下汇率值将减小

D. 直接标价法汇率值将增大，间接标价法下汇率值将增大

【答案】B

【解析】本题考查标价方法。直接标价法可理解为一单位外币等于多少单位本币，当本币升值时，汇率数据会变小，代表一单位外币换得的本币减少；间接标价法可理解为一单位本币等于多少单位外币，当本币升值，汇率数据变大，代表一单位本币换得的外币增加。故选 B 项。

经典例题 4（**单选题**）设伦敦外汇市场即期汇率为 1 英镑 = 1.4608 美元，3 个月美元远期外汇升水 0.51 美分，则 3 个月美元远期汇率为（　　）。

A. 1.4659　　　　　B. 1.9708　　　　　C. 1.4557　　　　　D. 0.9508

【答案】C

【解析】本题考查升水与贴水。外汇升水表明外汇远期升值，外汇贴水表明外汇远期贬值。美元远期升水 0.51 美分，表明 1 英镑能换得的美元少 0.51 美分，则 3 个月美元远期汇率为 1.4608 − 0.0051 = 1.4557。故选 C 项。

经典例题 5（**单选题**）中国银行向招商银行报出美元与人民币汇率：100 美元 = 人民币（683.57 − 685.57）元。该汇率表明（　　）。

A. 中国银行支付人民币 685.57 元买入 100 美元

B. 招商银行支付人民币 683.57 元买入 100 美元

C. 中国银行卖出 100 美元收入人民币 685.57 元

D. 招商银行卖出 100 美元收入人民币 685.57 元

【答案】C

【解析】本题考查买入价与卖出价。直接标价法下，买入价在前，卖出价在后。中国银行支付 683.57 元人民币向招商银行买 100 美元，而卖 100 美元给招行，招行需要支付 685.57 元人民币。故选 C 项。

经典例题 6（**单选题**）据购买力平价理论，决定汇率长期趋势的主导因素是（　　）。

A. 利率　　　　　　　　　　　　B. 国内外通货膨胀差异

C. 总供给与总需求　　　　　　　D. 国际收支

【答案】B

【解析】本题考查购买力平价理论。在纸币流通条件下，决定汇率的基础是购买力平价，即两种货币购买力的对比。而货币的购买力涉及各国的通货膨胀率或者物价水平。故选 B 项。

经典例题 7（**单选题**）假定美元利率为 6%，日元的利率为 2%，则三个月的远期美元对日元（　　）。

A. 升水 4%　　　B. 贴水 4%　　　C. 升水 1%　　　D. 贴水 1%

【答案】D

【解析】本题考查利率平价理论。凯恩斯的利率平价理论，认为高利率国货币远期贴水，低利率国货币远期升水，年升（贴）水额为两国利率之差。所以本题中高利率国货币美元远期贴水，3 个月贴水（6% − 2%）÷ 4 = 1%。故选 D 项。

经典例题 8（单选题）在不考虑干预因素的情况下，某国连续 5 年处于国际收支顺差的状态，那么，该国应出现的情况是（　　）。

A. 外汇储备减少，本国货币升值压力增大

B. 外汇储备减少，本国货币升值压力减少

C. 外汇储备增加，本国货币升值压力增大

D. 外汇储备增加，本国货币升值压力减少

【答案】C

【解析】本题考查顺差对汇率的影响。顺差即出口大于进口，会导致外汇收入增加；同时外国对本国货币需求会增加，使得本币币值上升的压力变大。故选 C 项。

经典例题 9（多选题）下列影响汇率变动的因素有（　　）。

A. 经济状况　　　　　　　　　B. 国际收支状况

C. 相对通货膨胀率　　　　　　D. 利率水平

E. 外汇管制

【答案】ABCDE

【解析】本题考查影响汇率变动的因素。影响汇率变动的因素有：一国的经济状况、国际收支状况、相对通货膨胀水平、利率水平、外汇管制和政策等。故选 ABCDE 项。

2. 同步训练

一、单项选择题

1. 从长期讲，影响一国货币币值的因素是（　　）。

A. 国际收支状况　　B. 经济实力　　　　C. 通货膨胀　　　　D. 利率高低

2. 一国国际收支顺差会使（　　）。

A. 外国对该国货币需求增加，该国货币汇率上升

B. 外国对该国货币需求减少，该国货币汇率下跌

C. 外国对该国货币需求增加，该国货币汇率下跌

D. 外国对该国货币需求减少，该国货币汇率上升

3. 一国国际收支经常账户和资本账户之和为逆差，则该国（　　）。

A. 外汇储备增加和官方短期债权减少

B. 外汇储备减少和官方短期债权增加

C. 外汇储备增加和官方短期债务增加

D. 外汇储备减少和官方短期债务增加

4. 下列关于国际收支逆差对经济的影响的说法错误的是（　　）。

A. 逆差导致该国贸易条件恶化　　　B. 可能导致该国对外支付能力增加

C. 本国收入下降和失业增加　　　　D. 资本外流

5. 根据相对购买力平价理论，一组商品的平均价格在英国由 6 英镑涨到 10 英镑，

同期在美国由 9 美元涨到 12 美元，则英镑兑美元的汇率由 1.5：1 变为（　　）。

    A. 1.3：1   B. 1.1：1   C. 1.0：1   D. 1.2：1

  6. 香港联系汇率制度是将香港本地货币与哪种货币挂钩（　　）。

    A. 英镑   B. 人民币   C. 美元   D. 欧元

  7. 清洁浮动是指（　　）。

    A. 汇率完全由外汇市场自发地决定

    B. 汇率基本由外汇市场的供求关系决定，但中央银行加以适当调控

    C. 汇率由中央银行确定

    D. 固定汇率

  8. 下列关于汇率变动对经济影响的说法，不正确的是（　　）。

    A. 当本币汇率下降时，刺激出口、抑制进口

    B. 当外汇汇率上升时，国际储备资产增值

    C. 当本币汇率下降时，减轻该国债务负担

    D. 汇率的大幅度波动，不利于国际经济发展的稳定性

  9. 假设美元和人民币的汇率从 1 美元兑换 6 元人民币变为 1 美元兑换 5 元人民币，那么（　　）。

    A. 美国商品在中国变得相对便宜，增加了中国对美元的需求

    B. 中国商品在美国变得相对便宜，增加了美国对人民币的需求

    C. 美国商品在中国变得相对昂贵，降低了中国对美元的需求

    D. 中国商品在美国变得相对昂贵，增加了美国对人民币的需求

  10. 本币汇率下跌一般会引起（　　）。

    A. 出口减少、进口增加   B. 进出口同时增加

    C. 进出口不发生变化   D. 出口增加、进口减少

二、多项选择题

  1. 我国外汇管理的负责机构包括（　　）。

    A. 中国人民银行总行   B. 国家外汇管理局

    C. 财政部   D. 中国银行

  2. 按汇兑方式汇率可以分为（　　）。

    A. 电汇汇率   B. 信汇汇率   C. 票汇汇率   D. 直接汇兑

  3. 下列会引起一国货币升值的因素有（　　）。

    A. 国际收支顺差   B. 本国利率相对上升

    C. 财政赤字增加   D. 本国物价水平相对上升

  4. 下列关于汇率变动对经济的影响的说法，正确的有（　　）。

    A. 当本币汇率下降时，刺激出口、抑制进口

    B. 当外汇汇率上升时，国际储备资产增值

    C. 当本币汇率下降时，增加该国债务负担

D. 汇率的大幅度波动，不利于国际经济发展的稳定性

5. 当一国货币对外升值后会引起的经济现象包括（　　）。

A. 商品出口增加　　　　　　　　B. 商品进口增加

C. 国内物价水平下降　　　　　　D. 资本流入增加

E. 资本流出增加

参考答案与解析

一、单项选择题

1. 【答案】B

【解析】从长期来看，一国的经济实力才是影响币值的最根本因素。故选 B 项。

2. 【答案】A

【解析】一国顺差表明出口大于进口，外国对该国货币需求增加，该国货币升值，即该国货币汇率上升。故选 A 项。

3. 【答案】D

【解析】经常项目逆差表明进口大于出口，大量进口意味着外汇储备减少；资本账户逆差意味着官方债务增加。故选 D 项。

4. 【答案】B

【解析】逆差即出口小于进口，本国收入小于支出，贸易条件恶化，本国收入下降，失业增加；逆差导致本币贬值，资本流出；如果一国政府在国际收支出现逆差时动用黄金外汇储备干预外汇市场，从而使得该国黄金外汇储备减少，削弱其对外支付能力。故选 B 项。

5. 【答案】D

【解析】涨价之前英镑和美元的比价为 1.5∶1，涨价之后变为 12∶10，即 1.2∶1，即 1 英镑＝1.2 美元。故选 D 项。

6. 【答案】C

【解析】香港联系汇率制是一种货币局制度。根据货币发行局制度的规定，货币基础的流量和存量都必须得到外汇储备的十足支持。发钞银行一律以 1 美元兑换 7.8 港元的比价，事先向外汇基金缴纳美元，换取等值的港元负债证明书后，才增发港元现钞。故选 C 项。

7. 【答案】A

【解析】清洁浮动又称自由浮动，指中央银行对外汇市场不采取任何干预活动，汇率完全由市场力量自发地决定；管理浮动又称"肮脏浮动"，指实行浮动汇率制的国家，其中央银行为了控制或减缓市场汇率的波动，对外汇市场进行各种形式的干预活动。故选 A 项。

8. 【答案】C

【解析】本币汇率下降，人民币贬值，出口增加；外币升值，以外汇形式持有的国

际储备价值增加；本币汇率下降，外币升值，原本的外币债务需要更多人民币偿还，所以债务负担加重；汇率经常性的大幅度波动，不利于经济发展的稳定。故选 C 项。

9.【答案】A

【解析】由题目可知，美元对人民币是贬值的，人民币对美元升值。同样的人民币可以换更多的美元，所以美国商品在中国变得相对便宜，增加了中国对美元的需求。同时，中国商品在美国变得相对昂贵，减少了美国对人民币的需求。故选 A 项。

10.【答案】D

【解析】本币贬值使本国产品在国外更便宜了，利于出口；同时国外产品价格上升会抑制进口。故选 D 项。

二、多项选择题

1.【答案】AB

【解析】我国外汇管理的主要负责机构是国家外汇管理局，央行也参与国际事务的开展。故选 AB 项。

2.【答案】ABC

【解析】汇率按照汇兑方式可以分为：票汇汇率、信汇汇率和电汇汇率。故选 ABC 项。

3.【答案】AB

【解析】国际收支顺差使本币升值；本国利率上升吸引资本流入，本币升值；本国物价相对上升导致本币贬值；财政赤字增加，使得货币供给量增多，本币贬值。故选 AB 项。

4.【答案】ABCD

【解析】本币汇率下降，人民币贬值，出口增加；外币升值，持有的以外币计价的国际储备价值增加；本币汇率下降，外币升值，原本的外币债务需要更多人民币偿还，所以债务负担加重；汇率经常性的大幅度波动，不利于经济发展的稳定。故选 ABCD 项。

5.【答案】BCD

【解析】本币升值使得：本国出口减少，进口增加；经济增长下降，失业增加，国内物价下跌；资本流入。故选 BCD 项。

第二篇 经 济 学 2

　　经济学专项以考生在银行招聘考试中快、准、狠的表现为目标，严选高频核心考点 10 个供考生在模拟练习阶段巩固复习。每一个核心考点分为两个部分：第一部分为经典例题展示，考生通过经典例题熟悉、回顾本考点的核心内容、常见考法和出题形式；第二部分为核心知识精练，考生通过精练我们专门具有针对性研发出的考题，来巩固该考点的知识，真正做到对于该考点的各种出题形式都能快速准确地找到解题思路和答案。此外，本专项所涉及考点在考试中均有大量真题出现，考生可以配合历年真题解析部分同步学习，以达到更好的效果。

专项训练一

需求、供给及其均衡

1. 经典示例

经典例题 1（单选题）以下符合经济学里面的"需求"的含义的是（　　）。

A. 小张月收入 500 元，打算买一套 300 万元的别墅

B. 小佳准备好 50 元，准备去买一盒 20 元的巧克力

C. 小玲月收入 200 万元，暂时没有购车计划

D. 小美打算把银行卡的 10 万元存入余额宝

【答案】B

【解析】本题考查需求的含义。需求是指在每一个价格水平下，消费者愿意而且能够购买的商品的数量。显然只有 B 项同时满足愿意和能够。故选 B 项。

经典例题 2（单选题）商品的需求曲线一般是一条（　　）的曲线。

A. 右下方倾斜　　　B. 右上方倾斜　　　C. 水平线　　　D. 垂直线

【答案】A

【解析】本题考查需求曲线。商品的需求曲线一般是一条向右下方倾斜的曲线。故选 A 项。

经典例题 3（单选题）在某一时期内彩电的需求曲线向左平移的原因是（　　）。

A. 彩电的价格提高了　　　　　　　B. 消费者对彩电的预期价格上升

C. 消费者对彩电的偏好下降　　　　D. 消费者的收入水平提高了

【答案】C

【解析】本题考查需求曲线移动的原因。导致需求曲线发生位移的一定是非价格因素，其中消费者收入减少、消费者预期未来价格下降、消费者偏好下降等都会导致需求曲线向左移动。故选 C 项。

经典例题 4（单选题）如果商品 A 和商品 B 是互相替代的，则 A 的价格上升将导致（　　）。

A. 商品 A 的需求曲线向右移动　　　B. 商品 A 的需求曲线向左移动

C. 商品 B 的需求曲线向右移动   D. 商品 B 的需求曲线向左移动

【答案】C

【解析】本题考查替代品。替代品中，一种商品价格上升，会导致另一种商品需求增加，所对应的需求曲线右移。故选 C 项。

经典例题 5（多选题）影响需求数量变动的因素包括（　　　）。

A. 商品价格   B. 消费者收入   C. 相关商品价格   D. 消费者价格预期

【答案】ABCD

【解析】本题考查影响需求数量变动的因素。影响商品需求数量的因素包括价格因素和非价格因素，因此有商品价格、偏好、收入、相关商品价格等。故选 ABCD 项。

经典例题 6（单选题）当市场上需求量和供给量达到均衡时所对应的价格叫作（　　　）。

A. 市场价格   B. 均衡价格   C. 理论价格   D. 限制价格

【答案】B

【解析】本题考查均衡价格。当市场上商品的需求量等于供给量时，所对应的价格是均衡价格，对应的数量是均衡数量。故选 B 项。

经典例题 7（单选题）当商品的需求和供给同时增加时，会导致（　　　）。

A. 均衡价格上升，均衡数量增加   B. 均衡价格上升，均衡数量不确定

C. 均衡价格不确定，均衡数量增加   D. 均衡价格不变，均衡数量增加

【答案】C

【解析】本题考查均衡的变动。商品的需求和供给同时增加时，根据均衡的移动可知存在三种可能的情况，当需求增加大于供给增加时，均衡价格上升，均衡数量增加；当需求和供给增加相等时，均衡价格不变，均衡数量增加；当需求增加小于供给增加时，均衡价格减少，均衡数量增加，综上所述，均衡价格不确定，均衡数量增加。故选 C 项。

经典例题 8（多选题）某一商品短时间内价格上涨幅度过快，导致一部分消费者没有能力购买，此时政府采取价格干预措施，可能带来的影响有（　　　）。

A. 供不应求   B. 供过于求

C. 排队问题   D. 黑市交易，变相涨价

【答案】ACD

【解析】本题考查价格上限。某一商品短时间内价格上涨幅度过快，导致一部分消费者没有能力购买，此时政府应该采取价格上限，规定一个最高价，由此可能带来的影响是商品供不应求、排队问题及黑市交易变相涨价。故选 ACD 项。

2. 同步训练

一、单项选择题

1. 在得出某种商品的需求曲线时，下列因素除哪一种外均是常数？（　　　）

A. 消费者的收入   B. 其他商品的价格

C. 消费者的偏好   D. 商品本身的价格

2. 在其他因素不变的情况下，一种商品的价格下降将导致（   ）。

A. 需求增加   B. 需求减少   C. 需求量增加   D. 需求量减少

3. 消费者对某物品的预期价格上升，则对该物品当前需求会（   ）。

A. 减少   B. 增加   C. 不变   D. 无法确定

4. 下列除了哪一种因素变化外都会使需求曲线移动（   ）。

A. 购买者（消费者）收入   B. 商品本身价格

C. 其他有关商品价格   D. 消费者偏好

5. 一个商品价格下降对其互补品最直接的影响是（   ）。

A. 互补品的需求增加，需求曲线右移

B. 互补品的需求减少，需求曲线左移

C. 互补品的供给增加，供给曲线右移

D. 互补品的价格上升

6. 若市场需求减少大于市场供给减少，则市场均衡价格（   ）。

A. 上升   B. 下降   C. 不变   D. 上述均可能

7. 已知当某种商品的均衡价格是 1 元钱的时候，均衡交易量是 1 000 单位。现假定买者收入的增加使这种商品的需求量增加了 400 单位，那么在新的均衡价格水平上，买者的购买量是（   ）。

A. 1 000 单位   B. 多于 1 000 单位但小于 1 400 单位

C. 1 400 单位   D. 以上均不对

8. 已知某种商品的市场需求函数为 $D = 30 - P$，市场供给函数为 $S = 3P - 10$，如果对该商品实行减税，则减税后的市场均衡价格（   ）。

A. 等于 10   B. 小于 10   C. 大于 10   D. 小于或等于 10

9. 政府为了扶持农业，对农产品规定了高于其均衡价格的支持价格，政府为了维持支持价格，应采取的相应措施是（   ）。

A. 增加对农产品的税收   B. 实行农产品配给制

C. 收购过剩的农产品   D. 对农产品生产者予以补贴

10. 均衡价格随着（   ）。

A. 需求和供给的增加而上升   B. 需求和供给的减少而上升

C. 需求的减少和供给的增加而上升   D. 需求的增加和供给的减少而上升

11. 下列（   ）情况是不正确的。

A. 若供给下降，需求不变，均衡价格将上升

B. 若供给增加，需求下降，均衡价格将下降

C. 若供给下降，需求增加，均衡价格将上升

D. 若需求下降，供给增加，均衡价格将上升

二、多项选择题

1. 以下（　　）项的需求和价格之间的关系，是需求规律的例外。

　A. 面包　　　　　　B. 吉芬商品　　　C. 低档品　　　　D. 小汽车

　E. 炫耀性商品

2. 1966 年以前，天主教徒在星期五不许吃肉，他们便吃鱼。1966 年，教皇允许教徒们在星期五吃肉，则（　　）。

　A. 一周内的平均鱼价将上涨　　　　B. 鱼的消费量将增加

　C. 鱼的消费量将减少　　　　　　　D. 肉的消费量将减少

　E. 肉的价格将上涨

3. 对西红柿需求的变化，可能是由于（　　）。

　A. 西红柿价格太高　　　　　　　　B. 消费者得知西红柿有益健康

　C. 消费者预期西红柿将降价　　　　D. 种植西红柿的技术有了改进

　E. 以上都对

4. 下列（　　）项将导致商品需求的变化而不是需求量的变化。

　A. 消费者的收入变化　　　　　　　B. 生产者的技术水平变化

　C. 消费者预期该商品的价格将上升　D. 该商品的价格下降

　E. 以上都不对

5. 以下各组中属于替代品的有（　　）。

　A. 核能和太阳能　　　　　　　　　B. 家用电器和电

　C. 汽车和汽油　　　　　　　　　　D. 电力和煤气

　E. 网球和网球拍

6. 关于决定需求的基本因素，以下表述正确的有（　　）。

　A. 价格和需求量的变动呈反方向变化

　B. 价格是影响需求量的最重要的因素

　C. 如果预期价格将下跌，许多消费者将提前购买

　D. 互补商品中，一种商品价格上升，会引起另一种商品需求随之降低

　E. 消费者的偏好支配着他在使用价值相同或接近的替代品之间的消费选择

7. 下列关于最低限价的说法，正确的有（　　）。

　A. 实施最低限价，往往出现供不应求现象，造成短缺

　B. 它属于政府对价格的干预措施

　C. 最低限价又称保护价格或支持价格

　D. 最低限价低于均衡价格

　E. 主要应用于农产品上

8. 在一般情况下，政府实施保护价格可能产生的结果或问题有（　　）。

　A. 限制生产　　B. 市场短缺　　　C. 变相降价　　　D. 市场过剩

参考答案与解析

一、单项选择题

1. 【答案】D

【解析】需求曲线是反映需求量和价格之间反比关系的曲线，其中商品价格是自变量，需求量是因变量，因此在需求曲线中，价格是变化的，不是常数。

2. 【答案】C

【解析】根据需求定理可知，价格和需求量成反向变动，因此价格下降会导致需求量增加。

3. 【答案】B

【解析】消费者预期未来商品价格会上升，现在会增加商品的需求。

4. 【答案】B

【解析】导致需求曲线发生移动的是非价格因素，包括消费者收入、偏好、相关商品价格、价格预期等，商品自身的价格只会带来需求曲线上点的移动。

5. 【答案】A

【解析】互补品是指两者放在一起才能行使某项功能的产品，一种商品价格下降，会导致另一种商品需求增加，需求曲线会向右移动。

6. 【答案】B

【解析】市场需求减少大于供给减少，通过曲线平移可知，均衡价格会减少，均衡数量也会减少。

7. 【答案】B

【解析】价格为 1 时，商品的需求量是 1 000，当商品需求增加 400 时，会导致均衡价格会增加，因此最终商品需求数量会大于 1 000，但是会小于 1 400。

8. 【答案】B

【解析】$D = 30 - P$，$S = 3P - 10$，可得均衡价格 $P = 10$，又因为此时减少税收，导致商品供给增加，因此最终商品的均衡价格会小于 10。

9. 【答案】C

【解析】政府为了扶持农业，应该对农产品采取保护价格，此时政府在市场价格逼近最低价格时，应该出面收购市场上多余的农产品。

10. 【答案】D

【解析】需求和供给同方向变动带来均衡价格不确定，需求增加供给减少会导致均衡价格增加。

11. 【答案】D

【解析】需求和供给反向变动时，均衡价格与需求同向变动，与供给反向变动。

二、多项选择题

1. 【答案】BE

【解析】需求定理是指商品的需求量和商品的价格成反向变动。吉芬商品和炫耀性商品价格越高，商品的需求量也越大，因此不符合需求定理。

2. 【答案】CE

【解析】以前不允许吃肉，因此都消费鱼，现在允许星期五吃肉了，因此肉的消费量将增加，鱼的消费量将减少，肉的价格也将上涨。

3. 【答案】BC

【解析】影响商品需求的原因主要是非价格因素，包括消费者收入、相关商品价格、价格预期、偏好、政策消息等。

4. 【答案】AC

【解析】影响商品需求的原因主要是非价格因素，包括消费者收入、相关商品价格、价格预期、偏好、政策消息等。

5. 【答案】AD

【解析】替代品是指能满足消费者同一需求的两种商品。替代品中一种商品价格上升，会导致另一种商品需求会增加。由此可以看出 AD 项满足。

6. 【答案】ABDE

【解析】商品的价格和需求量成反向变动；价格是影响需求的最重要因素；预期商品价格下降，现在商品的需求量会减少；互补品中，一种商品价格上升，另一种商品需求会减少。因此只有 C 项不正确。

7. 【答案】BCE

【解析】最低限价是政府针对农产品采取一种保护生产者的最低价格，此最低价格高于均衡价格，该措施带来的影响是供给过剩，政府收购多余农产品而增加财政负担。

8. 【答案】CD

【解析】最低限价是政府针对农产品采取一种保护生产者的最低价格，此最低价格高于均衡价格，该措施带来的影响是供给过剩，带来变相降价。

专项训练二

弹 性 理 论

1. 经典示例

经典例题 1（单选题） 以下哪种商品的需求弹性是最小的（   ）。

A. 食盐　　　　　　B. 衣服　　　　　　C. 自行车　　　　　　D. 珠宝

【答案】A

【解析】本题考查需求价格弹性。越是生活必需的商品弹性越小，因此食盐的需求弹性最小。故选 A 项。

经典例题 2（单选题） 某商品的需求弹性为 0.3，此时生产者提高价格带来的影响是（   ）。

A. 生产者收入增加　　　　　　　　B. 生产者收入减少

C. 生产者收入没有变化　　　　　　D. 不确定

【答案】A

【解析】本题考查需求弹性与收入的关系。需求弹性为 0.3，说明是缺乏弹性的商品，此时提高价格会使得收入增加。故选 A 项。

经典例题 3（单选题） 假定玉米市场的需求是缺乏弹性的，玉米的产量等于销售量且等于需求量，恶劣的气候条件使玉米产量下降 20%，在这种情况下，（   ）。

A. 玉米生产者的收入减少，因为玉米产量下降 20%

B. 玉米生产者的收入增加，因为玉米价格上升低于 20%

C. 玉米生产者的收入增加，因为玉米价格上升超过 20%

D. 玉米生产者的收入增加，因为玉米价格上升等于 20%

【答案】C

【解析】本题考查需求价格弹性。当玉米产量下降 20% 的时候，因为供给减少所以价格会增加，而且增加量要大于 20%，此时生产者的收入会增加。故选 C 项。

经典例题 4（单选题） 若 x 和 y 两产品的交叉弹性是 −0.01，则（   ）。

A. x 和 y 是替代品　　　　　　　　B. x 和 y 是正常商品

C. x 和 y 是劣质品   D. x 和 y 是互补品

【答案】D

【解析】本题考查交叉弹性。当两种商品的交叉弹性为负时，两种商品互为互补品。故选 D 项。

经典例题 5（单选题） 如果人们收入水平提高，则食物支出在总支出中比重将（　　）。

A. 大大增加   B. 稍有增加   C. 下降   D. 不变

【答案】C

【解析】本题考查恩格尔系数。当人们的收入水平不断提高时，食物支出占总支出的比重将下降。故选 C 项。

经典例题 6（单选题） 某商品的供给曲线是一过原点的直线，则其供给的价格弹性（　　）。

A. 随价格的变化而变化   B. 恒为 1

C. 为其斜率值   D. 不可确定

【答案】B

【解析】本题考查供给价格弹性。如果供给曲线经过原点，那么根据三角形相似，可以得出供给价格弹性恒等于 1。故选 B 项。

2. 同步训练

一、单项选择题

1. 如果某商品的需求富有弹性，则该商品价格上升（　　）。

A. 会使该商品销售收入增加   B. 会使该商品销售收入不变

C. 会使该商品销售收入下降   D. 销售收入可能增加也可能下降

2. 如果价格下降 10% 能使买者总支出增加 1%，则这种商品的需求量对价格（　　）。

A. 富有弹性   B. 具有单元弹性   C. 缺乏弹性   D. 其弹性不能确定

3. 假定商品的价格从 900 元降低到 850 元，需求量从 50 个增加到 60 个，则该商品的需求弹性（　　）。

A. 缺乏弹性   B. 富有弹性   C. 毫无弹性   D. 不能确定

4. 需求弧弹性的计算公式是（　　）。

A. 需求量的变动量与平均需求量之商比上价格变动量与平均价格之商

B. 需求量与价格之比

C. 需求量的变动量与需求量之商比上价格变动量与价格之商

D. 需求量与需求变动量之商比上价格与价格变动量之商

5. 需求完全无弹性可以用（　　）。

A. 一条与横轴平衡的线表示　　　　B. 一条与纵轴平行的线表示

C. 一条向右上方倾斜的线表示　　　　D. 一条向左下方倾斜斜线表示

6. 需求价格弹性系数表明：（　　　　）。

A. 固定成本增加的程度　　　　　　B. 一个市场的竞争程度

C. 当收入变动时，曲线移动的程度　D. 需求量对价格变动的反映程度

7. 如果价格下降 100% 能使买者总支出减少 1%，则这种商品的需求量对价格（　　　　）。

A. 富有弹性　　　B. 具有单元弹性　　C. 缺乏弹性　　　　D. 其弹性不能确定

8. 两种商品中若当其中一种的价格变化时，这两种商品的购买量同时增加或减少，则两者的交叉需求价格弹性系数为（　　　　）。

A. 负　　　　　　B. 正　　　　　　C. 0　　　　　　　D. 1

9. 对低档品需求的收入弹性（Em）是（　　　　）。

A. Em < 1　　　　B. Em = 0　　　　C. Em < 0　　　　D. Em > 0

10. 如果某商品富有需求的价格弹性，则该商品价格上升会使该商品的（　　　　）。

A. 销售收益增加　　　　　　　　　B. 销售收益不变

C. 销售收益下降　　　　　　　　　D. 销售收益可能增加也可能下降

11. 对于一个不吃猪肉的人来说，猪肉的需求量和牛肉价格之间的交叉弹性是（　　　　）。

A. 0　　　　　　　B. 负值　　　　　　C. 非弹性　　　　D. 弹性大小不一定

12. 下列产品中，哪种产品的交叉弹性为负值（　　　　）。

A. 汽车和轮胎　　B. 花生油和豆油　　C. 棉布和化纤布　D. 大米和面粉

二、多项选择题

1. 以下关于需求价格弹性大小的论述，正确的有（　　　　）。

A. 如果需求曲线是一条直线，则直线上各点的需求弹性相等

B. 如果需求曲线是一条直线，则直线上各点的需求弹性不相等

C. 如果需求是一条直线，则直线上越往左上方的点需求弹性越大

D. 如果需求曲线是一条曲线，则曲线上各点的需求弹性相等

2. 关于交叉弹性，正确的有（　　　　）。

A. 交叉弹性可能是正值，也可能是负值

B. 如果交叉弹性是正值，说明这两种商品是互补品

C. 如果交叉弹性是正值，说明这两种商品是替代品

D. 如果交叉弹性是负值，说明这两种商品是互补品

E. 如果交叉弹性是负值，说明这两种商品是替代品

3. 影响供给弹性的因素有（　　　　）。

A. 生产的难易程度　　　　　　　　B. 生产要素的供给弹性

C. 生产技术　　　　　　　　　　　D. 商品的价格

4. 以下关于需求价格弹性大小与销售收入的论述中，正确的有（   ）。

A. 需求弹性越大，销售收入越大

B. 如果商品富有弹性，则降价可以扩大销售收入

C. 如果商品缺乏弹性，则降价可以扩大销售收入

D. 如果商品富有弹性，则降价可以提高利润

E. 如果商品为单位弹性，则价格对销售收入没有影响

参考答案与解析

一、单项选择题

1. 【答案】C

【解析】富有弹性的商品价格上升，收入减少。

2. 【答案】A

【解析】某商品价格下降 10%，使得总支出增加 1%，亦即生产者的总收入增加 1%，由此价格下降收入增加，该商品属于富有弹性的商品。

3. 【答案】B

【解析】商品价格为 900 元的时候，总收入是 45 000 元，当商品价格降到 850 元时，总收入是 51 000 元，因此价格降低收入增加，属于富有弹性的商品。

4. 【答案】A

【解析】需求价格的弧弹性等于需求量的变动量与平均需求量之商比上价格变动量与平均价格之商。

5. 【答案】B

【解析】需求完全无弹性是指无论价格如何变化，商品的需求量都不变，因此需求曲线是一条垂线。

6. 【答案】D

【解析】需求价格弹性系数表明需求量对价格变动的反映程度。

7. 【答案】C

【解析】价格下降使得生产者收入减少，因此是缺乏弹性的商品。

8. 【答案】A

【解析】一种商品价格变化会导致该商品需求量反向变化，根据题干另一种商品需求也反向变化，因此这两种商品属于互补品，交叉弹性系数为负。

9. 【答案】C

【解析】低档品需求收入弹性小于零。

10. 【答案】C

【解析】富有弹性的商品提高价格会减少收入。

11. 【答案】A

【解析】对于不吃猪肉的人来说，不管牛肉价格怎么改变，对猪肉的需求都为 0。

12.【答案】A

【解析】互补品的交叉价格弹性为负，汽车和轮胎属于互补品。

二、多项选择题

1.【答案】BC

【解析】需求曲线是一条直线的时候，曲线上不同的点的需求弹性是不相同的，越往左上方需求价格弹性越大。

2.【答案】ACD

【解析】交叉弹性可以是正值也可以是负值，其中替代品交叉弹性为正，互补品交叉弹性为负。

3.【答案】ABC

【解析】影响供给弹性的因素有：生产的难易度、生产要素的供给弹性、生产技术等。

4.【答案】BE

【解析】缺乏弹性的商品涨价提高收入；富有弹性的商品降价提高收入；单位弹性的商品价格变动不影响收入。

专项训练三

消费者行为理论

1. 经典示例

经典例题 1（单选题）在分析消费者行为时，无差异曲线的形状是由（　　）决定的。

A. 消费者偏好
B. 消费者收入
C. 所购买商品的价格
D. 相关商品的价格

【答案】A

【解析】本题考查无差异曲线。在分析消费者行为时，无差异曲线的形状是由消费者偏好决定的。故选 A 项。

经典例题 2（单选题）在一条表示线上，所有各点两种不同数量组合给消费者带来的满足程度相同的线是（　　）。

A. 无差异曲线
B. 消费可能性曲线
C. 预算线
D. 预算约束线

【答案】A

【解析】本题考查无差异曲线。无差异曲线是指总效用水平相同时，两种商品的消费的组合的轨迹。故选 A 项。

经典例题 3（单选题）无差异曲线为斜率不变的直线时，表示相结合的两种商品是（　　）。

A. 可以替代的　　　B. 完全替代的　　　C. 互补的　　　　　D. 互不相关的

【答案】B

【解析】本题考查无差异曲线。无差异曲线为斜率不变的直线时，表明无差异曲线和坐标轴有交点，此时两种商品是可以完全替代的。故选 B 项。

经典例题 4（单选题）已知消费者的收入是 100 元，商品 X 的价格是 10 元，商品 Y 的价格是 5 元。假定他打算购买 7 单位的 X 和 6 单位的 Y，这是商品 X 和 Y 的边际效用分别是 50 和 20。如果获得最大效用，他应该（　　）。

A. 停止购买　　　　　　　　　　B. 增购 X，减少 Y 的购买

C. 减少 X 的购买，增购 Y　　　　D. 同时增购 X 和 Y

【答案】B

【解析】本题考查消费者均衡。商品 X 的价格是 10 元，消费商品 X 的边际效用是 50，因此单位货币的边际效用是 5；商品 Y 的价格是 5 元，消费商品 Y 的边际效用是 20，因此单位货币的边际效用是 4，所以会增加 X 购买，减少 Y 购买。故选 B 项。

经典例题 5（单选题） 下列哪种情况不属于消费者均衡的条件（　　　）？

A. $\dfrac{MU_x}{P_x} = \dfrac{MU_y}{P_y} = \dfrac{MU_z}{P_z} = \cdots = \lambda$　　　　B. 货币在每种用途上的边际效用相等

C. $MU = \lambda P$　　　　D. 各种商品的边际效用相等

【答案】D

【解析】本题考查消费者均衡条件。消费者均衡的条件是货币在每种用途上的边际效用相等，用公式表示为 $MU = \lambda P$；商品的边际效用相等不能代表消费者均衡。故选 D 项。

2. 同步训练

一、单项选择题

1. 某个消费者的无差异曲线图包含无数条无差异曲线，因为（　　　）。

A. 收入时高时低　　　　　　　　B. 欲望是无限的

C. 消费者人数多　　　　　　　　D. 商品的数量多

2. 若某条无差异曲线是水平直线，这表明该消费者对（　　　）的消费已达饱和。（设横轴表示 X，纵轴表示 Y）

A. 商品 Y　　　　　　　　　　　B. 商品 X 和商品 Y

C. 商品 X　　　　　　　　　　　D. 商品 X 或商品 Y

3. 同一条无差异曲线上的不同点表示（　　　）。

A. 不同的效用水平，但所消费的两种商品组合比例相同

B. 相同的效用水平，但所消费的两种商品组合比例不同

C. 不同的效用水平，两种商品的组合比例不同

D. 相同的效用水平，两种商品的组合比例相同

4. 下列哪一项不是消费者的无差异曲线具有的特点？（　　　）

A. 其斜率绝对值递减

B. 任意两条无差异曲线都不相交

C. 具有正斜率

D. 位于右上方的无差异曲线具有较高的效用水平

5. 无差异曲线任一点上商品 X 和 Y 的边际替代率等于它们的（　　）。

A. 效用之比　　　　B. 数量之比　　　　C. 边际效用之比　　D. 成本之比

6. 无差异曲线为无数条直角边时，表示该组合的两种商品是（　　）。

A. 可以替代的　　　　B. 完全替代的　　　　C. 完全互补的　　　D. 互不相关的

7. 已知 X、Y 的价格 P_x、P_y，当 $MRS_{xy} > \dfrac{P_x}{P_y}$ 时，消费者为达到效用最大化，他将（　　）。

A. 增购 X，减少 Y　　　　　　　　B. 减少 X，增购 Y

C. 同时增购 X、Y　　　　　　　　D. 同时减少 X、Y

8. 在均衡条件下，消费者购买的商品的总效用一定（　　）它所支出的货币的总效用。

A. 小于　　　　　B. 等于　　　　　C. 大于　　　　　D. 无法确定

9. 消费者预算线发生平移时联结消费者诸均衡点的曲线称为（　　）。

A. 需求曲线　　　　　　　　　　　B. 价格—消费者曲线

C. 收入—消费者曲线　　　　　　　D. 恩格尔曲线

10. 一种消费品价格变化时，联结消费者诸均衡点的线称为（　　）。

A. 收入—消费者曲线　　　　　　　B. 需求曲线

C. 价格—消费者曲线　　　　　　　D. 恩格尔曲线

11. 某消费者偏好 A 商品甚于 B 商品，原因是（　　）。

A. 商品 A 的价格最低　　　　　　　B. 商品 A 紧俏

C. 商品 A 有多种用途　　　　　　　D. 对其而言，商品 A 的效用最大

12. 商品 X 和 Y 的价格按相同的比率增加，但收入不变，预算线将（　　）。

A. 向左下方平移　　　　　　　　　B. 向右上方平移

C. 不变　　　　　　　　　　　　　D. 向左下方或右上方平移

二、多项选择题

1. 消费者的无差异曲线具有（　　）的特点。

A. 具有正斜率

B. 斜率绝对值递减

C. 任意两条无差异曲线都不相交

D. 位于右上方的无差异曲线具有较高的效用水平

E. 同一象限内有无数条无差异曲线

2. 如果商品 X 对于商品 Y 的边际替代率 MRS_{XY} 小于 X 和 Y 的价格之比 P_X/P_Y，则（　　）。

A. 消费者获得了最大效用

B. 该消费者应该增加 X 的消费，减少 Y 的消费

C. 该消费者应该增加 Y 的消费，减少 X 的消费

D. 该消费者没有获得最大效用

E. 应该调整 X 和 Y 的价格

参考答案与解析

一、单项选择题

1.【答案】B

【解析】某个消费者的无差异曲线图包含无数条无差异曲线，因为人们的欲望是无限的，总想获得更大的效用。

2.【答案】C

【解析】无差异曲线是表示能给消费者带来同等程度满足的两种商品的不同数量组合点的变化轨迹。由该无差异曲线可知，在商品 Y 的消费数量不变的情况下，无论商品 X 如何变化，商品组合给消费者带来的满足程度都不会发生变化，这表明消费者对商品 X 的消费已达饱和，增加的商品 X 对消费者来说不具任何效用。

3.【答案】B

【解析】同一条无差异曲线上的不同点表示相同的效用水平，但所消费的两种商品组合比例不同。

4.【答案】C

【解析】无差异曲线的斜率是为负的。

5.【答案】C

【解析】无差异曲线任一点上商品 X 和 Y 的边际替代率等于它们的边际效用之比。

6.【答案】C

【解析】无差异曲线为无数个直角边说明两种商品是按照固定比例搭配的，此时这两种商品为完全互补品。

7.【答案】A

【解析】当 $MRS_{xy} > \dfrac{P_x}{P_y}$ 时，该非均衡点在均衡点的左上方，此时要想达到均衡，必须向右下方移动，亦即此时要减少 Y，增加 X。

8.【答案】B

【解析】在均衡条件下，消费者购买的商品的总效用一定等于它所支出的货币的总效用。

9.【答案】C

【解析】消费者预算线发生平移时连接消费者诸均衡点的曲线称为收入—消费曲线。

10.【答案】C

【解析】一种消费品价格变化时，联结消费者诸均衡点的线称为价格—消费者曲线。

11. 【答案】D

【解析】消费者偏好某一种商品是因为对其而言，该商品的效用大。

12. 【答案】A

【解析】商品 X 和 Y 的价格按相同的比率增加，但收入不变，说明消费 X 和 Y 的数量减少，预算线向左下方平移。

二、多项选择题

1. 【答案】BCDE

【解析】无差异曲线的特征包括：相同曲线同偏好，不同曲线不相交，远离原点效用高，斜率为负向外凹。

2. 【答案】CD

【解析】如果商品 X 对于商品 Y 的边际替代率 MRS_{XY} 小于 X 和 Y 的价格之比 P_X/P_Y，此时没有达到消费者均衡，而且因为边际替代率小于价格之比，因此非均衡点在均衡点的右下方，此时要达到均衡必须要向左上方移动，亦即此时要减少 X 消费，增加 Y 消费。

专项训练四

生 产 理 论

1. 经典示例

经典例题1（单选题）当劳动的总产量递减时，（　　）。

A. APL 是递增的　　B. APL 为零　　　　C. MPL 为零　　　　D. MPL 为负

【答案】D

【解析】本题考查短期生产曲线。劳动的总产量最大时，边际产量为零，劳动总产量递减时，边际产量为负。故选 D 项。

经典例题2（单选题）当 APL 大于零且递减时，MPL 是（　　）。

A. 递减　　　　　　B. 负的　　　　　　C. 零　　　　　　　D. 上述任何一种

【答案】D

【解析】本题考查平均产量曲线和边际产量曲线。平均产量与边际产量相交于平均产量的最高点，当平均产量大于零且递减时，边际产量是递减的，可能大于零、等于零或小于零。故选 D 项。

经典例题3（单选题）当 MPL 小于零时，可以判断生产是处于（　　）。

A. 对 L 的 I 阶段　　　　　　　　　　B. 对 K 的 III 阶段

C. 对 L 的 III 阶段　　　　　　　　　D. 上述都不是

【答案】C

【解析】本题考查短期生产合理区间。当曲线处于平均产量最高点左边时，就处于生产的第 I 区间，当产量处于平均产量最高点和边际产量等于零的点之间时，处于生产的第 II 区间；当曲线处于边际产量小于零时，处于生产的第 III 区间。故选 C 项。

经典例题4（单选题）如果某厂商增加 1 单位劳动使用量能够减少 3 单位资本，而仍生产同样的产出量，则 MRTSLK 为（　　）。

A. −1/3　　　　　B. 3　　　　　　C. −1　　　　　　D. −3

【答案】B

【解析】本题考查边际技术替代率。边际技术替代率是指每增加一单位某种要素所能替代的另一种要素的量。此时每增加 1 单位劳动，能替代 3 单位资本，因此边际技术替代率是 3。故选 B 项。

经典例题 5（单选题）如果规模报酬不变，单位时间增加了 20% 的劳动使用量；但保持资本量不变，则产出将（　　）。

A. 增加 20%　　　　B. 减少 20%　　　　C. 增加大于 20%　　D. 增加小于 20%

【答案】D

【解析】本题考查规模报酬变化。规模报酬不变，单位时间增加了 20% 的劳动，如果也同比例增加资本，则产量增加会等于 20%，但是本题并没有增加资本，因此产量增加肯定小于 20%。故选 D 项。

经典例题 6（单选题）等产量曲线是指在这条曲线上的各点表示（　　）。

A. 为生产同等产量投入要素的各种组合比例是不能变化的

B. 为生产同等产量投入要素的价格是不变的

C. 不管投入各种要素量如何，产量总是不相等的

D. 投入要素的各种组合所能生产的产量是相等的

【答案】D

【解析】本题考查等产量曲线。等产量曲线是指在总产量不变时，两种不同的要素投入量之间的组合的轨迹。故选 D 项。

经典例题 7（单选题）等成本曲线围绕着它与纵轴的交点逆时针移动表明（X 表示横轴，Y 表示纵轴）（　　）。

A. 生产要素 Y 的价格上升了　　　　B. 生产要素 X 的价格上升了

C. 生产要素 X 的价格下降了　　　　D. 生产要素 Y 的价格下降了

【答案】C

【解析】本题考查等成本曲线。等成本线围绕与纵轴的交点逆时针转，说明 Y 的价格没有变化，而是购买 X 商品的数量增加了，说明 X 价格下降了。故选 C 项。

2. 同步训练

单项选择题

1. 如果连续地增加某种生产要素，在总产量达到最大时，边际产量曲线（　　）。

A. 与纵轴相交　　　　　　　　B. 经过原点

C. 与平均产量曲线相交　　　　D. 与横轴相交

2. 下列说法中错误的是（　　）。

A. 总产量减少，边际产量小于零

B. 边际产量减少，总产量也减少

C. 随着某种生产要素投入量的增加，边际产量和平均产量增加到一定程度将趋于下降，边际产量的下降要先于平均产量

D. 边际产量曲线一定在平均产量曲线的最高点处与之相交

3. 增加一单位投入所引起的总产量的改变量是（   ）。

A. 总产量　　　　　B. 平均产量　　　　　C. 边际产量　　　　　D. 可变产量

4. 在一种可变投入的生产三阶段中，理性的生产者选择的是（   ）。

A. 第一阶段生产　　　　　　　　　　B. 第二阶段生产

C. 第三阶段生产　　　　　　　　　　D. 介于二、三阶段生产

5. 一种可变投入量变动而其他投入量不变，最终结果是（   ）。

A. 边际产量递增　　　　　　　　　　B. 平均产量递增

C. 总产量递增　　　　　　　　　　　D. 边际产量递减

6. 在总产量、平均产量和边际产量的变化过程中，下列哪一个变化首先发生
（   ）。

A. 边际产量下降　　　　　　　　　　B. 平均产量下降

C. 总产量下降　　　　　　　　　　　D. B 和 C

7. 如果一项投入品的边际产量为正值，随着投入的增加，边际产量递减，则
（   ）。

A. 总的产量已经达到了最高点，正在不断下降

B. 总的产量不断增加，但是增加的速度越来越慢

C. 平均产量一定下降

D. 厂商应当减少产出

8. 如果一项投入品的平均产量高于其边际产量，则（   ）。

A. 随着投入的增加，边际产量增加

B. 边际产量将向平均产量趋近

C. 随着投入的增加，平均产量一定增加

D. 平均产量将随投入的增加而降低

9. 等成本曲线平行向外移动表明（   ）。

A. 产量提高了

B. 成本增加了

C. 生产要素的价格按照相同比例提高了

D. 生产要素的价格按照不同比例提高了

10. 如果等成本曲线在坐标平面上与等产量曲线相交，那么要生产等产量曲线表示
的产量水平（   ）。

A. 应增加成本支出　　　　　　　　　B. 不能增加成本支出

C. 应减少成本支出　　　　　　　　　D. 不能减少成本支出

11. 规模报酬递减是在下述哪种情况下发生的（   ）。

A. 按比例连续增加各种生产要素

B. 不按比例连续增加各种生产要素

C. 连续投入某种生产要素而保持其他生产要素不变

D. 上述都不正确

12. 劳动和资本的投入量增加 1 倍，引起产量增加 1 倍这种情况是（　　　）。

A. 规模收益不变　　　　　　　　B. 规模收益递增

C. 规模收益递减　　　　　　　　D. 规模负收益

13. 生产技术不变时，生产同一产量的两种投入的各种不同组合所形成的曲线是（　　　）。

A. 无差异的线　　　B. 等产量线　　　C. 生产扩展线　　　D. 等成本线

14. 等产量曲线和等成本曲线的切点表示的是（　　　）。

A. 对任何的产出，可得到最低可能的等成本线，切点表明了一定产出水平的最低成本

B. 对任何的支出，所得到的最高可能的等产量曲线，切点表明的是这一支出水平下的最大产出

C. 最大利润的产出水平

D. A 与 B 都是

参考答案与解析

单项选择题

1.【答案】D

【解析】当总产量最大时，边际产量为零，此时与横坐标轴相交。

2.【答案】B

【解析】总产量达到最大值时，边际产量为零，总产量递减时，边际产量小于零，但是边际产量递减时，总产量不一定递减，而是先增后减。

3.【答案】C

【解析】边际产量是指每增加一单位劳动要素投入，所带来的总产量的增加量。

4.【答案】B

【解析】在一种可变投入的生产三阶段中，理性的生产者选择的是生产的第二区间。

5.【答案】D

【解析】一种可变投入量变动而其他投入量不变，最终结果是边际产量会递减。

6.【答案】A

【解析】在总产量、平均产量和边际产量的变化过程中，三条曲线都是先增加后减少，但是边际产量曲线最先发生变化。

7.【答案】B

【解析】当边际产量为正且递减的时候，总产量依旧是递增的，此时递增的速率变缓了，平均产量在此阶段是先增加后减少的。

8.【答案】D

【解析】当平均产量大于边际产量时，在平均产量最高点的右边，此时平均产量和边际产量都是递减的。

9.【答案】B

【解析】等成本曲线平行向外移动表明成本增加了或者是生产要素按照同比例下降了。

10.【答案】C

【解析】如果等成本曲线在坐标平面上与等产量曲线相交，那么要生产等产量曲线表示的产量水平应该减少成本支出，不需要那么大的成本就可以达到指定的产量。

11.【答案】A

【解析】规模报酬变化是指所有的生产要素按照相同比例变化，带来的产量的变化情况。因此无论是规模报酬递增还是递减，要素都是按照同比例变化的。

12.【答案】A

【解析】要素同比例增加带来产量也同比例增加，这属于规模报酬不变。

13.【答案】B

【解析】生产技术不变时，生产同一产量的两种投入的各种不同组合所形成的曲线是等产量曲线。

14.【答案】D

【解析】等产量线和等成本线相切表明达到生产者均衡，此时可能是两种情况：（1）产量一定时，总成本最小；（2）成本一定时，产量最大。

专项训练五

成 本 理 论

1. 经典示例

经典例题1（单选题） 机会成本的经济含义是（　　）。

A. 使用一种资源的机会成本是放弃这种资源另一种用途的收入

B. 使用一种资源的机会成本是放弃这种资源在其他用途中所能得到的最高收入

C. 使用一种资源的机会成本是将其用于次优用途的收入

D. 使用一种资源的机会成本是保证这种资源在现用途继续使用而必须支付的费用

【答案】B

【解析】本题考查机会成本。机会成本是生产者放弃相同的生产要素在其他用途所能带来的最高收入。故选B项。

经典例题2（单选题） 不随产量变化的成本称为（　　）。

A. 平均成本　　　　B. 固定成本　　　　C. 长期成本　　　　D. 总成本

【答案】B

【解析】本题考查固定成本。不随产量变化的成本称为固定成本。故选B项。

经典例题3（单选题） 使用自有资金也应计算利息收入，这种利息从成本角度看是（　　）。

A. 固定成本　　　　B. 隐性成本　　　　C. 会计成本　　　　D. 生产成本

【答案】B

【解析】本题考查隐性成本。隐性成本是指生产者利用自己的生产要素投入生产的价格。故选B项。

2. 同步训练

一、单项选择题

1. 由企业购买或使用任何生产要素所发生的成本称为（　　）成本。

A. 显性　　　　　　B. 隐性　　　　　　C. 变动　　　　　　D. 固定

2. 假定某机器原来生产产品 A，利润收入为 200 元。现在改生产产品 B，所花的人工、材料费为 1 000 元，则生产产品 B 的机会成本是（　　）。

A. 200 元　　　　　B. 1 200 元　　　　C. 1 000 元　　　　D. 无法确定

3. 随着产量的增加，AFC（　　）。

A. 一直趋于上升　　　　　　　　B. 一直趋于下降

C. 在开始时下降，然后趋于上升　　D. 在开始时上升，然后趋于下降

4. 在 MC < AC 时，（　　）。

A. AC 上升　　　　　　　　　　B. AVC 可能上升也可能下降

C. TC 下降　　　　　　　　　　D. AVC 上升

5. MC 曲线呈 U 形的原因是（　　）造成的。

A. 规模报酬递减　　　　　　　　B. 外部经济与不经济

C. 边际报酬递减规律　　　　　　D. 边际技术替代率递减规律

6. 在从原点出发的直线（折线）与 TC 曲线的切点上，AC（　　）。

A. 最小　　　　　　　　　　　　B. 等于 MC

C. 等于 AVC + AFC　　　　　　　D. 上述都正确

7. MC 是由（　　）得到。

A. TFC 曲线的斜率

B. TVC 曲线的斜率但不是 TC 曲线的斜率

C. TC 曲线的斜率但不是 TVC 曲线的斜率

D. 既是 TVC 曲线的斜率也是 TC 曲线的斜率

8. 已知产量为 99 单位时，总成本等于 995 元，产量增加到 100 单位时，平均成本等于 10 元，由此可知边际成本为（　　）。

A. 10 元　　　　　　B. 5 元　　　　　　C. 15 元　　　　　　D. 7.5 元

9. 如果边际收益大于边际成本，那么减少产量就会使（　　）。

A. 总利润减少　　B. 总利润增加　　C. 对利润无影响　　D. 使单位利润减少

10. 边际成本曲线与平均成本曲线的相交点是（　　）。

A. 边际成本曲线的最低点

B. 平均成本曲线的最低点

C. 平均成本曲线下降阶段的任何一点

D. 边际成本曲线的最高点

11. 当边际成本曲线达到最低点时（　　）。

A. 平均成本曲线呈现递减状态　　　B. 平均可变成本曲线呈现递增状态

C. 平均产量曲线达到最大值　　　　D. 总产量曲线达到最大值

12. 假定总成本函数为 $TC = 16 + 5Q + Q^2$，说明这是一条（　　）。

A. 短期成本曲线　　B. 长期成本曲线　　C. A、B 都对　　D. 无法确定

二、多项选择题

1. 以下说法正确的有（   ）。

A. MC 大于 AC 时，AC 下降　　　B. MC 小于 AC 时，AC 下降

C. MC 等于 AC 时，AC 下降　　　D. MC 等于 AC 时，AC 达到最低点

E. MC 等于 AC 时，AC 达到最高点

2. 为了进行生产，某厂商雇用了 3 名工人，从银行贷款 100 万元，并将自己的仓库作为生产场所，亲自参与企业管理。由此可知，该企业的隐性成本包括（   ）。

A. 向工人支付的工资　　　　　B. 从银行获得的贷款

C. 所占用仓库的地租　　　　　D. 参与管理所支付的薪金

E. 无法确定

3. 短期成本分为（   ）。

A. 短期平均成本　　　　　　　B. 短期机会成本

C. 短期总成本　　　　　　　　D. 短期边际成本

E. 短期生产成本

参考答案与解析

一、单项选择题

1.【答案】A

【解析】由企业购买或使用任何生产要素所发生的成本称为显性成本。

2.【答案】B

【解析】机会成本是放弃相同要素在其他用途所能带来的最高收入，此题中生产 A 产品收入是 200 元，但是生产 B 产量增加了 1 000 元投入，因此生产 B 产品的生产要素是 1 200 元。

3.【答案】B

【解析】平均固定成本随着产量不断增加一直递减。

4.【答案】B

【解析】当边际成本小于平均成本时，平均成本递减，边际成本先减后增，平均可变成本先减后增。

5.【答案】C

【解析】MC 曲线呈 U 形的原因是由边际报酬递减规律造成的。

6.【答案】D

【解析】在从原点出发的直线（折线）与 TC 曲线的切点上，AC 与 MC 曲线重合，此时 AC 最小，并且和 MC 相等。

7.【答案】D

【解析】MC 既是 TVC 曲线的斜率也是 TC 曲线的斜率。

8.【答案】B

【解析】边际成本是指每增加一单位产量，所带来的总成本的增加量，因此此题的边际成本是5。

9.【答案】A

【解析】如果边际收益大于边际成本，此时每增加一单位商品就能够获得额外的经济利润，如果此时减少产量，那么总利润会减少。

10.【答案】B

【解析】边际成本与平均成本曲线相较于平均成本曲线的最低点。

11.【答案】A

【解析】当边际成本曲线达到最低点时，平均成本曲线递减，还未达到最低点。

12.【答案】A

【解析】根据函数可知该成本中既有固定成本又有可变成本，因此只有在短期中才存在固定成本。

二、多项选择题

1.【答案】BD

【解析】当边际成本小于平均成本时，平均成本递减；当边际成本大于平均成本时，平均成本递增；当平均成本等于平均成本时，平均成本达到最低点。

2.【答案】CD

【解析】隐性成本是指生产者运用自己的生产要素来生产的成本，因此自己的仓库和自己的企业家才能报酬属于隐性成本。

3.【答案】ACD

【解析】短期成本包括短期平均成本、短期总成本、短期边际成本、短期固定成本、短期可变成本等。

专项训练六

市 场 理 论

1. 经典示例

经典例题1（单选题） 下列行业中哪一个最接近于完全竞争模式？（ ）
A. 飞机　　　　 B. 香烟　　　　 C. 水稻　　　　 D. 汽车
【答案】C
【解析】本题考查完全竞争市场特征。最接近完全竞争市场的农产品市场。故选 C 项。

经典例题2（单选题） 在完全竞争市场上，厂商短期均衡条件是（ ）。
A. $P = AR$　　　 B. $P = MR$　　　 C. $P = MC$　　　 D. $P = AC$
【答案】C
【解析】本题考查完全竞争市场均衡条件。完全竞争市场短期均衡的条件是 $MC = MR$，又因为完全竞争市场存在 $P = MR = AR$，因此 $P = MC$。故选 C 项。

经典例题3（单选题） 若完全竞争行业内某厂商在目前产量水平上有 $MC = AC = AR = 1$ 元，则这家厂商（ ）。

A. 只得到正常利润　　　　　 B. 没得到最大利润
C. 是否得到了最大利润还不能确定　 D. 肯定得到了最小利润
【答案】A
【解析】本题考查完全竞争市场收益情况。因为 $AR = AC$，所以此时经济利润为零，只有正常利润。故选 A 项。

经典例题4（单选题） 完全竞争市场中的厂商边际收益曲线的斜率是（ ）。
A. 固定不变的　　 B. 经常变动的　　 C. 1　　　　　 D. 0
【答案】D
【解析】本题考查完全竞争市场的收益曲线。完全竞争市场四线合一，厂商需求曲线、平均收益、边际收益、价格曲线都是重合的，而且都是水平线，斜率为零。故选 D 项。

经典例题 5（单选题）完全垄断厂商的平均收益曲线为直线时，边际收益曲线也是直线。边际收益曲线的斜率为平均收益曲线斜率的（　　　）。

A. 2 倍　　　　　　B. 1/2 倍　　　　　　C. 1 倍　　　　　　D. 4 倍

【答案】A

【解析】本题考查完全垄断市场的收益曲线。边际收益曲线的方程式 $MR = a - 2bQ$，平均收益曲线的方程为 $AR = a - bQ$。故选 A 项。

经典例题 6（多选题）关于完全垄断市场的正确表述有（　　　）。

A. 完全垄断企业的需求曲线就是行业的需求曲线

B. 企业生产的产品没有十分相近的替代品

C. 企业是价格的接受者

D. 需求曲线是一条水平线

E. 需求曲线向右下方倾斜

【答案】ABE

【解析】本题考查完全垄断市场特征。完全垄断企业厂商是唯一的，产品也是唯一的，因为厂商唯一，因此企业的需求曲线就是行业的需求曲线，曲线向右下方倾斜，厂商是价格的决定者。故选 ABE 项。

经典例题 7（单选题）垄断者如果有一线性需求函数，总收益最大时（　　　）。

A. 边际收益为正值且递增　　　　　　B. 边际收益为正值且递减

C. 边际收益为负值　　　　　　　　　D. 边际收益为零

【答案】D

【解析】本题考查垄断厂商收益曲线。当垄断厂商总收益最大时，边际收益为零。故选 D 项。

2. 同步训练

一、单项选择题

1. 在完全竞争条件下，已知某厂商的产量 $Q = 500$ 单位，总收益 $TR = 500$ 元，总成本 $TC = 800$ 元，总固定成本 $TFC = 200$ 元，边际成本 $MC = 1$ 元，按照利润最大化原则，他应该（　　　）。

　　A. 增加产量　　　　　　　　　　B. 停止生产

　　C. 减少产量　　　　　　　　　　D. 以上任一个措施都采取

2. 完全竞争市场的厂商短期供给曲线是指（　　　）。

　　A. $AVC > MC$ 中的那部分 AVC 曲线　　B. $AC > MC$ 中的那部分 AC 曲线

　　C. $MC \geqslant AVC$ 中的那部分 MC 曲线　　D. $MC \geqslant AC$ 中的那部分 MC 曲线

3. 成本递增行业的长期供给曲线是（　　　）。

　　A. 水平直线　　　　　　　　　　B. 自左向右上倾斜

C. 垂直于横轴 　　　　　　　　　　　D. 自左向右下倾斜

4. 完全竞争厂商所面临的需求曲线是一条水平线，它表示（　　　）。

A. 厂商可以通过改变销售量来影响价格

B. 厂商只能接受市场价格

C. 厂商通过联合来改变市场价格

D. 厂商通过改进生产技术，获得经济利润

5. 在 MR = MC 的均衡产量上，企业（　　　）。

A. 必然得到最大的利润　　　　　　　B. 不可能亏损

C. 必然是最小亏损　　　　　　　　　D. 若获利，利润最大；若亏损，损失最小

6. 如果在厂商的短期均衡产量上，AR 小于 SAC，但大于 AVC，则厂商（　　　）。

A. 亏损，立即停产　　　　　　　　　B. 亏损，但继续生产

C. 亏损，生产与否都可　　　　　　　D. 获利，继续生产

7. 完全垄断市场中如果 A 市场的价格高于 B 市场的价格，则（　　　）。

A. A 市场的需求弹性大于 B 市场的需求弹性

B. A 市场的需求弹性小于 B 市场的需求弹性

C. 两个市场的需求弹性相等

D. 以上都正确

8. 垄断厂商利润极大时，（　　　）。

A. P = MR = MC　　　B. P > MR = AC　　　C. P > MR = MC　　　D. P > MC = AC

9. 完全垄断厂商的产品需求弹性等于 1 时（　　　）。

A. TR 最小　　　　　B. TR 最大　　　　　C. TR 递增　　　　　D. TR 递减

10. 如果垄断者面临一个线性需求函数，（　　　）。

A. MR > 0，且递增　　　　　　　　　B. MR > 0，且递减

C. MR < 0，且递增　　　　　　　　　D. MR < 0，且递减

11. 对于垄断厂商来说，（　　　）。

A. 提价定能增加收益

B. 降价定会减少收益

C. 提价未必能增加收益，降价未必能减少收益

D. 以上都不正确

二、多项选择题

1. 一个完全竞争的市场结构，必须具备下列条件（　　　）。

A. 市场上有很多生产者和消费者　　　B. 购买者和生产者对市场的信息不对称

C. 行业中厂商生产的产品是无差别的　D. 厂商和生产要素可以自由流动

E. 购买者和生产者对市场信息完全了解

2. 完全竞争市场具有的特征有（　　　）。

A. 每个生产者都只能是市场价格的接受者，而非决定者

B. 生产者是市场价格的决定者，而非接受者

C. 买卖双方对市场信息都有充分的了解

D. 企业生产的产品是同质的，即不存在产品差别

E. 资源可以自由流动、企业可以自由进入或退出市场

3. 实施价格歧视的前提条件有（　　　　）。

A. 生产者必须具有一定的规模

B. 企业生产的产品存在产品差别

C. 必须有可能根据不同的需求价格弹性划分出两组或两组以上的不同购买者

D. 市场必须是能够有效地隔离开的

参考答案与解析

一、单项选择题

1.【答案】B

【解析】企业的平均收益为 1 元，企业的平均成本为 1.6 元，此时企业的平均可变成本为 1.2 元，因此当 AR < AVC < AC 时，企业必须立即停产。

2.【答案】C

【解析】完全竞争市场的厂商短期供给曲线是指 MC ≥ AVC 的 MC 曲线上的一部分。

3.【答案】B

【解析】成本递增行业的长期供给曲线是向右上方倾斜。

4.【答案】B

【解析】完全竞争厂商所面临的需求曲线是一条水平线，它表示完全竞争厂商只是价格的接受者，不能决定价格。

5.【答案】D

【解析】在 MR = MC 的均衡产量上，企业若获利，利润最大；若亏损，损失最小。

6.【答案】B

【解析】当厂商的 AVC < AR < AC 的时候，企业有亏损，但是会继续生产，因为生产可以弥补一部分固定成本。

7.【答案】B

【解析】在实行价格歧视过程中，在缺乏弹性的市场采取高价，在富有弹性的市场采取低价。

8.【答案】C

【解析】完全垄断厂商利润最大的时候，P > MR = MC。

9.【答案】B

【解析】完全垄断厂商的产品需求弹性等于 1 时总收益最大。

10.【答案】B

【解析】如果垄断者面临一个线性需求函数，则边际收益的函数是 MR = a − 2bQ，

此时边际收益大于零，但是递减。

11.【答案】C

【解析】对于垄断厂商来说，提价未必能增加收益，降价未必能减少收益。

二、多项选择题

1.【答案】ACDE

【解析】完全竞争市场的条件是：市场上有大量的买者和卖者；厂商生产的产品是同质的；资源是可以完全流动的；信息是完全的。

2.【答案】ACDE

【解析】完全竞争市场的特征包括：市场上有大量的买者和卖者；厂商是市场价格的接受者，而非决定者；市场上厂商生产同质的商品；信息是充分的、完全的；资源可以自由地流动。

3.【答案】CD

【解析】实施价格歧视有两个条件：（1）消费者有不同的需求价格弹性；（2）市场是可以隔离开来的。

专项训练七

市 场 失 灵

1. 经典示例

经典例题 1（单选题） 某一经济活动存在外部不经济是指该活动的（　　）。

A. 私人成本大于社会成本　　　　B. 私人成本小于社会成本

C. 私人利益大于社会利益　　　　D. 私人利益小于社会利益

【答案】B

【解析】本题考查外部不经济。外部不经济是指个人或企业对外界带来了不好的影响，而没有因此遭受额外的损失，此时个人的成本小于社会成本。故选 B 项。

经典例题 2（单选题） 如果上游工厂污染了下游居民的饮水，按照科斯定理（　　），问题即可妥善解决。

A. 不管财产权是否明确，只要交易成本为零

B. 只要财产权明确，且交易成本为零

C. 只要财产权明确，不管交易成本有多大

D. 不论财产权是否明确，交易成本是否为零

【答案】B

【解析】本题考查科斯定理。科斯定理是指，只要产权是明晰的，而且交易成本为零或非常小，那么不管当初产权给谁，最终都可以达到帕累托最优。故选 B 项。

经典例题 3（单选题） 市场不能提供纯粹的公共物品是因为（　　）。

A. 公共物品不具有排他性　　　　B. 公共物品不具有竞争性

C. 消费者都想"免费乘车"　　　　D. 以上三种情况都是

【答案】D

【解析】本题考查公共物品。市场不能提供纯粹的公共物品的原因可能是：公共物品具有非排他性和非竞争性，同时消费者容易"搭便车"。故选 D 项。

2. 同步训练

一、单项选择题

1. 某一经济活动存在外部经济是指该活动的（　　　）。

A. 私人成本大于社会成本　　　　　　B. 私人成本小于社会成本

C. 私人利益大于社会利益　　　　　　D. 私人利益小于社会利益

2. 某项生产活动存在外部不经济时，其产量（　　　）帕累托最优产量。

A. 大于　　　　　　　　　　　　　　B. 小于

C. 等于　　　　　　　　　　　　　　D. 以上三种情况都有可能

3. 为了提高资源配置效率，政府对垄断行为是（　　　）。

A. 坚决反对的　　B. 不管的　　C. 尽量支持的　　D. 加以管制的

4. 某人的吸烟行为属于（　　　）。

A. 生产的外部经济　　　　　　　　　B. 生产的外部不经济

C. 消费的外部不经济　　　　　　　　D. 消费的外部经济

5. 下列情况哪一种属于寻租行为（　　　）。

A. 公司凭借自己所有的财产收取租金

B. 公司投入资源去劝说政府阻止新公司进入它的行业

C. 政府剥夺公司的垄断租金

D. 政府查出公司的垄断租金

6. 如果某产品的生产造成污染，适当的税收政策是征税，征税额应是（　　　）。

A. 社会边际成本和私人边际成本之差　B. 社会边际成本和私人边际成本之和

C. 社会边际成本　　　　　　　　　　D. 私人边际成本

7. 在买卖双方存在信息不对称的情况下，质量差的商品往往将质量好的商品驱逐出市场，这种现象称为（　　　）。

A. 道德风险　　B. 正向选择　　C. 逆向选择　　D. 外部不经济

8. 在买卖双方达成协议后，协议的一方利用信息不对称，通过改变自己行为来损害对方的利益，这种现象称为（　　　）。

A. 劣币驱逐良币　　B. 道德风险　　C. 逆向选择　　D. 外部不经济

二、多项选择题

1. 在下述（　　　）情况下，市场失灵情况存在。

A. 垄断的出现　　　　　　　　　　　B. 公共物品的生产

C. 外部经济的存在　　　　　　　　　D. 外部不经济的存在

E. 私人物品的生产

2. 为了消除外部性对市场的影响，政府可以采取（　　　）。

A. 税收和补贴　　　B. 规定限价　　　　C. 合并相关企业　　D. 公共管制

E. 明晰产权

3. 以下关于准公共物品的特征，说法错误的有（　　　　）。

A. 完全的非竞争性和非排他性　　　B. 完全的竞争性和排他性

C. 有限的非竞争性和非排他性　　　D. 有限的非竞争性和排他性

E. 有限的竞争性和非排他性

4. 美国经济学家科斯关于产权和外部性理论的主要观点和结论包括（　　　　）。

A. 很多外部性的产生都是由于产权不清晰导致的

B. 只要产权是明确的，并且交易成本为零或者很小，市场均衡的最终结果都是有
效率的

C. 即使产权不明确，只要交易成本为零或者很小，市场均衡的最终结果都是有效
率的

D. 不同的产权制度，会导致不同的资源配置效率

E. 明确和界定产权是解决外部性问题的重要途径

参考答案与解析

一、单项选择题

1.【答案】D

【解析】外部经济是指对外界带来好的影响，但不能从中获得额外收益。此时个人
收益小于社会收益。

2.【答案】A

【解析】外部不经济是指对外界带来坏的影响，但是没有因此遭受额外损失，此时
企业会变本加厉生产，使得实际产出超过帕累托最优的产出。

3.【答案】D

【解析】针对垄断行为，政府会采取一系列的措施加以管制，比如立法或者价格
干预。

4.【答案】C

【解析】公共场合抽烟属于消费的外部不经济。

5.【答案】B

【解析】寻租行为是指为了获得垄断利润从而进行一系列的非生产性营利活动，比
如贿赂和游说。

6.【答案】A

【解析】如果某产品的生产造成污染，适当的税收政策是征税，征税额应是社会边
际成本和私人边际成本之差。

7.【答案】C

【解析】逆向选择是指质量差的产品把质量好的产品赶出市场。

8.【答案】B

【解析】道德风险是指交易双方达成协议之后，一方通过改变自己的行为使得对方发生损失。

二、多项选择题

1.【答案】ABCD

【解析】市场失灵的原因有四个：垄断、外部性、公共物品、信息不对称。

2.【答案】ACE

【解析】针对外部性，政府采取的措施有：税收、补贴、企业合并、明晰产权。

3.【答案】AB

【解析】准公共物品的特点是有限的非竞争性和非排他性，其中就可能有三种情况，有限的非竞争性和完全的非排他性，完全的非竞争性和有限的非排他性，还有有限的非竞争性和有限的非排他性。

4.【答案】ABDE

【解析】科斯定理的内容：（1）在交易费用为零的情况下，不管权利如何进行初始配置，当事人之间的谈判都会导致这些财富最大化的安排；（2）在交易费用不为零的情况下，不同的权利配置界定会带来不同的资源配置；（3）因为交易费用的存在，不同的权利界定和分配，则会带来不同效益的资源配置，所以产权制度的设置是优化资源配置的基础（达到帕累托最优）。

专项训练八

国内生产总值及其核算

1. 经典示例

经典例题1（单选题）下列哪一项不列入国内生产总值的核算？（　　）

A. 出口到国外的一批货物

B. 政府给贫困家庭发放的一笔救济金

C. 经纪人为一座旧房买卖收取的一笔佣金

D. 保险公司收到一笔家庭财产保险费

【答案】B

【解析】本题考查国内生产总值。计入国内生产总值的只有政府购买，政府转移支付不再计入。故选 B 项。

经典例题2（单选题）一国的国内生产总值小于国民生产总值，说明该国公民从外国取得的收入（　　）外国公民从该国取得的收入。

A. 大于　　　　　　B. 小于　　　　　　C. 等于　　　　　　D. 可能大于也可能小于

【答案】A

【解析】本题考查国内生产总值和国民生产总值。国民生产总值＝国内生产总值＋本国公民在外国的价值－外国公民在本国而价值，因此当国内生产总值小于国民生产总值时，说明本国公民从外国获取的价值大于外国公民从本国获取的价值。故选 A 项。

经典例题3（单选题）"面粉是中间产品"这一命题（　　）。

A. 一定是对的　　　　　　　　　B. 一定是不对的

C. 可能是对的，也可能是不对的　　D. 以上三种说法全对

【答案】C

【解析】本题考查最终产品和中间产品。面粉是不是中间产品就看是谁使用了，如果是消费者直接消费面粉，那么属于最终产品，如果生产者用于生产商品，这属于中间产品。故选 C 项。

经典例题4（单选题）在国民收入核算体系中，测定一国范围内在一定时期所有最

终产品和劳务的货币价值量的是（　　）。

A. 国民收入　　　B. 国内生产总值　　C. 国民生产净值　　D. 可支配收入总和

【答案】B

【解析】本题考查国内生产总值。国内生产总值是指一国或地区一定时期内运用所有的生产要素生产的最终产品的市场价值。故选B项。

经典例题5（多选题） 收入法计算国内生产总值包括的内容有（　　）。

A. 最终消费　　　B. 生产税净额　　　C. 营业盈余　　　D. 劳动者报酬

E. 固定资产折旧

【答案】BCDE

【解析】本题考查收入法核算GDP。收入法核算GDP＝劳动者报酬＋生产税净额＋营业盈余＋固定资产折旧等，最终消费是支出法内容。故选BCDE项。

经典例题6（多选题） 在实际核算中，国内生产总值的计算方法有三种，即（　　）。

A. 支出法　　　　B. 生产法　　　　C. 市场价格法　　　D. 不变价格法

E. 收入法

【答案】ABE

【解析】本题考查核算GDP的方法。国内生产总值的核算方法有三种，分别是生产法、支出法和收入法。故选ABE项。

2. 同步训练

一、单项选择题

1. 下面哪一种情况属于政府部门对家庭部门的转移支付（　　）。

A. 政府为其雇员支付工资

B. 政府为购买企业生产的飞机而进行的支付

C. 政府为其债券支付的利息

D. 政府为失业工人提供的失业救济金

2. 在下列项目中，（　　）不属于政府购买。

A. 地方政府办三所中学　　　　　　　B. 政府给低收入者提供一笔住房补贴

C. 政府订购一批军火　　　　　　　　D. 政府给公务人员增加薪水

3. 下列哪一项计入GDP？（　　）

A. 购买一辆用过的旧自行车　　　　　B. 购买普通股票

C. 汽车制造厂买进10吨钢板　　　　　D. 银行向某企业收取一笔贷款利息

4. 今年的名义国内生产总值大于去年的名义国内生产总值，说明（　　）。

A. 今年物价水平一定比去年高了

B. 今年生产的物品和劳务的总量一定比去年增加了

C. 今年的物价水平和实物产量水平一定都比去年提高了

D. 以上三种说法都不一定正确

5. 下列哪一项应记入 GDP （　　　）。

A. 面包厂购买的面粉　　　　　　　　B. 购买 40 股股票

C. 家庭主妇购买的面粉　　　　　　　D. 购买政府债券

6. 假如某人不出租他的房子而是自己使用，这部分房租（　　　）。

A. 不算入国内生产总值，因为出租房子不属于生产行为

B. 算入国内生产总值，按若出租可得到的租金计算

C. 不算入国内生产总值，因为房子由房主本人居住

D. 不知应不应算入国内生产总值

7. 在国内生产总值的计算中，所谓商品（　　　）。

A. 必须是有形的　　　　　　　　　　B. 必须是无形的

C. 既可以是有形的，也可以是无形的　D. 无法判断

8. 下列说法中哪项不是现行 GDP 的特征（　　　）。

A. 它是用实物量测度的　　　　　　　B. 它只是测度最终产品

C. 它只适用于给定时期　　　　　　　D. 它没有计入生产过程中消耗的商品

9. 在国民收入核算体系里，下面哪一项属于私人投资（　　　）。

A. 政府修建公路　　　　　　　　　　B. 私人购买股票

C. 厂商年终的存货大于年初　　　　　D. 私人购买政府债券

10. 所谓净出口是（　　　）。

A. 出口减进口　　　B. 进口减出口　　　C. 出口加进口　　　D. 只是出口

11. 在国民收入核算体系里，政府支出是指（　　　）。

A. 政府购买物品的支出

B. 政府购买物品和劳务的支出加政府转移支付之和

C. 政府购买物品和劳务的支出，不包括转移支付

D. 转移支付

12. 在一个只有家庭、企业和政府构成的三部门经济中，一定有（　　　）。

A. 家庭储蓄等于净投资

B. 家庭储蓄等于总投资

C. 家庭储蓄加折旧等于总投资加政府支出

D. 家庭储蓄加税收等于净投资加政府支出

13. 在一个有家庭、企业、政府和国外的部门构成的四部门经济中，GDP 是（　　　）的总和。

A. 消费、总投资、政府购买和净出口

B. 消费、净投资、政府购买和净出口

C. 消费、总投资、政府购买和总出口

D. 工资、地租、利息、利润和折旧

二、多项选择题

1. GDP 核算反映以下（　　）交易。

A. 购买一幢别人以前拥有的住房，支付给中介 6% 的中介费

B. 新建但未销售的住房

C. 与朋友打赌赢得 100 元

D. 大学生每月获得的生活补贴

2. 下列哪几项计入当年 GDP（　　）。

A. 购买一辆旧车　　　　　　　　B. 购买股票 4 万元

C. 蛋糕厂购入的 5 吨面粉　　　　D. 企业购买厂房用于生产

E. 购买旧车时支付的中介费

3. 下列各项中，不计入 GNP 的有（　　）。

A. 私人建造的住宅　　　　　　　B. 从事二手货交易的经纪人提取的佣金

C. 政府向失业者提供的救济金　　D. 保险公司收取的保险金

E. 国库券利息

参考答案与解析

一、单项选择题

1. 【答案】D

【解析】政府转移支付是指政府单方面转移，A、B、C 项都是政府的购买，只有 D 项是转移支付。

2. 【答案】B

【解析】政府购买是指政府对商品和劳务的购买，B 项属于政府转移支付。

3. 【答案】D

【解析】GDP 是一个流量概念、地域概念、只计入最终产品、只计入当年生产的，因此只有 D 项满足。

4. 【答案】D

【解析】名义 GDP 是指用当期价格计算的 GDP，因此名义 GDP 上涨了，可能是物价涨了、可能是总产出增加了，也可能是二者皆有。

5. 【答案】C

【解析】GDP 是地域概念、流量概念、计入当年生产的最终产品和劳务，此时只有 C 满足；A 项是中间产品不计入；B 项股票属于虚拟资产不计入；D 项债券属于虚拟资产不计入。

6. 【答案】C

【解析】房子供自己居住，此时没有用货币来计量，因此不计入 GDP。

7. 【答案】C

【解析】最终产品既可以是有形的物品也可以是无形的劳务。

8.【答案】A

【解析】GDP是指一国一定时期所生产的最终产品的市场价值，是以货币计量的，并非是实物。

9.【答案】C

【解析】经济学里面的投资是指厂商在生产过程中投入的生产要素。

10.【答案】A

【解析】净出口 = 出口 - 进口。

11.【答案】C

【解析】在国民收入核算体系里，政府支出是指政府购买物品和劳务的支出，不包括转移支付。

12.【答案】D

【解析】三部门的投资储蓄恒等式为：$C + I + G = C + S + T$。

13.【答案】A

【解析】四部门的GDP = 消费 + 总投资 + 政府购买 + 净出口。

二、多项选择题

1.【答案】AB

【解析】GDP是指一定时期内生产的最终产品的市场价值，因此A、B满足，大学生补贴是单方面转移不计入。

2.【答案】DE

【解析】GDP是一定时期内生产的最终产品的市场价值，因此GDP是地域概念、流量概念、只计入当年生产的、而且一定能用市场价值衡量的。

3.【答案】CE

【解析】GNP是指一国公民一定时期内生产的最终产品的市场价值，其中虚拟经济不计入、政府转移支付不计入。

专项训练九

凯恩斯消费理论

1. 经典示例

经典例题1（单选题） 当消费函数为 $C = a + bY$，a、$b > 0$，这表明，平均消费倾向（   ）。

A. 大于边际消费倾向

B. 小于边际消费倾向

C. 等于边际消费倾向

D. 以上三种情况都可能

【答案】A

【解析】本题考查消费函数。当消费函数为一次函数时，边际消费倾向为 b，平均消费倾向为 $b + a/Y$，因此平均消费倾向大于边际消费倾向。故选 A 项。

经典例题2（单选题） 边际消费倾向与边际储蓄倾向之和，是（   ）。

A. 大于1的正数　　B. 小于1的正数　　C. 零　　　　　　D. 等于1

【答案】D

【解析】本题考查边际消费倾向和边际储蓄倾向。边际消费倾向＋边际储蓄倾向＝1。故选 D 项。

经典例题3（单选题） 消费函数中引起消费增加的因素是（   ）。

A. 价格水平下降

B. 收入增加

C. 平均消费倾向一定为负

D. 利率提高

【答案】B

【解析】本题考查消费函数。消费函数 $C = \alpha + \beta Y$，引起消费增加的因素是收入增加了。故选 B 项。

2. 同步训练

一、单项选择题

1. 如果边际消费倾向为常数，那么消费函数将是（   ）。

A. 一条不通过原点的直线   B. 一条通过原点与横轴成 45° 的直线

C. 一条向上凸的直线   D. 一条向下凹的直线

2. 决定消费的因素中，最重要的是（   ）。

A. 收入   B. 政府开支   C. 投资   D. 利率

3. 边际消费倾向是（   ）。

A. 可支配收入中用于消费的比例

B. 当自主性消费增加 1 美元时，收入增加的数量

C. 为使消费增加 1 美元，可支配收入必须增加的数量

D. 收入增加 1 美元，用于消费增加的数量

4. 消费函数的截距和斜率分别称为（   ）。

A. 自主性消费，边际消费倾向   B. 非计划消费，边际消费倾向

C. 边际消费倾向，自主性消费   D. 非计划消费，平均消费倾向

5. 不决定于收入水平的那一部分消费是（   ）。

A. 基本消费   B. 随意性消费   C. 自主性消费   D. 固定性消费

6. 随着消费函数斜率（   ），边际消费倾向（   ）。

A. 变陡峭，下降   B. 变陡峭，不变   C. 变平缓，不变   D. 变陡峭，上升

7. 假设可支配收入增加 50 美元，消费支出增加 45 美元，那么边际消费倾向是（   ）。

A. 0.05   B. 0.10   C. 0.90   D. 1.00

8. 假设边际消费倾向增加 0.1，边际储蓄倾向（   ）。

A. 增加 0.1   B. 增加，但小于 0.1

C. 不受影响   D. 下降 0.1

9. 如果国民收入为零，短期消费将（   ）。

A. 为零   B. 为基本的消费支出

C. 为边际消费倾向   D. 为负

10. 根据储蓄函数，引起储蓄增加的因素是（   ）。

A. 收入增加   B. 利率提高

C. 人们预期未来的价格水平要上升   D. 政府支出增加

二、多项选择题

凯恩斯消费理论的主要假设有（   ）。

A. 边际消费倾向递减

B. 收入是决定消费的最重要的因素

C. 平均消费倾向会随着收入的增加而减少

D. 消费取决于家庭所处的生命周期阶段

E. 长期消费函数是稳定的

参考答案与解析

一、单项选择题

1.【答案】A

【解析】如果边际消费倾向为常数，则消费函数的斜率不变，此时消费函数为一条不经过原点的直线。

2.【答案】A

【解析】决定消费的因素中，最重要的是收入。

3.【答案】D

【解析】边际消费倾向是指收入每增加一单位，带来消费的增加量。

4.【答案】A

【解析】消费函数的斜率成为边际消费倾向，消费函数的截距成为自发消费。

5.【答案】C

【解析】不决定于收入水平的那一部分消费叫作自主性消费。

6.【答案】D

【解析】随着消费函数曲线斜率变陡，边际消费倾向越大。

7.【答案】C

【解析】可支配收入增加 50，消费增加 45，由此可见边际消费倾向为 $45 \div 50 = 0.9$。

8.【答案】D

【解析】边际消费倾向 + 边际储蓄倾向 = 1，因此边际消费倾向增加 0.1，边际储蓄倾向就会下降 0.1。

9.【答案】B

【解析】如果国民收入为零，则不存在引致消费，就只有基本的消费支出即自发消费。

10.【答案】A

【解析】储蓄函数是 $S = -\alpha + (1 - \beta)Y$，因此引起储蓄增加的是收入。

二、多项选择题

【答案】ABC

【解析】凯恩斯的消费理论基本假设有：收入是决定消费最重要的因素，收入增加，消费也会增加，但是消费增加的不及收入增加的多，此时边际消费倾向和平均消费倾向都递减。

专项训练十

IS-LM 模型

1. 经典示例

经典例题 1（单选题）自发投资支出增加 10 亿美元，会使 IS 曲线（   ）。

A. 右移 10 亿美元
B. 左移 10 亿美元
C. 右移支出乘数乘以 10 亿美元
D. 左移支出乘数乘以 10 亿美元

【答案】C

【解析】本题考查 IS 曲线移动。因为 IS 曲线的方程式 $y = (\alpha + e - dr)/(1 - \beta)$，因此支出增加 10 亿美元，肯定导致 IS 曲线右移，而且右移支出乘数乘以 10 亿美元。故选 C 项。

经典例题 2（单选题）假定货币供给量和价格水平不变，货币需求为收入和利率的函数，则收入增加时（   ）。

A. 货币需求增加，利率上升
B. 货币需求增加，利率下降
C. 货币需求减少，利率上升
D. 货币需求减少，利率下降

【答案】A

【解析】本题考查凯恩斯货币需求函数。当货币供给和物价不变时，收入增加，货币需求会增加，利率会上升。故选 A 项。

经典例题 3（单选题）利率和收入的组合点出现在 IS 曲线右上方，LM 曲线的左上方的区域中，则表示（   ）。

A. 投资小于储蓄，且货币需求小于货币供给
B. 投资小于储蓄，且货币供给小于货币需求
C. 投资大于储蓄，且货币需求小于货币供给
D. 投资大于储蓄，且货币需求大于货币供给

【答案】A

【解析】本题考查 IS-LM 模型。在 IS 曲线右上方，说明商品供给大于需求，此时投资小于储蓄；在 LM 曲线左上方存在货币供给大于需求。故选 A 项。

经典例题 4（单选题） 当投资支出与利率负相关时，产品市场上的均衡收入（　　）。

A. 与利息率不相关　　　　　　B. 与利率负相关

C. 与利息率正相关　　　　　　D. 随利率下降而下降

【答案】B

【解析】本题考查产品市场均衡。利率与投资呈负相关，此时在 IS 曲线中国民收入和利率也呈负相关。故选 B 项。

经典例题 5（单选题） 在 IS 曲线上存在储蓄和投资均衡的收入和利率的组合点有（　　）。

A. 一个　　　　　　　　　　　B. 无数个

C. 几个　　　　　　　　　　　D. 一个或无数个都不可能

【答案】B

【解析】本题考查 IS－LM 均衡。无数个储蓄和投资均衡点链接成 IS 曲线。故选 B 项。

经典例题 6（单选题） 政府发行国债后，其"挤出效应"使私人部门的投资（　　）。

A. 规模缩小　　　B. 规模扩大　　　C. 效益提高　　　D. 效益降低

【答案】A

【解析】本题考查挤出效应。政府支出增加，使得均衡利率上升，导致私人部门的投资和消费减少。故选 A 项。

2. 同步训练

一、单项选择题

1. 影响货币总需求的因素是（　　）。

A. 只有收入　　　B. 只有利息率　　　C. 流动偏好　　　D. 利息率和收入

2. 按照凯恩斯的货币理论，如果利率上升，货币需求将（　　）。

A. 不变　　　　　　　　　　　B. 受影响但不可能说出是上升还是下降

C. 下降　　　　　　　　　　　D. 上升

3. 下列哪一项不是居民和企业持有货币的主要动机（　　）。

A. 储备动机　　　B. 交易动机　　　C. 预防动机　　　D. 投机动机

4. 中央银行货币供给量的减少会使 LM 曲线（　　）。

A. 向左移动　　　B. 向右移动　　　C. 保持不动　　　D. 斜率增大

5. 当 IS 和 LM 曲线出现相同方向的移动时，下列哪个变量的变动方向能够确定（　　）。

A. r　　　　　　　B. Q　　　　　　　C. r 和 Q　　　　　　D. 以上都不准确

6. IS 曲线上的每一点都表示使（　　　）。

A. 产品市场均衡的收入和利率的组合

B. 投资等于储蓄的均衡的货币量

C. 货币需求等于货币供给的均衡货币量

D. 产品市场和货币市场同时均衡的收入

7. LM 曲线上的每一点都表示使（　　　）。

A. 货币市场均衡的收入和利率的组合

B. 投资等于储蓄的均衡的货币量

C. 货币需求等于货币供给的均衡货币量

D. 产品市场和货币市场同时均衡的收入

8. 政府支出的增加使 IS 曲线（　　　）。

A. 向左移动　　　　B. 向右移动　　　　C. 保持不动　　　　D. 斜率增大

9. IS 曲线左边的点，代表着产品市场的（　　　）。

A. 过剩　　　　　　B. 短缺　　　　　　C. 均衡　　　　　　D. 过剩或短缺

10. 一般地说，LM 曲线的斜率（　　　）。

A. 为正　　　　　　B. 为负　　　　　　C. 为零　　　　　　D. 可正可负

11. 在下述何种情况下，挤出效应更有可能发生（　　　）。

A. 货币需求对利率具有敏感性，私人部门支出的利率也有敏感性

B. 货币需求缺乏利率敏感性，私人支出也缺乏利率敏感性

C. 货币需求具有利率敏感性，私人支出对利率没有敏感性

D. 货币需求缺乏利率敏感性，私人支出很有利率敏感性

12. 如果利率和收入都能按供求情况自动得到调整，则利率和收入的组合点出现在 IS 曲线左下方，LM 曲线右下方的区域中时，有可能（　　　）。

A. 利率上升，收入下降　　　　　　B. 利率上升，收入增加

C. 利率上升，收入不变　　　　　　D. 以上三种情况都可能发生

13. 如果人们预期利率还会上升时，他们（　　　）。

A. 将出售证券并且持有货币　　　　B. 购买证券并且减少货币持有量

C. 期望证券价格保持不变　　　　　D. 期望证券价格上升

14. 货币供给增加使 LM 曲线右移，若要均衡收入变动接近于 LM 曲线的移动量，则必须（　　　）。

A. LM 曲线陡峭，IS 曲线也陡峭　　　B. LM 曲线和 IS 曲线一样平缓

C. LM 曲线陡峭，而 IS 曲线平缓　　　D. LM 曲线平缓而 IS 曲线陡峭

二、多项选择题

1. 引起 LM 曲线向左方移动的原因有（　　　）。

A. 物价水平不变，央行在公开市场上卖出债券

B. 物价水平不变，央行提高法定准备金率

C. 实际国内生产总值减少

D. 名义货币供给没有变动，但是物价水平提高

E. 以上都正确

2. 下列引起 IS 曲线左移的因素有（　　　）。

A. 投资需求增加　　　　　　　　B. 政府购买的减少

C. 政府税收的增加　　　　　　　D. 政府税收减少

E. 以上都正确

3. 在 IS 曲线上任一点表示投资与储蓄相等，在 IS 曲线的左下方的区域，表示错误的有（　　　）。

A. 投资大于储蓄，企业将增加产量　　B. 投资大于储蓄，企业将减少产量

C. 投资小于储蓄，企业将增加产量　　D. 投资小于储蓄，企业将减少产量

参考答案与解析

一、单项选择题

1.【答案】D

【解析】根据凯恩斯的货币需求理论，影响货币需求的因素有收入和利率。

2.【答案】C

【解析】按照凯恩斯的观点，利率与货币需求成反比，利率上升，货币需求减少。

3.【答案】A

【解析】人们持有货币的动机有三个：交易动机、预防动机和投机动机。

4.【答案】A

【解析】央行减少货币供应量使得 LM 曲线向左移动。

5.【答案】B

【解析】当 IS 曲线和 LM 曲线按照相同方向变化时，能够确定的是国民总产出，不能确定的是利率。

6.【答案】A

【解析】IS 曲线上的每一点都表示使产品市场均衡的收入和利率的组合。

7.【答案】A

【解析】LM 曲线上的每一点都表示使货币市场均衡的收入和利率的组合。

8.【答案】B

【解析】政府支出增加导致总需求增加，此时 IS 曲线会向右移动。

9.【答案】B

【解析】IS 曲线左下方的点，代表着产品市场的供小于求。

10.【答案】A

【解析】一般来说 LM 曲线的斜率为正，因此 LM 曲线向右上方倾斜。

11.【答案】D

【解析】挤出效应是指政府支出增加导致私人部门的投资和消费减少。此时如果投资对利率越敏感，货币需求对利率越不敏感，挤出效应越大。

12.【答案】B

【解析】IS、LM 曲线将平面划分为四部分，由题中描述的部分有：I＞S；因此国民收入增加；L＞M 所以利率会上升，故选 B 项。

13.【答案】A

【解析】人们预期利率上升，则债券的价格会下降，此时会卖出债券，持有货币。

14.【答案】C

【解析】货币供给增加使 LM 曲线右移，若要均衡收入变动接近于 LM 曲线的移动量，则必须 LM 曲线陡峭，而 IS 曲线平缓。

二、多项选择题

1.【答案】ABD

【解析】在物价水平不变的情况下，央行卖出债券、提高法定准备金率，会使得实际货币供给减少；同样，在名义货币供给不变的情况下，物价水平提高也会降低实际货币供给。实际货币供给的减少会使得 LM 曲线向左方移动。

2.【答案】BC

【解析】紧缩性的财政政策导致 IS 曲线向左移动，所以政府购买减少，税收增加会导致 IS 曲线左移。

3.【答案】BCD

【解析】在 IS 曲线左下方存在超额需求，投资大于储蓄，既然存在超额需求，价格上涨，厂商必定会增加产量，最终达到供求均衡。

第三篇 会 计 学

3

　　会计知识在银行招考中并非主要考查对象，但因银行很多工作岗位多与会计工作相关，特别是柜员岗每日涉及资金的收付，具备一定会计知识也是岗位胜任能力不可或缺的一项技能，因此大部分银行在招聘选拔时都有一定量的会计考题。但考查内容多以会计基础理论和典型业务（如资产核算、财务报告和财务报表分析等）作为核心考点来进行考核，难度等级一般。本书在认真研究各银行招考真题的基础上，精选了8个核心知识及经典例题，一方面缩小了备考范围；另一方面使备考更有针对性，通过专项训练帮助考生熟悉命题思路、强化对高频知识的运用和理解，进一步巩固所学知识，在考试中做到有的放矢。

专项训练一

会 计 总 论

1. 经典示例

经典例题1（单选题）会计是一种反映和监督主体经济活动的经济管理工作，它的主要计量单位是（ ）。

A. 实物   B. 货币   C. 价值   D. 劳动

【答案】B

【解析】本题考查会计的定义。会计是以货币为主要计量单位，反映和监督主体经济活动的经济管理工作。故选B项。

经典例题2（单选题）下列有关会计基本假设的表述不正确的是（ ）。

A. 会计主体假设明确界定了开展会计确认、计量和报告工作的重要前提

B. 固定资产采用历史成本记量是以会计分期为前提的

C. 由于会计分期，才产生了折旧、摊销等会计处理

D. 货币计量是企业会计确认、计量和报告的基本手段

【答案】B

【解析】本题考查会计基本假设。由于会计分期，才产生了当期与以前期间、以后期间的差别，才使不同类型的会计主体有了记账的基准，进而出现了折旧、摊销等会计处理方法。新会计准则中规定，更新改造的固定资产、提前报废的固定资产、单独计价入账的土地，以及因破产、关停企业等固定资产可不计提折旧，由此可知固定资产计提折旧的前提条件是企业持续经营、未在更新改造中和未提前报废，故选B项。

经典例题3（单选题）甲企业2016年3月发生如下支出：（1）预付租赁仓库租金，全年共12 000元；（2）支付上年第四季度水电费2 000元；（3）购买办公用具800元；（4）预计本月应承担的短期借款利息1 500元，季末支付。按权责发生制确认的甲企业本月费用数额为（ ）元。

A. 3 800   B. 12 800   C. 3 300   D. 14 300

【答案】C

【解析】本题考查权责发生制。权责发生制是指以收付应归属期间为标准，确定本期收入和费用的处理方法，即凡是属于本期应获得的收入，不管款项是否在本期收到，都作为本期收入处理；凡是属于本期应支付的费用，不论款项是否在本期支付，都作为本期费用处理。根据权责发生制原则，本月可负担的费用 = (1) 12 000 ÷ 12 + (3) 800 + (4) 1 500 = 3 300（元）；(2) 项业务是2015年第四季度发生的费用，不属于2016年3月发生的费用，故不能计算在内。故选 C 项。

经典例题 4（单选题） 下列做法中，不符合会计实质重于形式要求的是（　　）。

A. 企业将签订了售后租回协议的商品确认收入

B. 企业融资租入的固定资产作为企业自己的资产核算

C. 企业对建造合同按照完工百分比法确定收入

D. 关联方关系的确定

【答案】A

【解析】本题考查会计信息质量要求的实质重于形式原则。实质重于形式要求，是指企业应当按照交易或者事项的经济实质进行会计确认、计量和报告，不仅仅以交易或者事项的法律形式为依据。而且一般运用实质重于形式要求的有：融资租赁的会计处理、关联方交易关系的确认、售后回购等。根据实质重于形式的要求，售后租回方式销售商品，一般属于融资租赁，不确认收入。故选 A 项。

经典例题 5（单选题） 某上市公司为了避免连续3年亏损导致受到证监会的处罚，在第一年年末计提大量的资产减值准备，使亏损增加，第二年将减值转回，达到增加利润的目的，该上市公司的这一做法违背了（　　）原则。

A. 可理解性　　　B. 实质重于形式　　C. 重要性　　　　D. 谨慎性

【答案】D

【解析】本题考查会计信息质量要求的谨慎性原则。该上市公司的做法是设置秘密准备的常用做法。企业在进行会计核算时，应当遵循谨慎性原则的要求，不得多计资产或收益、少计负债或费用，遵循这一原则并不意味着企业可以任意设置各种秘密准备，否则，就属于滥用本原则，将按照会计重大会计差错要求进行相应的会计处理。故选 D 项。

经典例题 6（单选题） 下列选项中，体现可比性原则的是（　　）。

A. 对低值易耗品采用一次摊销法

B. 对或有应付金额符合条件时确认预计负债

C. 对于存货的计价方法在不同的会计期间不得随意变更

D. 对各项资产计提资产减值损失

【答案】C

【解析】本题考查会计信息质量要求的可比性要求。可比性要求企业提供的会计信息应当具有可比性。具体要求：同一企业不同时期的会计信息要具有可比性，即会计核算方法一经确定不得随意变更；不同企业的会计信息要具有可比性。A项对低值易耗品采用一次摊销法，体现重要性原则；B项对或有应付金额符合条件时确认预计负债和D

项对各项资产计提资产减值损失均体现谨慎性原则。对于存货的计价方法在不同的会计期间不得随意变更体现了可比性，故选 C 项。

2. 同步训练

一、单项选择题

1. 下列关于会计的基本特征表述正确的是（　　）。

A. 会计是以货币为计量单位，不能使用实物计量和劳动计量

B. 会计拥有一系列的专门方法，包括会计核算、管理和决策分析等

C. 会计具有会计核算和监督的基本职能

D. 会计的本质是核算活动

2. 下列会计处理方法中，符合权责发生制基础的是（　　）。

A. 销售产品的收入只有在收到款项日才予以确认

B. 产品已销售，货款未收到也应确认收入

C. 厂房租金只有在支付时计入当期费用

D. 职工薪酬只能在支付给职工时计入当期费用

3. 甲公司对乙公司投资，占乙公司表决权资本的 15%，乙公司生产产品依靠甲公司提供的配方，并规定乙公司不得改变其配方，故甲公司确认对乙公司具有重大影响。此项业务处理是根据会计信息质量要求的是（　　）。

A. 重要性 　　　　 B. 相关性 　　　　 C. 谨慎性 　　　　 D. 实质重于形式

4. 会计核算原则中，要求合理预计并核算可能发生的费用和损失的要求是（　　）。

A. 重要性 　　　　 B. 权责发生制 　　　 C. 谨慎性 　　　　 D. 实质重于形式

5. 下列对重要性的表述不正确的是（　　）。

A. 对重要会计事项，必须按照规定的会计方法和程序进行处理，并在财务报告中予以充分、准确地披露

B. 对于次要的会计事项，在不影响会计信息真实性和不至于误导财务报告使用者作出正确判断的前提下，可适当简化处理

C. 要求企业提供的会计信息应当反映与企业财务状况、经营成果和现金流量有关的所有重要交易或者事项

D. 在评价某些项目的重要性时，不是取决于会计人员的职业判断

二、多项选择题

1. 下列会计业务中，体现会计核算谨慎性原则的有（　　）。

A. 对固定资产采用加速折旧法计提折旧

B. 对应收账款计提坏账准备

C. 存货期末按成本与可变现净值孰低的原则计量

D. 在物价上涨时期对存货采用先进先出法计价

2. 目前，我国事业单位会计可采用的会计基础有（　　　）。

A. 持续经营　　　　B. 权责发生制　　　C. 货币计量　　　　D. 收付实现制

3. 可理解性要求（　　　）。

A. 账户的对应关系要清楚，文字摘要应完整

B. 在凭证处理和账簿登记时，应当确有依据

C. 会计记录应当准确、清晰

D. 在编制会计报表时，项目勾稽关系要清楚，内容要完整，数字要准确

4. 下列各项中，反映了可靠性会计信息质量要求的有（　　　）。

A. 在财务报告中的会计信息应当是真实、完整的

B. 以实际发生的交易或者事项为依据进行确认、计量

C. 在符合重要性和成本效益原则的前提下，保证会计信息的完整性

D. 在财务报告中的会计信息应当是中立的、无偏的

5. 下列关于会计基本假设的表述中，正确的有（　　　）。

A. 会计主体确立了会计核算的空间范围

B. 持续经营与会计分期确立了会计核算的时间长度

C. 一般而言，会计主体必为法律主体

D. 会计核算以人民币为记账本位币，也可以外币作为记账本位币

参考答案与解析

一、单项选择题

1.【答案】C

【解析】会计是以货币为主要计量单位，也可以使用实物计量和劳动计量；会计拥有一系列专门的方法，包括填制和审核凭证、设置会计科目和账户、复式记账、登记会计账簿、成本计算、财产清查和编制财务报表；会计的基本职能包括会计核算职能和会计监督职能；会计的本质是管理活动。故选 C 项。

2.【答案】B

【解析】权责发生制要求，凡是当期已经实现的收入和已经发生或应负担的费用，无论款项是否收付，都应作为当期收入和费用，计入利润表。故选 B 项。

3.【答案】D

【解析】实质重于形式原则是指企业应当按照交易或事项的经济实质进行会计核算，而不应当仅仅按照它们的法律形式作为会计核算的依据。此项经济业务的法律形式是甲公司对乙公司在法律形式占表决权资本达不到重大影响程度，一般达到20%以上才能形成重大影响，但实质是乙公司的产品技术需依靠甲公司且不得改变，在经济实质上构成重大影响。故选 D 项。

4.【答案】C

【解析】谨慎性要求企业对交易或者事项进行会计确认、计量和报告时应当保持应有的谨慎，不应高估资产或者收益、不应低估负债或者费用。故选 C 项。

5.【答案】D

【解析】在评价某些项目的重要性时，很大程度上取决于会计人员的职业判断，应从质和量两个方面进行分析，视信息的性质、规模大小和对使用者作出决策的影响程度而定。故选 D 项。

二、多项选择题

1.【答案】ABC

【解析】谨慎性，又称为稳健性，要求企业对交易或者事项进行会计确认、计量和报告时应当保持应有的谨慎，不应高估资产或者收益，低估负债或者费用。谨慎性在会计上的应用是多方面的，如固定资产采用加速折旧法，对可能发生的资产损失计提减值准备等。物价上涨期间采用先进先出会低估成本，导致利润增加，高估收益，故不符合会计谨慎性，D 项不符合题意。故选 ABC 项。

2.【答案】BD

【解析】事业单位会计除经营业务可以采用权责发生制外，其他大部分业务也采用收付实现制。故选 BD 项。

3.【答案】ACD

【解析】会计信息可理解性要求企业提供的会计信息应当清晰明了，便于投资者等财务报告使用者理解和使用。B 项是真实性的体现；故选 ACD 项。

4.【答案】ABCD

【答案】可靠性要求企业应当以实际发生的交易或者事项为依据进行会计确认、计量和报告，如实反映符合确认和计量要求的各项会计要素及其他相关信息，保证会计信息真实可靠、内容完整。此原则提出以下要求：企业应当以实际发生的交易或者事项为依据进行会计确认、计量和报告，如实反映其所应反映的交易或者事项；企业应当在符合重要性和成本效益原则的前提下，保证会计信息的完整性；在财务报告中的会计信息应当是中立的，无偏的。故选 ABCD 项。

5.【答案】AB

【解析】会计主体是确定会计核算的空间范围，一般而言，会计主体不一定是法律主体，法律主体必为会计主体；持续经营和会计分期确定了会计核算的时间范围；《会计法》规定，会计核算应以人民币作为记账本位币。业务收支以人民币以外的货币为主的单位，可以选定其中一种外币作为记账本位币，但是编报的财务会计报告应当折算为人民币。由此可见企业会计核算并非自由选择记账本位币而是一般应选择人民币，仅有外币收支业务的企业特殊。故选 AB 项。

专项训练二

会 计 要 素

1. 经典示例

经典例题 1（单选题） 下列关于会计要素的表述中，正确的是（　　）。

A. 负债的特征之一是企业承担潜在义务

B. 资产的特征之一是预期能给企业带来经济利益

C. 利润是企业一定期间内收入减去费用后的净额

D. 收入是所有导致所有者权益增加的经济利益的总流入

【答案】B

【解析】本题考查会计要素的含义。A 项，负债是企业过去的交易或事项形成的，预期会导致经济利益流出企业的现时义务，而不是潜在义务；C 项，利润是指企业在一定会计期间的经营成果，包括收入减去费用后的净额、直接计入当期利润的利得和损失等；D 项，收入是指企业在日常活动中形成的，会导致所有者权益增加的、与所有者投入资本无关的经济利益的总流入。资产的特征包括：过去的交易或事项形成的、由企业拥有或控制的、预期会导致经济利益流出企业，故选 B 项。

经典例题 2（多选题） 下列各项中，属于企业留存收益的有（　　）。

A. 发行股票的溢价收入

B. 按规定从净利润中提取的法定盈余公积

C. 累计未分配利润

D. 按股东大会决议从净利润中提取的任意盈余公积

【答案】BCD

【解析】本题考查留存收益的内容。留存收益由盈余公积和未分配利润构成。A 项，发行股票的溢价收入需计入资本公积，资本公积不属于留存收益。故选 BCD 项。

经典例题 3（多选题） 下列属于企业非流动负债的有（　　）。

A. 长期借款　　　　B. 应付债券　　　　C. 长期应付款　　　　D. 递延所得税负债

【答案】ABCD

【解析】本题考查负债的分类。负债按其偿还期限分为流动负债和非流动负债。流动负债是在一年以内（含一年）或超过一年的一个营业周期内需要偿还的负债，主要包括短期借款、应付及预收款项、应付职工薪酬、应交税费等。流动负债以外的负债应当归类为非流动负债，包括长期借款、应付债券、长期应付款、递延所得税负债等。故选 ABCD 项。

经典例题 4（单选题）下列交易事项中，能够引起资产和所有者权益同时发生增减变动的有（　　）。

A. 分配股票股利

B. 宣告分配现金股利

C. 财产清查中固定资产盘盈

D. 以银行存款支付原材料采购价款

【答案】C

【解析】本题考查经济业务对会计要素的影响。A 项分配股票股利，是留存收益减少股本增加，属于所有者权益内部结转，资产没有发生增减变动；B 项宣告分配现金股利，是未分配利润减少应付股利增加，即所有者权益减少负债增加；C 项财产清查中固定资产盘盈，是固定资产和留存收益的同时增加，即资产和所有者权益同增；D 项以银行存款支付原材料采购价款，属于资产内部增减变动，不影响所有者权益发生增减变动。故选 C 项。

经典例题 5（单选题）某企业月初资产总额为 600 万元，负债总额为 300 万元。本月发生如下经济业务：（1）购买原材料一批。用银行存款支付 50 万元价款；（2）从银行借入期限为 3 年的借款，共计 20 万元。月末该企业的所有者权益总额应为（　　）万元。

A. 350　　　　　　 B. 320　　　　　　 C. 330　　　　　　 D. 300

【答案】D

【解析】本题考查会计等式。第一笔经济业务资产总额不变；第二笔业务资产和负债分别增加 20 万元。月末资产总额 = 600 + 20 = 620（万元），负债总额 = 300 + 20 = 320（万元），月末所有者权益 = 资产 − 负债 = 620 − 320 = 300（万元）。故选 D 项。

2. 同步训练

一、单项选择题

1. 下列各项中，属于企业资产范围的是（　　）。

A. 经营方式租入的设备

B. 根据合同已经售出，但尚未运离企业的商品

C. 委托代销商品

D. 霉烂变质的商品

2. 下列有关费用和损失的表述中，正确的是（　　）。

A. 损失是由企业非日常活动所形成的、会导致所有者权益减少的、与向所有者分

配利润无关的经济利益的总流出

  B. 费用和损失都是经济利益的流出并最终导致所有者权益的减少

  C. 费用和损失的主要区别在于是否计入企业的当期损益

  D. 企业发生的损失在会计上计入营业外支出

  3. 某公司月初资产总额为 2 000 万元。本月发生下列业务：（1）以银行存款购买一项固定资产，价值 100 万元；（2）向银行借入长期借款 300 万元。款项存入银行；（3）以银行存款归还前欠货款 60 万元；（4）收到其他企业的欠款 50 万元，款项已存入银行。则月末该公司资产总额为（ ）万元。

  A. 2 240   B. 2 290   C. 2 350   D. 2 450

  4. 属于商业银行资产负债表中负债项目的是（ ）。

  A. 拆入资金   B. 应收利息   C. 长期股权投资 D. 存放中央银行款项

  5. 下列各项中，不应计入营业外收入的是（ ）。

  A. 债务重组利得   B. 处置固定资产净收益

  C. 销售原材料的收入   D. 确实无法支付的应付账款

二、多项选择题

  1. 下列项目中，属于所有者权益直接来源的有（ ）。

  A. 所有者投入的资本   B. 不应计入当期损益的利得或者损失

  C. 留存收益   D. 收入

  2. 下列项目中不应作为负债确认的有（ ）。

  A. 因购买原材料而暂欠外单位的货款

  B. 向银行借入 1 年期借款

  C. 因经济纠纷导致的法院尚未判决且金额无法合理估计的赔偿

  D. 计划向银行借款 500 万元

  3. 反映资产或者负债的现时成本或者现时价值的计量属性有（ ）。

  A. 历史成本   B. 可变现净值   C. 公允价值   D. 现值

  4. 金融企业的营业收入主要包括（ ）。

  A. 利息收入   B. 转让金融资产的利得

  C. 手续费收入   D. 贴现利息收入

  5. 下列项目中，属于期间费用的有（ ）。

  A. 销售费用   B. 制造费用   C. 管理费用   D. 财务费用

参考答案与解析

一、单项选择题

1.【答案】C

【解析】资产是企业过去的交易或者事项所形成的，由企业拥有或者控制的，预期会给企业带来经济利益的资源。A 项，不属于企业的资产，因为不由企业拥有或控制；B 项，企业已经售出的商品，不论是否运离企业，均不属于企业的资产；C 项，委托代销的商品属于企业的资产，符合资产的定义；D 项，霉烂变质的商品，因不能给企业带来经济利益，所以应当终止确认资产。故选 C 项。

2.【答案】B

【解析】费用是企业在日常活动中发生的会导致所有者权益减少的、与向所有者分配利润无关的经济利益的总流出。损失是由企业非日常活动所形成的、会导致所有者权益减少的、与向所有者分配利润无关的经济利益的流出。由以上定义可以看出，损失不是总流出而是净流出，A 项错误；费用包括生产费用和期间费用，损失包括计入当期损益的损失和直接计入所有者权益的损失，因此都有可能计入企业的当期损益，C 项错误；企业发生的损失在会计上可能记入"营业外支出""其他综合收益"等科目，D 项错误。费用和损失都会导致所有者权益的减少，故选 B 项。

3.【答案】A

【解析】①以银行存款购买一项固定资产，价值 100 万元。资产内部一增一减，资产总额不变。②向银行借入长期借款 300 万元，款项存入银行。资产与负债同时增加，资产总额增加 300 万元。③以银行存款归还前欠货款 60 万元。资产与负债同时减少，资产总额减少 60 万元。④收到其他企业的欠款 50 万元，款项已存入银行，资产内部一增一减，资产总额不变。则月末该资产总额 = 2 000 + 300 - 60 = 2 240（万元）。故选 A 项。

4.【答案】A

【解析】银行负债业务主要包括：存款、同业存放、同业拆入、向中央银行借款、应付债券、应付款项以及或有负债、应付职工薪酬、应交税费等。应收利息、长期股权投资、存放中央银行款项、拆出资金、贵金属等属于商业银行的资产。故选 A 项。

5.【答案】C

【解析】营业外收入主要包括：非流动资产处置利得、出售无形资产收益、债务重组利得、现金的盘盈利得、因债权人原因确实无法支付的应付款项、政府补助、罚款收入、捐赠利得等。销售材料的收入是企业的日常经营活动产生的经济利益的流入，记入"其他业务收入"科目，属于收入而不是营业外收入。故选 C 项。

二、多项选择题

1.【答案】ABC

【解析】所有者权益的来源包括：所有者投放的资本、直接计入当期损益的利得或损失和留存收益三个来源。收入不属于所有者权益的来源，属于损益类项目。故选 ABC 项。

2.【答案】CD

【解析】负债是企业过去的交易或事项形成的，预期会导致经济利益流出企业的现时义务。负债确认的条件必须是金额能够确定，金额无法估计因此不能确认为负债；故选 CD 项。

3. 【答案】BCD

【解析】在各种会计要素计量属性中，历史成本通常反映的是资产或者负债过去的价值，而重置成本，可变现净值，现值以及公允价值是与历史成本相对应的计量属性，通常反映的是资产或者负债的现时成本或者现时价值。故选 BCD 项。

4. 【答案】ACD

【解析】金融企业的营业收入主要包括金融企业往来收入、贴现利息收入、利息收入、保费收入、买入返售证券收入、手续费收入等。但投资收益中的利息和股利收入属于让渡资产使用权取得的收入，但转让股权和债务所取得的资本利得不属于收入。故选 ACD 项。

5. 【答案】ACD

【解析】期间费用包括销售费用、管理费用、财务费用，制造费用属于成本类账户。故选 ACD 项。

专项训练三

会计科目和会计账户

1. 经典示例

经典例题 1（单选题） 有关会计科目与账户间的关系，下列表述中不正确的是（   ）。

A. 两者口径一致，性质相同

B. 没有会计科目，账户就缺少了设置的依据

C. 会计科目是账户的具体运用

D. 在实际工作中，会计科目和账户是相互通用的

【答案】C

【解析】本题考查会计科目和会计账户的关系。会计科目和账户性质是相同的，二者都是按照会计要素的经济内容设置的。会计科目的名称就是账户的名称，同名称的会计科目与账户反映的经济内容相同。但二者也存在区别：会计科目只是个名称，它表明某类经济业务的内容，其本身并不能反映经济业务的增减变动情况，而账户既有名称又有结构，能够分类、连续、系统地记录和反映经济业务的发生情况及其结果，二者所起的作用不同。会计科目是会计账户设置的依据，会计账户是会计科目的具体运用。故选 C 项。

经典例题 2（单选题） 关于会计科目，下列说法不正确的是（   ）。

A. 会计科目是对会计要素的进一步分类

B. 会计科目按其所提供的详细程度不同，可以分为总分类科目和明细分类科目

C. 会计科目可以根据企业的具体情况自行设定

D. 会计科目是复式记账和编制记账凭证的基础

【答案】C

【解析】本题考查会计科目。会计科目是对会计要素的具体分类；是复式记账和编制记账凭证的基础；会计科目是设置账户的基础，为成本计算与财产清查提供了前提条件，为编制报表提供了方便。会计科目的设置原则是合法性、相关性和实用性，企业只

有在合法的前提下才能自行设定会计科目。故选 C 项。

经典例题 3（单选题）对于双重性质账户的期末余额，下列说法中正确的是（　　）。

A. 一定有借方余额　　　　　　　B. 一定有贷方余额

C. 一定没有余额　　　　　　　　D. 可能为借方余额，也可能为贷方余额

【答案】D

【解析】本题考查会计账户的分类。会计账户按其反映的经济内容分为资产类、负债类、共同类、成本类和损益类。其中共同类账户具有双重性质账户，可能具有资产性质，也可能具有负债性质，其期末余额可能在借方，也可能在贷方。故选 D 项。

经典例题 4（单选题）下列项目中，属于负债类会计科目的是（　　）。

A. 预收账款　　　B. 应收账款　　　C. 长期股权投资　　　D. 实收资本

【答案】A

【解析】本题考查会计科目分类。应收账款和长期股权投资属于资产类科目，实收资本属于所有者权益类科目。故选 A 项。

经典例题 5（单选题）金融企业会计科目按照其与资产负债表的关系，可以划分为（　　）。

A. 总账目与明细科目

B. 原始科目与记账科目

C. 表内科目与表外科目

D. 资产类科目、负债类科目与资产负债共同科目

【答案】C

【解析】本题考查会计科目分类。金融企业会计科目按照其与资产负债表的关系，分为表内科目和表外科目。故选 C 项。

2. 同步训练

一、单项选择题

1. 在下列项目中，与"制造费用"科目属于同一类科目的是（　　）。

A. 固定资产　　　B. 其他业务成本　　C. 生产成本　　　D. 主营业务成本

2. 下列会计科目中，属于损益类科目的是（　　）。

A. 主营业务成本　　B. 生产成本　　　C. 制造费用　　　D. 其他应收款

3. 某账户的期初余额为 900 元，期末余额为 5 000 元，本期减少发生额为 600 元，则本期增加发生额为（　　）元。

A. 3 500　　　　　B. 300　　　　　　C. 4 700　　　　　D. 5 300

4. 总分类会计科目一般按（　　）进行设置。

A. 企业管理的需要　　　　　　　B. 统一会计制度的规定

C. 会计核算的需要 　　　　　　 D. 经济业务的种类不同

5. 所设置的会计科目应符合单位自身特点，满足单位实际需要，这一点符合
（　　）原则。

A. 实用性　　　　 B. 合法性　　　　 C. 谨慎性　　　　 D. 相关性

二、多项选择题

1. 下列项目中，属于账户基本结构内容的有（　　　）。

A. 账户的名称 　　　　　　　　 B. 日期

C. 凭证号数 　　　　　　　　　 D. 增加方和减少方的金额及余额

2. 关于总分类会计科目与明细分类会计科目表述正确的有（　　　）。

A. 明细分类会计科目概括地反映会计对象的具体内容

B. 总分类会计科目详细地反映会计对象的具体内容

C. 总分类会计科目对明细分类科目具有控制作用

D. 明细分类会计科目是对总分类会计科目的补充和说明

3. 下列项目中，属于所有者权益类科目有（　　　）。

A. 实收资本　　　 B. 盈余公积　　　 C. 利润分配　　　 D. 本年利润

4. 会计账户的各项金额的关系可用（　　　）表示。

A. 期末余额 = 期初余额 + 本期增加发生额 − 本期减少发生额

B. 期末余额 − 期初余额 = 本期增加发生额 − 本期减少发生额

C. 期末余额 − 期初余额 − 本期增加发生额 = 本期减少发生额

D. 期末余额 + 减少发生额 = 本期期初余额 + 本期增加发生额

5. 下列属于资产类科目的有（　　　）。

A. 应付票据　　　 B. 累计折旧　　　 C. 预付账款　　　 D. 长期待摊费用

参考答案与解析

一、单项选择题

1.【答案】C

【解析】制造费用和生产成本属于"成本类"科目；固定资产是资产类科目；其他
业务成本和主营业务成本是损益类科目。故选 C 项。

2.【答案】A

【解析】"生产成本"和"制造费用"属于成本类科目；"其他应收款"属于资产
类科目。故选 A 项。

3.【答案】C

【解析】根据期末余额 = 期初余额 + 本期发生额 = 期初余额 +（本期增加发生额 −
本期减少发生额），本期增加发生额 = 期末余额 − 期初余额 + 本期减少发生额 = 5 000 −
900 + 600 = 4 700（元）。故选 C 项。

4.【答案】B

【解析】总分类科目也叫总账科目或一级科目，一般是按照财政部门制定的统一会计制度规定设置。故选 B 项。

5.【答案】A

【解析】企业应该在合法性原则的基础上，应根据企业自身的特点，设置符合企业实际情况的会计科目，这是会计科目设置原则中实用性的要求。故选 A 项。

二、多项选择题

1.【答案】ABCD

【解析】账户的基本结构应具有以下内容：（1）账户的名称；（2）日期；（3）增加方和减少方的金额及余额；（4）凭证编号；（5）摘要。故选 ABCD 项。

2.【答案】CD

【解析】总分类科目是概括地反映会计对象的具体内容，明细分类科目是详细反映会计对象的具体内容。总分类科目对明细分类科目具有统驭和控制作用，而明细分类科目是对总分类科目的补充和说明。明细分类科目在设置时首先考虑财政部统一会计制度的规定，没有规定时可自行根据企业的需要设置。故选 CD 项。

3.【答案】ABCD

【解析】所有者权益类科目包括实收资本、资本公积、盈余公积、本年利润和利润分配等。故选 ABCD 项。

4.【答案】ABD

【解析】会计账户的各项金额的关系为：期末余额 = 期初余额 + 本期增加发生额 − 本期减少发生额，其他等式均为从此转变而来。故选 ABD 项。

5.【答案】BCD

【解析】应付票据属于负债类账户，其他均为资产类账户。故选 BCD 项。

专项训练四

复 式 记 账

1. 经典示例

经典例题 1 （单选题）下列关于记账方法说法错误的是（   ）。

A. 复式记账法是指对发生的每一笔经济业务，都要以相等的金额在两个或两个以上相互联系的账户中进行登记

B. 某些经济业务的发生会影响会计等式的平衡

C. 复式记账法是以基本会计等式为依据设计的一种记账方法

D. 增减记账法、收付记账法和借贷记账法同属复式记账法

【答案】B

【解析】本题考查复式记账。复式记账法是指对发生的每一笔经济业务，都要以相等的金额在两个或两个以上相互联系的账户中进行登记的记账方法，其设计基础是"资产＝负债＋所有者权益"。复式记账法包括：收付复式记账法、增减复式记账法和借贷复式记账法。在复式记账法下任何经济业务的发生都不会影响到会计等式的恒等性。故选 B 项。

经典例题 2 （单选题）"应收账款"账户的期末余额等于（   ）。

A. 期初余额＋本期借方发生额－本期贷方发生额

B. 期初余额－本期借方发生额－本期贷方发生额

C. 期初余额－本期借方发生额＋本期贷方发生额

D. 期初余额＋本期借方发生额＋本期贷方发生额

【答案】A

【解析】本题考查复式记账下账户数量关系。"应收账款"是资产类账户，增加记借方，减少记贷方，因此其期末余额＝期初余额＋本期借方发生额－本期贷方发生额。故选 A 项。

经典例题 3 （单选题）在借贷记账法下，下列各项中应登记在账户贷方的是（   ）。

A. 费用的增加   B. 所有者权益的减少

C. 负债的减少   D. 收入的增加

【答案】D

【解析】本题考查借贷记账法下记账方向的规定。在借贷记账法下，账户贷方登记负债、所有者权益、收入的增加；资产和费用的减少。故选 D 项。

经典例题 4（单选题） 在借贷记账法下，余额试算平衡的理论依据是（　　）。

A. 借贷记账法的记账规则   B. 账户的对应关系

C. 账户的结构   D. 资产与权益的恒等关系

【答案】D

【解析】本题考查余额试算平衡的依据。在借贷记账法下，余额试算平衡的理论依据是"资产与权益的恒等关系"；发生额试算平衡的依据是"借贷记账法的记账规则"。故选 D 项。

2. 同步训练

一、单项选择题

1. 下列关于借贷记账法的表述中，正确的是（　　）。

A. 资产类账户的期末余额一般在贷方

B. 银行的表外业务通常采用复式记账法

C. 在借贷记账法下，损益类账户通常期末无余额

D. 在借贷记账法下，"借"代表增加，"贷"代表减少

2. "应付账款"账户的期初余额为 78 000 元，本期借方发生额为 60 000 元，本期贷方发生额为 92 000 元，该账户期末余额为（　　）元。

A. 110 000   B. 138 000   C. 44 000   D. 232 000

3. 对所发生的每项经济业务事项都要以会计凭证为依据，一方面记入有关总分类账户；另一方面记入有关总分类账户所属明细分类账户的方法称为（　　）。

A. 借贷记账法   B. 试算平衡   C. 复式记账法   D. 平行登记

4. 下列各项中，属于简单会计分录的是（　　）。

A. 一借一贷的分录   B. 多借一贷的分录

C. 多借多贷的分录   D. 一借多贷的分录

5. 下列错误中能够通过试算平衡发现的是（　　）。

A. 记账串户   B. 漏记经济业务   C. 借贷方向写反   D. 借贷金额不等

二、多项选择题

1. 下列关于试算平衡的表述中，正确的有（　　）。

A. 试算平衡包括发生额试算平衡和余额试算平衡

B. 发生额试算平衡的依据是"有借必有贷，借贷必相等"的记账规则

C. 余额试算平衡的依据是"资产 = 负债 + 所有者权益"的会计等式

D. 发生额试算平衡时：本期全部账户的借方发生额合计 = 本期全部账户的贷方发生额合计

2. 复式记账法与单式记账法相比，具有的显著优点有（　　　）。

A. 能够全面反映经济业务内容

B. 能够进行试算平衡，便于查账和对账

C. 能够反映资金运动的来龙去脉

D. 记账手续简单

3. 某项经济业务发生后，一个资产账户记借方，则有可能（　　　）。

A. 另一个资产账户记贷方　　　　　B. 另一个负债账户记贷方

C. 另一个所有者权益类账户记贷方　　D. 另一个资产账户记借方

4. 下列会计科目中，期末可能有借方余额的有（　　　）。

A. 管理费用　　　B. 制造费用　　　C. 生产成本　　　D. 主营业务收入

5. 以下说法中，属于平行登记规则要点的有（　　　）。

A. 金额相等　　　B. 期间不同　　　C. 方向一致　　　D. 依据不同

参考答案与解析

一、单项选择题

1.【答案】C

【解析】借贷记账法的记账符号是"借"和"贷"。其本身不等于增或减，只有当其与具体类型的账户相结合后，才可以表示增加或减少。资产类、负债类、所有者权益账户的期末余额一般在账户的增加方，损益类账户期末通常无余额。银行的表外业务通常采用单式记账法，表内业务采用借贷记账法。故选 C 项。

2.【答案】A

【解析】应付账款的增加额在"应付账款"账户贷方反映，减少额在借方反映，因此应付账款期末余额 = 78 000 − 60 000 + 92 000 = 110 000（元）。故选 A 项。

3.【答案】D

【解析】平行登记是指对所发生的每项经济业务都要以会计凭证为依据，一方面要计入有关总分类账户；另一方面计入有关总分类账户所属明细分类账户的方法。故选 D 项。

4.【答案】A

【解析】简单会计分录是指一借一贷的分录。复合会计分录是指一借多贷、多借一贷或多借多贷的分录。故选 A 项。

5.【答案】D

【解析】试算平衡，是指在借贷记账法下，利用借贷发生额和期末余额（期初余

额）的平衡原理，检查账户记录是否正确的一种方法。试算平衡有其局限性，通常当试算结果平衡时并不查出错账，如记账串户、漏记或重记某项经济业务、借贷方向写反等。D 项中借贷双方金额不等，能通过试算平衡发现，故选 D 项。

二、多项选择题

1. 【答案】ABCD

【解析】试算平衡包括发生额试算平衡和余额试算平衡。发生额试算平衡的依据是"有借必有贷，借贷必相等"的记账规则，余额试算平衡的依据是"资产 = 负债 + 所有者权益"的会计等式。发生额试算平衡时：全部账户的本期借方发生额合计 = 全部账户的本期贷方发生额合计。余额试算平衡时，全部账户的期初借方额合计 = 全部账户的期初贷方合计、全部账户的期末借方合计 = 全部账户的期末贷方合计。故选 ABCD 项。

2. 【答案】ABC

【解析】本题考核复式记账法的优点。复式记账法的优点：①能够全面反映经济业务内容和资金运动的来龙去脉；②能够进行试算平衡，便于查账和对账。D 项属于单式记账法的优点。故选 ABC 项。

3. 【答案】ABC

【解析】借贷记账法的记账规则是"有借必有贷，借贷必相等"。即对于每一笔经济业务都要在两个或两个以上相互联系的账户中，以借方和贷方相等的金额进行登记。记录一个账户的借方，同时必须记录另一个账户或几个账户的贷方；记录一个账户的贷方，同时必须记录另一个或几个账户的借方。因为一个资产账户记借方，则另一个账户肯定记在贷方。故选 ABC 项。

4. 【答案】BC

【解析】"制造费用"通常期末结转至"生产成本"，结转后期末无余额。但有些特殊情况，会造成"制造费用"在期末出现余额，如采用按年度计划分配率分配法，平时按预算分配率分配制造费用，采用这种分配方法时，"制造费用"明细账和总账账户，不仅可能有月末余额（可能有借方余额，也可能有贷方余额）。"生产成本"账户期末借方余额，反映企业尚未加工完成的在产品的成本。"管理费用"和"主营业务收入"为损益类账户，期末通常无余额。故选 BC 项。

5. 【答案】AC

【解析】平行登记是指对所发生的每项经济业务都要以会计凭证为依据，一方面记入有关总分类账户；另一方面记入所属明细分类账户的方法。总分类账户与明细分类账户平行登记的要点是：方向相同；期间一致；金额相等；依据相同。故选 AC 项。

专项训练五

会计凭证和会计账簿

1. 经典示例

经典例题1（单选题） 下列关于原始凭证的说法不正确的是（ ）。

A. 按照来源的不同，分为外来原始凭证和自制原始凭证

B. 按照格式的不同，分为通用原始凭证和专用原始凭证

C. 按照填制手续及内容不同，分为一次原始凭证、累计原始凭证和汇总原始凭证

D. 按照填制方法不同，分为外来原始凭证和自制原始凭证

【答案】D

【解析】本题考查原始凭证的分类。原始凭证按照来源的不同，分为外来原始凭证和自制原始凭证；按照格式的不同，分为通用原始凭证和专用原始凭证；按照填制手续及内容不同，分为一次原始凭证、累计原始凭证和汇总原始凭证。故选 D 项。

经典例题2（单选题） 下列金额表述方法中，错误的是（ ）。

A. ￥508.00   B. ￥86.07

C. 人民币伍拾陆元捌角伍分整   D. 人民币柒拾陆元整

【答案】C

【解析】本题考查凭证的填制。根据《会计工作基础规范》的规定，凭证上金额的填写应符合如下要求：（1）阿拉伯金额数字前面应当书写货币币种符号或者货币名称简写和币种符号。币种符号与阿拉伯金额数字之间不得留有空白。凡阿拉伯数字前写有币种符号的，数字后面不得再写货币单位。（2）所有以元为单位（其他货币种类为货币基本单位，下同）的阿拉伯数字，除表示单价等情况外，一律填写到角分；无角分的，角位和分位可写"00"，或者符号"—"；有角无分的，分位应当写"0"，不得用符号"—"代替。（3）汉字大写数字金额如零、壹、贰、叁、肆、伍、陆、柒、捌、玖、拾、佰、仟、万、亿等，一律用正楷或者行书体书写，不得用〇、一、二、三、四、五、六、七、八、九、十等简写字代替，不得任意自造简化字。大写金额数字到元或者角为止的，在"元"或者"角"字之后应当写"整"字或者"正"字；大写金额

数字有分的，分字后面不写"整"或者"正"字。（4）大写金额数字前未印有货币名称的，应当加货种名称，货币名称与金额数字之间不得留有空白。故选 C 项。

经典例题 3（单选题）可以不附原始凭证的记账凭证是（　　）。

A. 更正错误的记账凭证　　　　　　B. 从银行提取现金的记账凭证

C. 以现金发放工资的记账凭证　　　D. 职工临时性借款的记账凭证

【答案】A

【解析】本题考查记账凭证的内容。根据《会计基础工作规范》要求，除结账和更正错误的记账凭证可以不附原始凭证外，其他记账必须附有原始凭证。如果一张原始凭证涉及几张记账凭证，可以把原始凭证附在一张主要的记账凭证后面，并在其他记账凭证上注明附有该原始凭证的记账凭证的编号或者附有原始凭证复印件。故选 A 项。

经典例题 4（单选题）将现金送存银行，会计人员应填制的记账凭证是（　　）。

A. 现金付款凭证　　　　　　　　　B. 转账凭证

C. 银行收款凭证　　　　　　　　　D. 银行收款凭证和现金付款凭证

【答案】A

【解析】本题考查记账凭证的填制。对于现金和银行存款之间相互划转的经济业务，即从银行提取现金，或把现金存入银行的经济业务，只编付款凭证，不编收款凭证，以避免重复记账。故选 A 项。

经典例题 5（单选题）某企业用转账支票归还欠乙公司的货款 90 万元，会计人员编制的会计凭证为：借记"应收账款"，贷记"银行存款"，审核并已经登记入账，该记账凭证（　　）。

A. 没有错误　　　　　　　　　　　B. 有错误，使用划线更正法更正

C. 有错误，使用红字更正法更正　　D. 有错误，使用补充登记法更正

【答案】C

【解析】本题考查错账的更正方法。用转账支票归还欠乙公司的货款 90 万元，应借记"应付账款"科目，贷记"银行存款"科目，而会计人员将借方会计科目错记为"应收账款"科目。而对于记账后发现的应借或应贷的会计科目有错误，应该采用红字更正法进行更正。故选 C 项。

2. 同步训练

一、单项选择题

1. 以下各项中，不属于原始凭证基本内容的是（　　）。

A. 填制日期　　　B. 经济业务内容　　C. 接受单位名称　　D. 会计科目名称

2. 下列单证中，属于原始凭证的是（　　）。

A. 入库单　　　　B. 材料请购单　　　C. 生产计划　　　　D. 购销合同

3. 仓库领料的限额领料单属于（　　）。

A. 一次凭证　　　B. 累计凭证　　　C. 收款凭证　　　D. 付款凭证

4. 下列做法中，符合《会计基础工作规范》规定的是（　　）。

A. 原始凭证不得涂改、挖补

B. 外来原始凭证金额错误，可在原始凭证上更正但需签名或盖章

C. 凡是账簿记录金额错误，都可以采用"划线更正法"予以更正

D. 自制原始凭证无须经办人签名或盖章

5. 假设某公司第 8 笔转账业务需填制三张记账凭证，则其中第二张记账凭证的正确编号是（　　）。

A.（转）字 8 - 3 - 2 号　　　　　　B.（转）字 8 - 2 - 3 号

C.（转）字 8 - 2/3 号　　　　　　D.（转）字 8 - 3/2 号

二、多项选择题

1. 有关原始凭证的审核，下列说法中，正确的有（　　）。

A. 对于完全符合要求的原始凭证，应及时据以填制记账凭证入账

B. 原始凭证所记录经济业务不能违反国家法律法规

C. 对于真实、合法、合理但内容不够完整、填写有错误的原始凭证，应退回有关经办人员

D. 对于不真实、不合法的原始凭证，会计人员有权不予接收，并向单位负责人报告

2. 属于记账凭证必须具备的基本内容的有（　　）。

A. 记账凭证的名称　　　　　　　B. 记账凭证的日期

C. 记账凭证的编号　　　　　　　D. 经济业务事项的内容摘要

3. 下列说法正确的有（　　）。

A. 记账凭证上的日期指的是经济业务发生的日期

B. 会计凭证按照填制程序和用途的不同分为原始凭证和记账凭证

C. 出纳人员不能直接依据有关收、付款业务的原始凭证办理收、付款业务

D. 出纳人员必须根据经会计主管或其指定人员审核无误的收、付款凭证办理收、付款业务

4. 下列各项中，属于账账核对常见做法的有（　　）。

A. 核对所有总账的借方发生额合计和贷方发生额合计是否相等

B. 核对总账余额和所属明细账余额合计是否相符

C. 核对库存现金日记账和银行存款日记账余额分别与其总账余额是否相符

D. 核对银行存款日记账和银行对账单是否相符

5. 下列各种工作的错误，应当用红字更正法予以更正的有（　　）。

A. 在登记账簿时将 256 元误记为 265 元，记账凭证正确无误

B. 在填制记账凭证时，误将"应收账款"科目填写"应付账款"，并已登记入账

C. 在填制记账凭证时，误将 3 000 元填作 300 元，尚未入账

D. 记账凭证中的借贷方向用错，并已入账

参考答案与解析

一、单项选择题

1. 【答案】D

【解析】根据《会计工作基础规范》规定，原始凭证的内容必须具备：凭证的名称；填制凭证的日期；填制凭证单位名称或者填制人姓名；经办人员的签名或者盖章；接受凭证单位名称；经济业务内容；数量、单价和金额。故选 D 项。

2. 【答案】A

【解析】原始凭证，又称单据，是指在经济业务发生或完成时取得或填制的，用以记录或证明经济业务的发生或完成情况的原始凭据。凡是不能证明经济业务已经完成的文件或证明，不能作为会计核算的依据，也不属于原始凭证，如经济合同、材料请购单、生产通知。故选 A 项。

3. 【答案】B

【解析】累计凭证是指一定时期内，记载连续反映若干项不断重复发生的经济业务，填制手续是在一张凭证中多次进行登记才能完成的原始凭证。最具代表性的是"限额领料单"。故选 B 项。

4. 【答案】A

【解析】原始凭证金额出现错误的不得更正，只能由原始凭证开具单位重新开具。故 B 项说法错误。划线更正法又称红线更正法，在结账前发现账簿记录有文字或数字错误，而记账凭证没有错误，可以采用划线更正法。故 C 项说法错误。单位自制的原始凭证必须有经办单位领导人或者其他指定的人员签名盖章。故 D 项说法错误。《会计法》规定，原始凭证所记载的各项内容均不得涂改，随意涂改原始凭证即为无效凭证，不能以此来作为填制记账凭证或登记会计账簿的依据。故 A 项正确。

5. 【答案】C

【解析】记账凭证应当连续编号。其目的是分清会计事项处理的先后顺序，便于记账凭证与会计账簿之间的核对，确保记账凭证的完整。记账凭证编号的方法有多种，可以按收款、付款、转账三类业务或现金收付、银行存款收付和转账三类业务分别编号，也可以按现金收入、现金支出、银行存款收入、银行存款支出和转账五类进行编号，或者将转账业务按照具体内容再分成几类编号。一笔经济业务事项需要填制两张或者两张以上记账凭证的，可以采用分数编号法编号。故选 C 项。

二、多项选择题

1. 【答案】ABCD

【解析】原始凭证记载的各项内容均不得涂改。原始凭证应当符合真实、合法、合理、正确、完整、及时的要求。会计人员在进行原始凭证审核时，对于真实、合法、合理但内容不够完整、填写有错误的原始凭证，应退回有关经办人员，由其负责补充完成、更正或重开；对于不真实、不合法的原始凭证，会计人员有权不予接收，并向单位负责人报告。故选 ABCD 项。

2.【答案】ABCD

【解析】记账凭证必须具备的基本内容有：（1）填制单位的名称；（2）记账凭证的名称；（3）填制凭证的日期；（4）凭证的编号；（5）经济业务内容的摘要；（6）应借、应贷的会计科目（包括一级科目、二级科目或明细科目）和金额；（7）所附原始凭证的张数；（8）会计主管、制证、审核、记账等有关人员的签名或盖章。故选 ABCD 项。

3.【答案】BCD

【解析】会计凭证按照填制程序和用途的不同分为原始凭证和记账凭证。记账凭证上的日期一般是编制凭证的日期；出纳人员不能直接依据有关收、付款业务的原始凭证办理收、付款业务，出纳人员必须根据经会计主管或其指定人员审核无误的收、付款凭证办理收、付款业务。故选 BCD 项。

4.【答案】ABC

【解析】账账核对是指各种账簿之间的有关记录互相核对，做到账账相符，包括：总分类账各账户本期借方发生额合计数与贷方发生额合计数是否相等、总分类账各账户期末借方余额合计数与贷方余额合计数是否相等；总分类账各账户的期末余额与其所属的各明细分类账户的期末余额之和是否相等；总分类账中现金、银行存款账户的期末余额与现金日记账、银行存款日记账的期末余额是否相等；会计部门财产物资明细分类账的余额（数量和金额）应与财产物资保管或使用部门的登记簿所记载的内容核对相符。D 项是账实核对，不属于账账核对。故选 ABC 项。

5.【答案】BD

【解析】红字更正法适用于记账后在当年发现记账凭证所记的会计科目错误，或者会计科目无误但所记金额大于应记金额，从而引起的记账错误。A 项属纯数字错误，用划线更正法更正，C 项属于少记，用补充登记法更正。故选 BD 项。

专项训练六

典型业务的核算

1. 经典示例

经典例题1（单选题）下列违反现金管理制度的是（　　）。

A. 企业以现金支付各种劳保支出

B. 核定后的库存现金限额，开户单位应当严格遵守，超出部分应于当日终了前存入银行

C. 未经批准，企业从现金收入中直接支付现金支出

D. 1 000 元人民币以下的零星支出通过现金支付

【答案】C

【解析】本题考查现金管理制度。根据《现金管理暂行条例》的规定，现金的使用范围包括：支付给职工的工资、津贴；支付给个人的劳务报酬；根据规定发给个人的科学技术、文化艺术、体育等各种奖金；支付各种劳保福利费用以及国家规定的对个人的其他支出；向个人收购农副产品和其他物资的价款；出差人员必须随身携带的差旅费；结算起点以下的小额收支；银行确定需要支付的现金的其他支出。其中：结算起点指 1 000 元以下的结算款项。另开户单位收入现金应于当日送存开户银行，开户单位支付现金，可以从本单位库存现金限额中支付或从开户银行提取，不得从本单位的现金收入中直接支付（即不得"坐支"现金）。因特殊情况需要坐支现金的，应当事先报经开户银行审查批准，由开户银行核定坐支范围和限额。坐支单位应当定期向开户银行报送坐支金额和使用情况。本题中的 C 项是违反现金管理制度的"坐支"行为，故选 C 项。

经典例题2（多选题）下列各项中，应通过"其他货币资金"科目核算的有（　　）。

A. 银行汇票存款　　B. 信用卡存款　　　C. 外埠存款　　　　D. 存出投资款

【答案】ABCD

【解析】本题考查其他货币资金的核算内容。其他货币资金是指企业除现金、银行

存款以外的其他各种货币资金，主要包括银行汇票存款、银行本票存款、信用卡存款、信用证保证金存款、存出投资款和外埠存款等，故选 ABCD 项。

经典例题 3（单选题） 甲公司向乙公司发出一批实际成本为 30 万元的原材料，另支付加工费 6 万元（不含增值税），委托乙公司加工一批适用消费税税费为 10% 的应税消费品，加工完成收回后，全部用于连续生产应税消费品，乙公司代扣代缴的消费税款准予后续抵扣。甲公司和乙公司均系增值税一般纳税人，适用的增值税税率均为 17%。不考虑其他因素，甲公司收回的该批应税消费品的实际成本为（　　）万元。

A. 36 　　　　　 B. 39.6 　　　　　 C. 40 　　　　　 D. 42.12

【答案】 A

【解析】 本题考查委托加工物资的计量。委托加工物资收回后用于连续加工应税消费品的，所纳税款准予按规定抵扣，不计入委托加工物资的成本，甲公司收回的该批应税消费品的实际成本 = 30 + 6 = 36（万元）。故选 A 项。

经典例题 4（单选题） 下列各项中，制造企业应确认为无形资产的是（　　）。

A. 自创的商誉

B. 企业合并产生的商誉

C. 内部研究开发项目研究阶段发生的支出

D. 特许权

【答案】 D

【解析】 本题考查无形资产的确认。无形资产是指企业拥有或者控制的没有实物形态的可辨认的非货币性资产，主要包括专利权、著作权、商标权、特许权、土地使用权、非专利技术。自创的商誉、企业合并产生的商誉，以及开发项目研究阶段发生的支出，均不符合无形资产的定义，不应确认为无形资产。故选 D 项。

经典例题 5（单选题） 甲公司自行研发一项新技术，累计发生研究开发支出 800 万元，其中符合资本化条件的支出为 500 万元。研发成功后向国家专利局提出专利权申请并获得批准，实际发生注册登记费 8 万元；为使用该项新技术发生的有关人员培训费为 6 万元。不考虑其他因素，甲公司该项无形资产的入账价值为（　　）万元。

A. 508 　　　　　 B. 514 　　　　　 C. 808 　　　　　 D. 814

【答案】 A

【解析】 本题考查无形资产的初始计量。无形资产开发阶段的支出符合资本化条件的才能资本化，不符合资本化条件的计入当期损益（管理费用）。甲公司该项无形资产入账价值 = 500 + 8 = 508（万元），为使用该项新技术发生的有关人员培训费是无形资产在达到预定用途后发生的支出，不符合资本化条件，不构成无形资产的开发成本，应计入当期损益，故选 A 项。

经典例题 6（单选题） 甲公司为增值税一般纳税人，其 2015 年 5 月 10 日购入需安装设备一台，价款为 500 万元，可抵扣增值税进项税额为 85 万元。为购买该设备发生运输途中保险费 20 万元。设备安装过程中，领用材料 50 万元，相关增值税进项税额为 8.5 万元；支付安装工人工资 12 万元。设备于 2015 年 12 月 30 日达到预定可使用状态，

采用年数总和法计提折旧，预计使用 10 年，预计净残值为零。不考虑其他因素，2016
年该设备应计提的折旧额为（　　　　）。

  A. 102.18 万元 B. 103.64 万元 C. 105.82 万元 D. 120.64 万元

【答案】C

【解析】本题考查固定资产折旧。2015 年 12 月 30 日甲公司购入固定资产的入账价
值 = 500 + 20 + 50 + 12 = 582（万元），2016 年该设备应计提的折旧额 = 582 × 10/55 =
105.82（万元）。故选 C 项。

经典例题 7（单选题）某公司本月销售产品一批，价款 125 000 元，其中：25 000 元
已于上个月预收，尾款尚未收到，不考虑相关税费，则其编制的会计分录为（　　　　）。

  A. 借：预收账款   25 000

    应收账款   100 000

     贷：其他业务收入   125 000

  B. 借：预收账款   25 000

    应收账款   100 000

     贷：主营业务收入   125 000

  C. 借：主营业务收入   125 000

     贷：预收账款   25 000

      应收账款   100 000

  D. 借：预收账款   125 000

     贷：主营业务收入   125 000

【答案】D

【解析】本题考查预收账款的核算。

上月预收时：

  借：银行存款   25 000

    贷：预收账款   25 000

本月销售时：

  借：预收账款   125 000

    贷：主营业务收入   125 000

说明：此处的预收账款和应收账款在实务中是通用的，一个企业通常不给一个客户
设置两个往来账，此时预收的借方即为应收账款。故选 D 项。

经典例题 8（单选题）下列各项中，应列入资产负债表"其他应付款"项目的是
（　　　　）。

  A. 应付租入包装物租金   B. 应付融资租入固定资产租金

  C. 结转到期无力支付的应付票据 D. 应付职工社会保险费

【答案】A

【解析】本题考查其他应付款的核算内容。其他应付款是指企业在商品交易业务以
外发生的应付和暂收款项，主要核算应付租入包装物租金、应付存入保证金、各种应付

暂收款等。B 项通过"长期应付款"科目核算；C 项通过"应付账款"或"短期借款"科目核算；D 项通过"应付职工薪酬"科目核算。故选 A 项。

2. 同步训练

一、单项选择题

1. 某企业采用托收承付结算方式销售一批商品，增值税专用发票注明的价款为 1 000 万元，增值税税额为 170 万元，销售商品为客户代垫运杂费 5 万元，全部款项已办妥托收手续。该企业应确认的应收账款为（   ）万元。

A. 1 000　　　　　B. 1 005　　　　　C. 1 170　　　　　D. 1 175

2. 2016 年初某企业"坏账准备"科目贷方余额为 3 万元，3 月 20 日收回已核销的坏账 12 万元并入账，12 月 31 日"应收账款"科目余额为 220 万元（所属明细科目为借方余额），预计未来现金流量现值为 200 万元，不考虑其他因素，2016 年末该企业计提的坏账准备金额为（   ）万元。

A. 17　　　　　B. 29　　　　　C. 20　　　　　D. 5

3. 某工业企业为增值税一般纳税人，2012 年 4 月购入 A 材料 1 000 公斤，增值税专用发票上注明的买价为 300 万元，增值税税额为 51 万元，该批 A 材料在运输途中发生 1% 的合理损耗，实际验收入库 990 公斤，在入库前发生挑选整理费用 2 万元。另支付采购人员的差旅费和订立合同的费用 10 万元，该批入库 A 材料的实际总成本为（   ）万元。

A. 302　　　　　B. 300　　　　　C. 353　　　　　D. 299

4. 某企业为增值税一般纳税人，适用的增值税税率为 17%。2014 年 4 月 1 日，该企业向某客户销售商品 20 000 件，单位售价为 20 元（不含增值税），单位成本为 10 元，给予客户 10% 的商业折扣，当日发出商品，并符合收入确认条件。销售合同约定的现金折扣条件为 2/10，1/20，N/30（计算现金折扣时不考虑增值税）。不考虑其他因素，该客户于 4 月 15 日付款时享有的现金折扣为（   ）元。

A. 4 680　　　　　B. 3 600　　　　　C. 4 212　　　　　D. 4 000

5. 投资者投入的固定资产按（   ）作为入账价值。

A. 折余价值　　　　　　　　　　　B. 市场价格

C. 预计未来现金流量现值　　　　　D. 合同或协议约定的价值（公允）

6. 2015 年 12 月 31 日，甲公司购入一台设备并投入使用，其成本为 25 万元，预计使用年限 5 年，预计净残值 1 万元，采用双倍余额递减法计提折旧。假定不考虑其他因素，2016 年度该设备应计提的折旧为（   ）万元。

A. 4.8　　　　　B. 8　　　　　C. 9.6　　　　　D. 10

7. 甲公司某项固定资产已完成改造，累计发生的改造成本为 400 万元，拆除部分的原价为 200 万元。改造前，该项固定资产原价为 800 万元，已计提折旧 250 万元，不考虑其他因素，甲公司该项固定资产改造后的账面价值为（　　）万元。

    A. 750　　　　　　B. 812.5　　　　　　C. 950　　　　　　D. 1 000

    8. 甲公司系增值税一般纳税人，2015 年 8 月 31 日以不含增值税价格的 100 万元售出 2009 年购入的一台生产用机床，增值税销项税额为 17 万元，该机床原价为 200 万元（不含增值税），已计提折旧 120 万元，已计提减值 30 万元，不考虑其他因素，甲公司处置该机床的利得为（　　）万元。

    A. 3　　　　　　　B. 20　　　　　　　C. 33　　　　　　　D. 50

    9. 2016 年 11 月 1 日，甲公司购入乙公司股票 50 万股作为交易性金融资产，支付价款 400 万元，其中包含已宣告但尚未发放的现金股利 20 万元。另支付相关交易税费 8 万元。该交易性金融资产的入账金额为（　　）万元。

    A. 380　　　　　　B. 388　　　　　　　C. 400　　　　　　D. 408

    10. 下列金融资产中，应当作为持有至到期投资核算的是（　　）。

    A. 企业购入的准备随时出售的基金投资

    B. 企业能够对被投资企业产生重大影响的权益工具投资

    C. 投资者有权要求发行方赎回的债务工具

    D. 企业购入的有意图和能力持有至到期的公司债券

    11. 甲公司购入债券，作为持有至到期投资核算，购买价款 500 万元，另支付交易费用 8 万元，债券面值为 360 万元，票面利率为 10%，则该持有至到期投资的入账价值为（　　）万元。

    A. 500　　　　　　B. 360　　　　　　　C. 368　　　　　　D. 508

    12. 下列与可供出售金融资产相关的价值变动中，应当直接计入发生当期损益的是（　　）。

    A. 可供出售权益工具公允价值的增加

    B. 购买可供出售金融资产时发生的交易费用

    C. 可供出售债务工具减值准备在原减值损失范围内的转回

    D. 以外币计价的可供出售权益工具由于汇率变动引起的价值上升

    13. 甲公司与乙公司共同出资设立丙公司，经甲、乙双方协议，丙公司的总经理由甲公司委派，董事长由乙公司委派，各方的出资比例均为 50%，股东按出资比例行使表决权。在这种情况下（　　）。

    A. 甲公司采用权益法核算该长期股权投资，乙公司采用成本法核算该长期股权投资

    B. 甲公司采用成本法核算该长期股权投资，乙公司采用权益法核算该长期股权投资

    C. 甲公司和乙公司均采用成本法核算该长期股权投资

    D. 甲公司和乙公司均采用权益法核算该长期股权投资

    14. 下列各项中，影响长期股权投资账面价值增减变动的是（　　）。

    A. 采用权益法核算的长期股权投资，持有期间被投资单位宣告分派股票股利

    B. 采用权益法核算的长期股权投资，持有期间被投资单位宣告分派现金股利

C. 采用成本法核算的长期股权投资，持有期间被投资单位宣告分派股票股利

D. 采用成本法核算的长期股权投资，持有期间被投资单位宣告分派现金股利

15. 2016 年 1 月 1 日，甲公司以 1 600 万元购入乙公司 30% 的股份，另支付相关费用 8 万元，采用权益法核算。取得投资时，乙公司所有者权益的账面价值为 5 000 万元（与可辨认净资产的公允价值相同）。乙公司 2010 年度实现净利润 300 万元。假定不考虑其他因素，甲公司该长期股权投资 2016 年 12 月 31 日的账面余额为（　　）万元。

A. 1 590　　　　B. 1 598　　　　C. 1 608　　　　D. 1 698

16. 下列关于无形资产会计处理的表述中，正确的是（　　）。

A. 使用寿命不确定的无形资产也应每年进行摊销

B. 将已转让所有权的无形资产的账面价值计入其他业务成本

C. 将预期不能为企业带来经济利益的无形资产账面价值计入管理费用

D. 将以支付土地出让金方式取得的自用土地使用权单独确认为无形资产

17. 甲公司 2016 年 1 月 10 日开始自行研究开发无形资产，12 月 31 日达到预定用途。其中，研究阶段发生职工薪酬 30 万元、计提专用设备折旧 40 万元；进入开发阶段后，相关支出符合资本化条件前发生的职工薪酬 30 万元、计提专用设备折旧 30 万元，符合资本化条件后发生职工薪酬 100 万元、计提专用设备折旧 200 万元。假定不考虑其他因素，甲公司 2007 年对上述研发支出进行的下列会计处理中，正确的是（　　）。

A. 确认管理费用 70 万元，确认无形资产 360 万元

B. 确认管理费用 30 万元，确认无形资产 400 万元

C. 确认管理费用 130 万元，确认无形资产 300 万元

D. 确认管理费用 100 万元，确认无形资产 330 万元

18. 研究开发活动无法区分研究阶段和开发阶段的，当期发生的研究开发支出在资产负债表日应确认为（　　）。

A. 无形资产　　B. 管理费用　　　C. 研发支出　　　D. 营业外支出

19. 某企业以现金支付行政管理人员生活困难补助 2 000 元，下列各项中，会计处理正确的是（　　）。

A. 借：其他业务成本　　　　　　　　　　　　　　　　2 000
　　　贷：库存现金　　　　　　　　　　　　　　　　　　　2 000

B. 借：营业外支出　　　　　　　　　　　　　　　　　2 000
　　　贷：库存现金　　　　　　　　　　　　　　　　　　　2 000

C. 借：管理费用　　　　　　　　　　　　　　　　　　2 000
　　　贷：库存现金　　　　　　　　　　　　　　　　　　　2 000

D. 借：应付职工薪酬——职工福利　　　　　　　　　　2 000
　　　贷：库存现金　　　　　　　　　　　　　　　　　　　2 000

20. 某股份有限公司首次公开发行普通股 6 000 万股，每股面值 1 元，每股发行价格 3 元，发生手续费、佣金等 500 万元，该项业务应计入资本公积的金额为（　　）万元。

A. 11 500　　　　B. 12 000　　　　C. 12 500　　　　D. 17 500

二、多项选择题

1. 下列属于职工薪酬核算内容的有 (　　)。

A. 职工福利费　　　　　　　　　B. 住房公积金

C. 确认的职工短期带薪缺勤　　　D. 非货币性福利

2. 下列与存货相关会计处理的表述中，正确的有 (　　)。

A. 应收保险公司存货损失赔偿款计入其他应收款

B. 资产负债表日存货应按成本与可变现净值孰低计量

C. 按管理权限报经批准的盘盈存货价值冲减管理费用

D. 结转商品销售成本的同时转销其已计提的存货跌价准备

3. 下列各项中，属于固定资产计提折旧时应考虑的因素有 (　　)。

A. 固定资产原价　　　　　　　　B. 预计净残值

C. 固定资产的类别　　　　　　　D. 固定资产的使用寿命

4. 下列各项中，应计提固定资产折旧的有 (　　)。

A. 更新改造期间的固定资产

B. 融资租出的办公楼

C. 已投入使用但未办理竣工决算的厂房

D. 已达到预定可使用状态但未投产的生产线

5. 下列各项中，应记入"管理费用"的有 (　　)。

A. 企业筹建期间发生的开办费　　B. 生产车间固定资产的日常维修费

C. 企业专设销售机构的业务费　　D. 企业支付的年度财务报告审计费

6. 下列各项中，应记入"财务费用"的有 (　　)。

A. 银行承兑汇票手续费　　　　　B. 资本化的利息支出

C. 外币应收账款汇兑损失　　　　D. 商业汇票贴现发生的贴现息

7. 下列各项目中，应记入"其他业务收入"的有 (　　)。

A. 单独计价出售包装物的收入　　B. 销售商品收入

C. 出租无形资产的租金收入　　　D. 出租固定资产的租金收入

8. 下列各项中，属于非货币性资产的有 (　　)。

A. 持有至到期投资　　　　　　　B. 无形资产

C. 在建工程　　　　　　　　　　D. 长期股权投资

9. 下列各项中，关于银行存款业务的表述中不正确的有 (　　)。

A. 企业单位信用卡存款账户可以存取现金

B. 企业信用保证金存款余额不可以转存其开户行结算户存款

C. 企业银行汇票存款的收款人不得将其收到的银行汇票背书转让

D. 企业外埠存款除采购人员可从中提取少量现金外，一律采用转账结算

10. 下列各项中，属于投资性房地产的有 (　　)。

A. 房地产企业持有的待售商品房

B. 以经营租赁方式出租的商用房

C. 以经营租赁方式出租的土地使用权

D. 以经营租赁方式租入后再转租的建筑物

参考答案与解析

一、单项选择题

1.【答案】D

【解析】应收账款的内容主要包括企业销售商品或提供劳务的价款、增值税及代客户垫付的运杂费、包装费等。该企业应确认的应收账款的金额 = 1 000 + 170 + 5 = 1 175（万元）。故选 D 项。

2.【答案】D

【答案】2016 年末该企业应计提的坏账准备金额 = 220 − 200 − (12 + 3) = 5（万元）。故选 D 项。

3.【答案】A

【解析】存货的采购成本，包括购买价款、相关税费以及其他可归属于存货采购成本的费用。存货的相关税费是指企业购买存货发生的进口税费、消费税、资源税和不能抵扣的增值税进项税额以及相应的教育费附加等应计入存货采购成本的税费。其他可归属于存货采购成本的费用是指采购成本中除上述各项以外的可归属于存货采购的费用，如在存货采购过程中发生的仓储费、包装费、运输途中的合理损耗，入库前的挑选整理费用等。该批入库 A 材料的实际总成本 = 300 + 2 = 302（万元）。采购费用不计入存货的成本。故选 A 项。

4.【答案】B

【解析】销售商品确认的收入 = 20 000 × 20 × (1 − 10%) = 360 000（元）；计算现金折扣不考虑增值税，那么 4 月 15 日付款享有的现金折扣 = 360 000 × 1% = 3 600（元）。故选 B 项。

5.【答案】D

【解析】投资者投入的固定资产应当按照投资合同或协议约定的价值确定，但合同或协议约定价值不公允的除外。故选 D 项。

6.【答案】D

【解析】2016 年度该设备应计提的折旧 = 25 × 2 ÷ 5 = 10（万元）。故选 D 项。

7.【答案】B

【解析】该项固定资产被替换部分的账面价值 = 200 − 200 ÷ 800 × 250 = 137.5（万元），固定资产更新改造后的账面价值 = 800 − 250 − 137.5 + 400 = 812.5（万元）。故选 B 项。

8.【答案】D

【解析】甲公司处置该机床利得 = 100 − (200 − 120 − 30) = 50（万元）。故选 D 项。

9.【答案】A

【解析】交易性金融资产的入账价值 = 400 - 20 = 380（万元），交易性金融资产取得时发生的相关交易税费计入投资收益不计入交易性金融资产的初始成本。故选 A 项。

10.【答案】D

【解析】持有至到期投资是指到期日固定、回收金额固定或可确定，且企业有明确意图和能力持有至到期的非衍生金融资产。A 项，应作为交易性金融资产核算；B 项，应作为长期股权投资核算；C 项，对于投资者有权要求发行方赎回的债务工具投资，投资者不能将其划分为持有至到期投资。故选 D 项。

11.【答案】D

【解析】持有至到期投资的初始入账价值是购买价款和支付的交易费用之和，本题中该持有至到期投资的入账价值 500 + 8 = 508（万元）。故选 D 项。

12.【答案】C

【解析】A 项错误，可供出售权益工具公允价值的增加计入其他综合收益；B 项错误，购买可供出售金融资产时发生的交易费用计入初始投资成本；C 项正确，可供出售债务工具减值准备在原减值损失范围内的转回计入资产减值损失；D 项错误，以外币计价的可供出售权益工具由于汇率变动引起的价值上升计入其他综合收益。故选 C 项。

13.【答案】D

【解析】成本法适用于企业能够对被投资单位实施控制的长期股权投资。权益法适用企业能够对被投资单位实施共同控制和重大影响的长期股权投资。甲公司和乙公司均能对丙公司的股权投资属于共同控制，双方对该股权投资的均应采用权益法核算。故选 D 项。

14.【答案】B

【解析】持有期间被投资单位宣告发放股票股利的，投资企业不论长期股权投资采用成本法核算还是权益法核算，均不作任何账务处理，只需备查登记增加股票的数量；采用权益法核算时，被投资单位宣告发放现金股利，投资企业借记"应收股利"科目，贷记"长期股权投资"科目；采用成本法核算时，被投资单位宣告发放现金股利的，投资企业借记"应收股利"科目，贷记"投资收益"科目。故选 B 项。

15.【答案】D

【解析】甲公司该长期股权投资 2010 年 12 月 31 日的账面余额 = 1 600 + 8 + 300 × 30% = 1 698（万元）。故选 D 项。

16.【答案】D

【解析】A 项，使用寿命不确定的无形资产应于每年年末进行减值测试，无须进行摊销，只有使用寿命确定的无形资产才按月进行摊销；B 项，属于无形资产处置，那么应该将账面价值结转，然后按照公允价值与账面价值之间的差额，确认营业外收支；C 项，预期不能为企业带来经济利益的无形资产应终止确认；D 项，将以支付土地出让金方式取得的自用土地使用权单独确认为无形资产应该作为无形资产核算。故选 D 项。

17.【答案】C

【解析】根据相关的规定，只有在开发阶段符合资本化条件情况下的支出才能计入无形资产入账价值，此题中开发阶段符合资本化支出金额＝100＋200＝300（万元），确认为无形资产；其他支出全部计入当期损益，所以计入管理费用的金额＝30＋40＋30＋30＝130（万元）。故选 C 项。

18.【答案】B

【解析】无法区分研究阶段和开发阶段的支出，应当在发生时费用化，计入当期损益即管理费用。故选 B 项。

19.【答案】D

【解析】企业以现金支付的行政管理人员生活困难补助是属于职工的一项福利，所以在实际支付的时候应该借记"应付职工薪酬——职工福利"科目，贷记"库存现金"科目。故选 D 项。

20.【答案】A

【解析】发行股票时账务处理如下：

借：银行存款　　　　　　　　　　　　　　　　　　　18 000

　　贷：股本　　　　　　　　　　　　　　　　　　　　　6 000

　　　　资本公积——股本溢价　　　　　　　　　　　　 12 000

支付手续费用、佣金：

借：资本公积——股本溢价　　　　　　　　　　　　　　 500

　　贷：银行存款　　　　　　　　　　　　　　　　　　　　 500

计入资本公积的金额＝12 000－500＝11 500（万元），故选 A 项。

二、多项选择题

1.【答案】ABCD

【解析】职工薪酬，是指企业为获得职工提供的服务或解除劳动关系而给予的各种形式的报酬或补偿。包括企业提供给职工配偶、子女、受赡养人、遗属及其他受益人等的福利，也属于职工薪酬。职工薪酬包括短期薪酬、离职后福利、辞退福利和其他长期职工福利。其中短期薪酬具体包括：职工工资、奖金、津贴和补贴，职工福利费，医疗保险费、工伤保险费和生育保险费等社会保险费，住房公积金，工会经费和职工教育经费，短期带薪缺勤，短期利润分享计划，非货币性福利以及其他短期薪酬。带薪缺勤，是指企业支付工资或提供补偿的职工缺勤，包括年休假、病假、短期伤残、婚假、产假、丧假、探亲假等。利润分享计划，是指因职工提供服务而与职工达成的基于利润或其他经营成果提供薪酬的协议。离职后福利，是指企业为获取职工提供的服务而在职工退休或与企业解除劳动关系后，提供的各种形式的报酬和福利，短期薪酬和辞退福利除外。辞退福利，是指企业在职工劳动合同到期之前解除与职工的劳动关系，或者为鼓励职工自愿接受裁减而给予职工的补偿。其他长期职工福利，是指除短期薪酬、离职后福利、辞退福利之外所有的职工薪酬，包括长期带薪缺勤、长期残疾福利、长期利润分享计划等。故选 ABCD 项。

2. 【答案】ABCD

【解析】应收的各种赔款罚款通过"其他应收款"核算；存货在期末应按成本与可变现净值孰低原则计量；存货的盘盈通常冲减"管理费用"；已计提存货跌价准备的存货出售后在结转销售成本的同时需转销原已计提的存货跌价准备，即借：存货跌价准备 贷：主营业务成本。四个选项的说法全部正确，故选 ABCD 项。

3. 【答案】ABD

【解析】影响固定资产折旧的因素包括：固定资产原价、预计使用寿命、预计净残值和已计提的固定资产减值准备。计提折旧时不需要考虑固定资产的类别。故选 ABD 项。

4. 【答案】CD

【解析】会计准则规定：企业应当对所有的固定资产计提折旧，但是，已提足折旧仍继续使用的固定资产和单独计价入账的土地除外。融资租出的固定资产和更新改造期间的固定资产不计提折旧。固定资产自达到预定可使用状态的下月开始计提折旧，与是否办理竣工决算无关。故选 CD 项。

5. 【答案】ABD

【解析】管理费用主要是指企业行政管理部门为组织和管理生产经营活动而发生的各种费用。主要核算：行政部门开支如工资、福利费、折旧费、工会费、职工教育经费、业务招待费、咨询费、诉讼费、董事会会费、审计费、办公费等；筹建期的非资本化利息支出；除销售部门外其他部门的设备日常维修费、存货因计量发生的盘盈等。专设销售机构的业务费计入销售费用。故选 ABD 项。

6. 【答案】ACD

【解析】财务费用指企业在生产经营过程中为筹集资金而发生的筹资费用。包括企业生产经营期间发生的利息支出（减利息收入）、汇兑损益（有的汇兑损益不包括在财务费用，如外币交易性金融资产汇兑损益计入公允价值变动损益、外币可供出售非货币性金融资产的汇兑损益计入其他综合收益等）、金融机构手续费，企业发生的现金折扣或收到的现金折扣等。但在企业筹建期间发生的利息支出，应计入开办费；为购建或生产满足资本化条件的资产发生的应予以资本化的借款费用，在"在建工程""制造费用"等账户核算。故选 ACD 项。

7. 【答案】ACD

【解析】其他业务收入是指企业主营业务收入以外的所有通过销售商品、提供劳务收入及让渡资产使用权等日常活动中所形成的经济利益的流入。如材料物资及包装物销售、无形资产使用权实施许可、固定资产出租、包装物出租、废旧物资出售收入等。B项销售商品属于主营业务收入。故选 ACD 项。

8. 【答案】BCD

【解析】货币性资产，指持有的现金及将以固定或可确定金额的货币收取的资产，包括现金、应收账款和应收票据以及准备持有至到期的债券投资等。非货币性资产，指货币性资产以外的资产，将来为企业带来的经济利益不固定或不可确定，包括存货、固定资产、无形资产、长期股权投资等。故选 BCD 项。

9. 【答案】ABC

【解析】企业单位信用卡存款账户不可以交存现金；企业信用证保证金存款余额可以转存其开户行结算；企业银行汇票存款的收款人可以将其收到的银行汇票背书转让，但是带现金字样的银行汇票不可以背书转让；企业外埠存款除采购人员可从中提取少量现金外，一律采用转账结算。故选 ABC 项。

10. 【答案】BC

【解析】投资性房地产，是指为赚取租金或资本增值，或两者兼有而持有的房地产。投资性房地产应当能够单独计量和出售。投资性房地产主要包括：已出租的土地使用权、持有并准备增值后转让的土地使用权和已出租的建筑物。房地产企业持有的待售商品房作为房地产企业的存货，A 项错误；以经营租赁方式租入后再转租的建筑物，因为承租人对该项资产没有所有权，所以不属于投资性房地产，D 项错误。故选 BC 项。

专项训练七

财务报告

1. 经典示例

经典例题1（单选题） 能够反映商业银行一定日期财务状况的会计报表是（   ）。

A. 资产负债表　　　B. 利润表　　　　C. 现金流量表　　　D. 利润分配表

【答案】A

【解析】本题考核资产负债表的定义。资产负债表是反映一定日期财务状况的静态报表。故选 A 项。

经典例题2（多选题） 下列各项中，应在资产负债表"预付款项"项目列示的有（   ）。

A. "应付账款"科目所属明细账科目的借方余额

B. "应付账款"科目所属明细账科目的贷方余额

C. "预付账款"科目所属明细账科目的借方余额

D. "预付账款"科目所属明细账科目的贷方余额

【答案】AC

【解析】本题考查资产负债表报表项目列报。预付款项应当根据应付账款明细账的借方余额和预付账款明细账的借方余额合计数减去坏账准备中有关预付账款计提的坏账准备期末余额后的净额填列。故选 AC 项。

经典例题3（单选题） 2015 年 6 月，某企业发生以下交易或事项：支付诉讼费用 10 万元，固定资产处置净损失 8 万元，对外公益性捐赠支出 5 万元，支付税收滞纳金 1 万元，该企业 2015 年 6 月利润表"营业外支出"项目的本期金额为（   ）万元。

A. 14　　　　　　　B. 16　　　　　　　C. 19　　　　　　　D. 24

【答案】A

【解析】本题考查利润表报表项目列报。计入"营业外支出"项目的本期金额 ＝ 8 ＋ 5 ＋ 1 ＝ 14（万元），支付的诉讼费用 10 万元计入管理费用。故选 A 项。

经典例题4（多选题） 下列交易事项中，会影响企业当期营业利润的有（   ）。

A. 交易性金融资产公允价值的上升

B. 政府补助收入

C. 使用寿命有限的管理用无形资产的摊销

D. 固定资产的计提的减值

【答案】ACD

【解析】本题考查利润表报表项目列报。营业利润＝营业收入－营业成本－税金及附加－销售费用－管理费用－财务费用－资产减值损失＋公允价值变动收益（－损失）＋投资收益（－损失）。A项，交易性金融资产公允价值的变动计入"公允价值变动损益"，增加营业利润；B项，政府补助收入计入"营业外收入"，不影响营业利润；C项，使用寿命有限的管理用无形资产的摊销计算管理费用，减少营业利润；D项，固定资产计提的减值计入资产减值损失，减少营业利润。故选ACD项。

经典例题5（多选题） 在编制现金流量表时，下列现金流量中属于经营活动现金流量的有（   ）。

A. 当期缴纳的所得税

B. 收到的活期存款利息

C. 发行债券过程中支付的交易费用

D. 支付的基于股份支付方案给予高管人员的现金增值额

【答案】ABD

【解析】本题考查现金流量表项目列报。C项，发行债券过程中支付的交易费用属于筹资活动产生的现金流出；A项，当期缴纳的所得税属于经营活动产生的现金流出；B项，收到的活期存款利息属于经营活动产生的现金流入；D项，支付的基于股份支付方案给予高管人员的现金增值额属于支付给职工以及为职工支付的现金属于经营活动现金流量流出。故选ABD项。

经典例题6（单选题） 甲公司为制造企业，2016年发生的现金流量如下：（1）将销售产生的应收账款申请保理，取得现金1 200万元，银行对于标的债权具有追索权；（2）购入的作为交易性金融资产核算的股票支付现金200万元；（3）收到保险公司对存货损毁的赔偿款120万元；（4）收到所得税返还款260万元；（5）向其他方提供劳务收取现金400万元。不考虑其他因素。甲公司2016年经营活动产生的现金流量净额是（   ）万元。

A. 780　　　　　　B. 2 180　　　　　　C. 980　　　　　　D. 1 980

【答案】A

【解析】本题考查现金流量表项目列报。事项（1）属于筹资活动；事项（2）属于投资活动；其他事项均属于经营活动，2016年经营活动产生的现金流量净额＝120＋260＋400＝780（万元）。故选A项。

2. 同步训练

一、单项选择题

1. 编制动态报表的数字主要依据是（　　）。

A. 有关账户的期初余额　　　　　　B. 有关账户的期末余额

C. 有关账户的本期发生额　　　　　D. 有关账户的期初、期末余额

2. 根据我国企业会计制度规定，资产负债表采用（　　）结构。

A. 单步式　　　　B. 多步式　　　　C. 账户式　　　　D. 报告式

3. 关于账户式资产负债表格式的说法，错误的是（　　）。

A. 资产负债表右方为资产项目

B. 资产负债表分为左右两方

C. 资产项目按照资产流动性大小排序

D. 负债和所有者权益项目一般按求偿权顺序排列

4. 下列关于利润表报表项目之间关系的等式中，正确的是（　　）。

A. 主营业务利润 = 主营业务收入 – 主营业务税金及附加

B. 营业利润 = 主营业务利润 + 其他业务利润

C. 利润总额 = 营业利润 – 营业外支出

D. 净利润 = 利润总额 – 所得税费用

5. 某企业"应付账款"科目月末贷方余额 20 万元，其中："应付甲公司账款"明细科目贷方余额 25 万元，"应付乙公司账款"明细科目借方余额 5 万元，"预付账款"科目月末贷方余额 30 万元，其中："预付 A 工厂账款"明细科目贷方余额 40 万元，"预付 B 工厂账款"明细科目借方余额 10 万元。该企业月末列示在资产负债表中"预付账款"项目的金额为（　　）万元。

A. 10　　　　　　B. 15　　　　　　C. 30　　　　　　D. 40

6. 下列各项中，应列入资产负债表"其他应收款"项目的是（　　）。

A. 应收租入包装物租金

B. 应收融资租入固定资产租金

C. 结转到期无力收回的应收票据

D. 应付由企业负担的职工社会保险费

7. 以下不应计入资产负债表"货币资金"项目的是（　　）。

A. 银行存款　　　　　　　　　　　B. 其他货币资金

C. 应收票据　　　　　　　　　　　D. 库存现金

8. 下列各项中，能够引起现金流量净额发生变动的是（　　）。

A. 以存货抵偿债务

B. 以银行存款支付采购款

C. 将现金存为银行活期存款

D. 以银行存款购买 2 个月内到期的债券投资

9. 甲公司 2013 年 12 月 31 日持有的下列资产、负债中，应当作为 2013 年资产负债表中非流动性项目列报的是（　　　）。

A. 将于 2014 年 7 月出售的账面价值为 800 万元的可供出售金融资产

B. 预付固定资产购买价款 1 000 万元，该固定资产将于 2014 年 6 月取得

C. 因计提固定资产减值确认递延所得税资产 500 万元，相关固定资产没有明确的处置计划

D. 到期日为 2014 年 6 月 30 日的负债 2 000 万元，该负债在 2013 年资产负债日后事项期间已签订展期一年的协议

10. 下列各项有关中期财务报告的表述中，不正确的是（　　　）。

A. 中期财务报告的会计计量应当以年初至本中期末为基础

B. 中期资产负债表应当提供本中期末和上年度末的资产负债

C. 中期财务报告重要性程度的判断应当以中期财务数据为基础

D. 中期财务报告的编制可采用与年度财务报告不一致的会计政策

二、多项选择题

1. 资产负债表的下列项目中，可以根据有关总账科目期末余额直接填列的有（　　　）。

A. 应付票据　　　B. 应收票据　　　C. 长期借款　　　D. 交易性金融资产

2. 下列会计科目中，其期末余额应列入资产负债表"存货"项目的有（　　　）。

A. 库存商品　　　B. 工程物资　　　C. 生产成本　　　D. 委托加工物资

3. 下列各项中，应列入资产负债表"应付利息"项目的有（　　　）。

A. 计提的短期借款利息

B. 计提的一次还本付息的债券利息

C. 计提的分期付息到期还本债券利息

D. 计提的一次还本付息的长期借款利息

4. 甲公司 2016 年发生与现金流量相关的交易或事项包括：（1）以现金支付管理人员的现金股票增值权 500 万元；（2）购置固定资产以现金支付增值税进项税额为 240 万元；（3）销售 A 产品收到现金 5 900 万元；（4）支付经营租入固定资产租金 300 万元；（5）支付管理人员报销差旅费 2 万元；（6）发行债务性证券收到现金 5 000 万元。下列各项关于甲公司 2016 年现金流量相关的表述中，正确的有（　　　）。

A. 经营活动现金流出 802 万元　　　B. 经营活动现金流入 5 900 万元

C. 投资活动现金流出 540 万元　　　D. 筹资活动现金流入 10 900 万元

5. 不考虑其他因素，下列各方中，构成甲公司关联方的有（　　　）。

A. 与甲公司同受重大影响的乙公司

B. 甲公司财务总监之妻投资设立并控制的丁公司

C. 与甲公司共同经营华新公司的丙公司

D. 甲公司受托管理且能主导相关投资活动的戊资产管理公司

参考答案与解析

一、单项选择题

1.【答案】C

【解析】编制动态报表的数字主要依据是有关账户的本期发生额。故选 C 项。

2.【答案】C

【解析】资产负债表的格式有账户式和报告式。我国一般采用账户式。故选 C 项。

3.【答案】A

【解析】我国资产负债表为账户式结构，其左方为资产项目，右边为负债和所有者权益类项目，资产按流动性排列，负债和所有者权益按求偿权的先后顺序排列。故选 A 项。

4.【答案】D

【解析】利润表的报表项目之间的关系是：

营业利润 = 营业收入 − 营业成本 − 营业税金及附加 − 销售费用 − 管理费用 − 财务费用 − 资产减值损失 + 公允价值变动收益（−损失）+ 投资收益（−投资损失）

利润总额 = 营业利润 + 营业外收入 − 营业外支出

净利润 = 利润总额 − 所得税费用

故选 D 项。

5.【答案】B

【解析】在资产负债表中"预付账款"项目的金额 = 应付账款的明细账的借方余额 + 预付账款的明细账的借方余额 = 5 + 10 = 15（万元）。故选 B 项。

6.【答案】A

【解析】其他应收款主要包括：应收的各种赔款、罚款；应收出租包装物租金；应向职工收取的各种垫付款项，如为职工垫付的水电费、应由职工负担的医药费、房租费等；存出保证金；其他各种应收、暂付款项。B 项通过"长期应收款"科目核算；C 项通过"应收账款"科目核算；D 项通过"应付职工薪酬"科目核算。故选 A 项。

7.【答案】C

【解析】资产负债表中的"货币资金" = 库存现金 + 银行存款 + 其他货币资金。故选 C 项。

8.【答案】B

【答案】A 项，以存货抵偿债务不涉及现金流量变动；B 项，以银行存款支付采购款，使现金流量减少，能够引起现金流量表净额发生变动；C 项，银行活期存款属于银行存款，不涉及现金流量变动；D 项，2 个月内到期的债券投资属于现金等价物，银行存款换取现金等价物不涉及现金流量的变动。故选 B 项。

9.【答案】C

【解析】A项，该可供出售金融资产预计在 1 年内变现，应作为流动资产列报；B项，为购建固定资产而预付的款项，会计核算时在"预付账款"科目反映，该预付账款预计将在未来 1 年之内结转为其他资产，在期末编制财务报表时，应作为流动资产列报；C项，相关固定资产没有明确的处置计划，因固定资产产生可抵扣暂时性差异确认的递延所得税资产应作为非流动资产列报；D项，对于自资产负债表日起 1 年内到期的负债，甲公司不能自主地将清偿义务展期，即使在资产负债表日后事项期间重新签订清偿计划，仍应当作为流动负债列报。故选 C 项。

10.【答案】D

【解析】中期财务报告的确认与计量的基本原则：中期财务报告中各会计要素的确认和计量原则应当与年度财务报表所采用的原则相一致。在编制中期财务报告时，中期会计计量应当以年初至本中期末为基础。企业在中期不得随意变更会计政策。中期财务报告的编制应当遵循与年度财务报告相一致的会计政策。故选 D 项。

二、多项选择题

1.【答案】AD

【解析】B项，应根据"应收票据"账户余额——"坏账准备"账户余额填列；C项，应根据"长期借款"账户余额——"1 年内到期的长期借款"填列。故选 AD 项。

2.【答案】ACD

【解析】"存货"项目，本项目应根据"材料采购""原材料""低值易耗品""库存商品""周转材料""委托加工物资""委托代销商品""生产成本"等科目的期末余额合计，减去"受托代销商品款""存货跌价准备"科目期末余额后的金额填列。材料采用计划成本核算，以及库存商品采用计划成本核算或售价核算的企业，还应加或减材料成本差异、商品进销差价后的金额填列。工程物资不属于存货。故选 ACD 项。

3.【答案】AC

【解析】B项，计提的一次还本付息的债券利息，记入"应付债券——应计利息"科目；D项，计提的一次还本付息的债券利息，记入"长期借款——应计利息"科目。故选 AC 项。

4.【答案】AB

【解析】事项（1）、事项（3）、事项（4）和事项（5）属于经营活动；事项（2）属于投资活动；事项（6）属于筹资活动。经营活动现金流出 = 500 + 300 + 2 = 802（万元），选项 A 正确；经营活动现金流入为 5 900 万元，选项 B 正确；投资活动现金流出为 240 万元，选项 C 错误；筹资活动现金流入为 5 000 万元，选项 D 错误。

5.【答案】BD

【解析】下列各方构成企业的关联方：（1）该企业的母公司。（2）该企业的子公司。（3）与该企业受同一母公司控制的其他企业。（4）对该企业实施共同控制的投资方。（5）对该企业施加重大影响的投资方。（6）该企业的合营企业。（7）该企业的联营企业。（8）该企业的主要投资者个人及与其关系密切的家庭成员。（9）该企业或其母公司的关键管理人员及与其关系密切的家庭成员。（10）该企业主要投资者个人、关键管理人员或与其关系密切的家庭成员控制、共同控制或施加重大影响的其他企业。以下情形不构成关联方关系：第一，与该企业发生日常往来的资金提供者、公用事业部门、政府部门和机构，以及因与该企业发生大量交易而存在经济依存关系的单个客户、供应商、特许商、经销商或代理商之间，不构成关联方关系；第二，与该企业共同控制合营企业的合营者之间，通常不构成关联方关系；第三，仅仅同受国家控制而不存在控制、共同控制或重大影响关系的企业，不构成关联方关系；第四，受同一方重大影响的企业之间不构成关联方。故选 BD 项。

专项训练八

财务报表分析

1. 经典示例

经典例题1（单选题）（　　）是以财务报表中的某一总体指标为基础，计算其中各构成项目占总体指标的百分比，然后比较不同时期各项目所占百分比的增减变动趋势。

A. 趋势分析法　　B. 结构分析法　　C. 比率分析法　　D. 比较分析法

【答案】B

【解析】本题考查财务报表的分析方法。结构分析法是以财务报表中的某一总体指标为基础，计算其中各构成项目占总体指标的百分比，然后比较不同时期各项目所占百分比的增减变动趋势；比率分析法是通过计算各种比率指标来确定财务活动变动程度的方法；比较分析法是指对两个或两个以上的可比数据进行对比，找出企业财务状况、经营成果中的差异与问题；趋势分析法是通过对财务报表中各类相关数字资料，将两期或多期连续的相同指标或比率进行定基对比或环比对比，得出它们的增减变动方向、数额和幅度，以揭示企业财务状况、经营情况和现金流量变化趋势的一种分析方法。故选B项。

经典例题2（单选题）商业银行对借款人最关心的就是其现在和未来的（　　）。

A. 技术水平　　B. 销售业绩　　C. 偿债能力　　D. 信息披露

【答案】C

【解析】本题考查财务报表的分析主体。商业银行对借款人最关心的就是其现在和未来的偿债能力。故选C项。

经典例题3（单选题）下列财务分析指标中用来反映企业偿债能力的是（　　）。

A. 流动资产周转率　　　　　　B. 资产负债率

C. 市盈率　　　　　　　　　　D. 营业利润率

【答案】B

【解析】本题考查偿债能力的分析指标。用来反映偿债能力的财务比率指标主要有：流动比率、速动比率、资产负债率、产权比率、已获利息倍数等。故选 B 项。

经典例题 4（单选题）下列各项中，会导致企业资产负债率下降的是（　　）。

A. 收回应收款项
B. 计提资产减值准备
C. 盈余公积转增资本
D. 接受股东追加投资

【答案】D

【解析】本题考查资产负债率影响因素。资产负债率＝负债总额/资产总额；A 项，资产总额不发生变动，不影响资产负债率；B 项，使得资产价值减少，增加资产负债率；C 项，属于所有者权益内部的一增一减，不影响资产负债率；D 项，使得资产增加，所有者权益增加，降低资产负债率。故选 D 项。

经典例题 5（单选题）年末企业流动资产总额为 2 000 万元，总资产为 8 000 万元，存货 1 000 万元，流动负债 500 万元，那么，该企业的流动比率为（　　）。

A. 25%　　　　　　B. 10%　　　　　　C. 4　　　　　　D. 2

【答案】C

【解析】本题考查流动比率的计算。流动比率＝流动资产/流动负债×100%＝2 000/500＝4。故选 C 项。

经典例题 6（单选题）某企业 2015 年主营业务收入净额为 36 000 万元，流动资产平均余额为 4 000 万元，固定资产平均余额为 8 000 万元。假定没有其他资产，则该企业 2016 年的总资产周转率为（　　）次。

A. 3.0　　　　　　B. 3.4　　　　　　C. 2.9　　　　　　D. 3.2

【答案】A

【解析】本题考查总资产周转率的计算。总资产周转率＝营业收入/资产总额平均余额＝36 000/（4 000＋8 000）＝3（次）。故选 A 项。

经典例题 7（单选题）下列选项中，关于长期偿债能力的说法不正确的是（　　）。

A. 已获利息倍数反映了发展能力对债务偿付的保证程度
B. 产权比例重于揭示财务结构的稳健程度及自有资金对偿债风险的承担能力
C. 资产负债率侧重于分析债务偿付安全性的物质保证程度
D. 带息负债比率反映企业负债中带息负债的比重在一定程度上体现了企业未来的偿债

【答案】A

【解析】本题考查长期偿债力的分析。已获利息倍数＝息税前利润/利息支出，指上市公司息税前利润相对于所需支付债务利息的倍数，可用来分析公司在一定盈利水平下支付债务利息的能力，而不是发展能力对债务偿付的保障能力，故选 A 项。

经典例题 8（单选题）下列属于反映商业银行经营成果的指标是（　　）。

A. 固定资本比率　　B. 资本利润率　　C. 流动比率　　　D. 资本风险比率

【答案】B

【解析】本题考查盈利能力指标。资本利润率＝净利润/平均净资产×100%，用以反映企业运用资本获得收益的能力，是反映经营成果的指标。故选 B 项。

经典例题9（单选题）（　　　）是衡量银行资产质量的最重要指标。

A. 资本利润率　　　B. 资本充足率　　　C. 不良贷款率　　　D. 资产负债率

【答案】C

【解析】本题考核银行监控指标。不良贷款率指金融机构不良贷款占总贷款余额的比重，衡量银行资产质量最重要的指标。故选C项。

2. 同步训练

一、单项选择题

1. 通过观察连续数期的会计报表，比较各期的有关项目金额，分析有关指标的增减变动情况，并在此基础上获取有关企业发展前景信息，这种会计报表分析方法被称为（　　　）。

A. 趋势分析法　　　B. 比较分析法　　　C. 因素分析法　　　D. 比率分析法

2. 下列指标能够反映企业资金运营能力的是（　　　）。

A. 销售利润率　　　　　　　　　B. 存货周转率

C. 应收账款周转率　　　　　　　D. 利息保障倍数

3. 下列各项指标中，能够反映银行短期偿债能力的是（　　　）。

A. 权益乘数　　　　　　　　　　B. 总资产净利率

C. 资产负债率　　　　　　　　　D. 流动比率

4. 下列指标中，其数值大小与偿债能力大小同方向变动的是（　　　）。

A. 产权比率　　　　　　　　　　B. 资产负债率

C. 已获利息倍数　　　　　　　　D. 带息负债比率

5. 最能反映企业利息偿付安全性的指标是（　　　）。

A. 流动比率　　　　　　　　　　B. 利息保障倍数

C. 资产负债率　　　　　　　　　D. 现金流量利息保障倍数

6. 市盈率是反映企业（　　　）的指标。

A. 偿债能力　　　B. 发展能力　　　C. 营运能力　　　D. 盈利能力

7. 下列各项中，不属于速动资产的是（　　　）。

A. 现金　　　　　　　　　　　　B. 产成品

C. 应收账款　　　　　　　　　　D. 交易性金融资产

8. 在上市公司杜邦财务分析体系中，最具有综合性的财务指标是（　　　）。

A. 营业净利率　　　　　　　　　B. 净资产收益率

C. 总资产净利率　　　　　　　　D. 总资产周转率

9. 某公司2015年初所有者权益为1.25亿元，2015年末所有者权益为1.5亿元。该公司2015年的资本积累率是（　　　）。

A. 16.67%　　　B. 20.00%　　　C. 25.00%　　　D. 120.00%

10. 根据下面资料，回答下列问题：

甲啤酒公司资产总额为 2 000 万元，负债总额 1 200 万元。其中，在总资产中，流动资产占 1 300 万元，现金类资产 200 万元，存货 800 万元，预付账款 200 万元；无形资产为 150 万元。在负债总额中，流动负债占 500 万元，若 2015 年度该企业实现利润总额为 400 万元，发生利息费用 20 万元，适用税率为 25%。

（1）甲公司的负债与有形净资产比率为（ ）。

A. 54.17%　　　　 B. 150%　　　　 C. 184.62%　　　　 D. 266.67%

（2）甲公司的利息保障倍数为（ ）。

A. 20　　　　　 B. 21　　　　　 C. 22　　　　　 D. 23

（3）甲公司的流动比率（啤酒行业流动比率的参考指标为 1.75）（ ）。

A. 偏低　　　　　　　　　　　 B. 偏高

C. 正常　　　　　　　　　　　 D. 在行业标准内，但需进一步判断

（4）甲公司的速动比率（啤酒行业速动比率的参考指标为 0.9）（ ）。

A. 偏低　　　　　　　　　　　 B. 偏高

C. 正常　　　　　　　　　　　 D. 在行业标准内，但需进一步判断

（5）根据题中资料，可判断甲公司（ ）。

A. 使用短期资金支持着部分流动资产

B. 使用长期资金支持着部分流动资产

C. 使用流动负债支持着部分流动资产

D. 使用流动负债支持着全部流动资产

二、多项选择题

1. 企业财务能力主要包括（ ）。

A. 偿债能力　　 B. 营运能力　　 C. 获利能力　　 D. 发展能力

2. 企业长期偿债能力主要取决于企业的（ ）。

A. 资本结构　　 B. 总资产数量　　 C. 流动比率　　 D. 获利能力

3. 下列各项中，影响企业长期偿债能力的事项有（ ）。

A. 债务担保　　 B. 未决诉讼　　 C. 短期租赁　　 D. 或有负债

4. 一般而言，存货周转次数增加，其所反映的信息有（ ）。

A. 盈利能力下降　　　　　　　 B. 存货周转期延长

C. 存货流动性强　　　　　　　 D. 资产管理效率提高

5. 在一定时期内，应收账款周转次数多、周转天数少表明（ ）。

A. 收账速度快　　　　　　　 B. 信用管理政策宽松

C. 应收账款流动性强　　　　　 D. 应收账款管理效率高

6. 股利发放率是上市公司财务分析的重要指标，下列关于股利发放率的表述中，正确的有（ ）。

A. 可以评价公司的股利分配政策　　 B. 反映每股股利与每股收益之间的关系

C. 股利发放率越高，盈利能力越强　　D. 是每股股利与每股净资产之间的比率

7. 下列关于杜邦分析体系的说法中，正确的有（　　　）。

A. 总资产收益率是一个综合性最强的指标

B. 净资产收益率 = 总资产净利率 × 权益乘数

C. 资产负债率与权益乘数同方向变化

D. 净资产收益率 = 销售净利率 × 总资产周转率 × 权益乘数

8. 根据甲商业银行 2015 年如下资料，回答下列问题：

资料一：　　　　　　　　　　　　　　　　　　　　　　　　　　单位：万元

项目	年初数	借方合计数	贷方合计数	年末数
营业收入			270 000	
营业费用		86 500		
流动资产	68 900	78 654	67 435	80 119
流动负债	205 664	224 531	214 900	196 033
股本	10 000			10 000
资本公积	2 000			2 000
盈余公积	500		50	550
未分配利润	450	100	100	450
最大客户贷款总额	800	390	150	1 040

资料二：

至 2015 年末，各项贷款余额为 150 000 万元，其中正常类贷款 130 000 万元，关注类贷款 14 000 万元，次级类贷款 2 000 万元，可疑类贷款 3 000 万元，损失类贷款 1 000 万元。

（1）甲商业银行的成本收入比的说法正确的是（　　　）。

A. 成本收入比为 32%　　　　　　　　B. 商业银行的成本收入比不应高于 45%

C. 该商业银行的成本收入比合规　　　D. 成本收入比是反映银行获利能力的指标

（2）甲商业银行的下列指标计算正确的是（　　　）。

A. 流动性比例为 40%　　　　　　　　B. 不良贷款率为 4%

C. 单一客户贷款集中度为 8%　　　　D. 单一客户贷款集中度为 10.4%

（3）下列关于银行风险监控指标说法正确的是（　　　）。

A. 流动性比例为流动性资产余额与流动性负债余额之比，衡量商业银行流动性的总体水平，不应低于 25%

B. 单一客户贷款集中度为最大一家客户贷款总额与资本净额之比，不应高于 15%

C. 资产利润率为税后净利润与平均资产总额之比，不应低于 0.6%

D. 不良贷款率为不良贷款与贷款总额之比，不应高于 5%

参考答案与解析

一、单项选择题

1.【答案】A

【解析】趋势分析法又叫水平分析法，它是通过对财务报表中各类相关数字资料，将两期或多期连续的相同指标或比率进行定基对比或环比对比，得出它们的增减变动方向、数额和幅度，以揭示企业财务状况、经营情况和现金流量变化趋势的一种分析方法。比较分析法是财务报表分析的基本方法之一，是通过某项财务指标与性质相同的指标评价标准进行对比，揭示企业财务状况、经营情况和现金流量情况的一种分析方法。故选 A 项。

2.【答案】C

【解析】D 项是反映偿债能力的指标，A 项是反映获利能利的指标，存货周转率是反映存货的营运能力，是一种资产的运营能力，而不是资金的运营能力。故选 C 项。

3.【答案】D

【解析】AC 项为反映长期偿债能力的指标；C 项为获利能力的指标；D 项，流动比率是反映短期偿债能力的指标。故选 D 项。

4.【答案】C

【解析】已获利息倍数 = 息税前利润/全部利息费用，数值越高，偿债能力越强；产权比率 = 负债总额/所有者权益总额，资产负债率 = 负债总额/资产总额，带息负债率 = 带息负债总额/负债总额，ABD 项越大说明偿债能力越小。故选 C 项。

5.【答案】D

【解析】现金流量利息保障倍数是指经营现金净流量为利息费用的倍数。比以收益为基础的利息保障倍数更可靠，因为实际用以支付利息的是现金，而非收益，现金流量利息倍数是最能反映偿还利息的指标。故选 D 项。

6.【答案】D

【解析】市盈率是某种股票每股市价与每股盈利的比率，是反映盈利能力的指标。故选 D 项。

7.【答案】B

【解析】速动资产是指可以迅速转换成为现金或已属于现金形式的资产，计算方法为流动资产减去变现能力较差且不稳定的存货、预付账款、1 年内到期的非流动资产和其他流动资产等之后的余额。产成品属于存货，存货属于非速动资产。故选 B 项。

8.【答案】B

【解析】净资产收益率是杜邦财务分析体系的核心，净资产收益率 = 净利润/平均净资产。故选 B 项。

9.【答案】B

【解析】资本积累率 = 所有者权益的增加额/年初所有者权益 = [（1.5 - 1.25）/

1.25］$\times 100\% = 20\%$。故选 B 项。

10.

（1）【答案】C

【解析】负债与有形净资产比率是负债总额与有形净资产的比例关系，表示企业有形净资产对债权人权益的保障程度。该指标也是用以衡量企业长期偿债能力的指标之一。其中企业的无形资产、递延资产等一般难以作为偿债的保证，从净资产中将其剔除，可以更合理地衡量企业清算时对债权人权益的保障程度。该比率越低，表明企业长期偿债能力越强。本题中，负债与有形净资产比率 ＝［1 200/(2 000 － 1 200 － 150)］$\times$ 100% ≈184.62%。故选 C 项。

（2）【答案】B

【解析】利息保障倍数 ＝（利润总额 ＋ 利息费用)/利息费用 ＝（400 ＋ 20)/20 ＝ 21。故选 B 项。

（3）【答案】B

【解析】流动比率 ＝流动资产/流动负债 ＝1 300/500 ＝ 2.6，而啤酒行业流动比率的参考指标为 1.75，可见，甲公司的流动比率偏高。故选 B 项。

（4）【答案】A

【解析】速动资产 ＝流动资产 － 存货 － 预付账款 ＝ 1 300 － 800 － 200 ＝ 300 （万元），可得，速动比率 ＝速动资产/流动负债 ＝300/500 ＝ 0.6，而啤酒行业速动比率的参考指标为 0.9，可见，甲公司的速动比率偏低。故选 A 项。

（5）【答案】B

【解析】甲企业的营运资金 ＝流动资产 － 流动负债 ＝ 1 300 － 500 ＝ 800 （万元），为正，表明该借款人使用长期资金支持着部分流动资产。故选 B 项。

二、多项选择题

1.【答案】ABCD

【解析】企业的财务能力包括偿债能力、营运能力、获利能力和发展能力四个方面。故选 ABCD 项。

2.【答案】AD

【解析】企业长期偿债能力主要取决于企业的资本结构和获利能力，因为企业全部资本是由权益资本和债务资本两部分组成。权益资本是借款的基础，权益资本越多，债权人越有保障；权益资本越少，债权人蒙受损失的可能性越大；另一方面企业不可能靠出售资产作为偿债的资金来源，而只能依靠企业生产经营所得，即企业能否有充足的现金流入供偿债使用，在很大程度上取决于企业的获利能力。故选 AD 项。

3.【答案】ABD

【解析】影响长期负债偿还能力的因素包含了借款担保、或有负债、未决诉讼和长期租赁，其中短期租赁影响短期偿债能力。故选 ABD 项。

4.【答案】CD

【解析】存货周转次数是衡量和评价企业购入存货、投入生产、销售收回等各环节管理效率的综合性指标。一般来讲，存货周转速度越快，存货占用水平越低，流动性越强，存货转化为现金或应收账款的速度越快，这样会增加企业的短期偿债能力及盈利能力。故选 CD 项。

5.【答案】ACD

【解析】通常，应收账款的周转率越高、周转天数越少则表明应收账款管理效率越高，企业收账迅速，信用管理严格；应收账款流动性强，可增强短期偿债能力；减少收账费用和坏账损失，相对增加流动资产的投资收益；通过比较应收账款周转天数及企业信用期限，可评价客户的信用程度，调整企业信用政策。故选 ACD 项。

6.【答案】AB

【解析】股利发放率反映每股股利和每股收益之间关系的一个重要指标是股利发放率，即每股股利分配额与当期的每股收益之比。借助于这个指标，投资者可以了解一家上市公司的股利发放政策。故选 AB 项。

7.【答案】BCD

【解析】杜邦分析以净资产收益率为核心的财务指标，通过财务指标的内在联系，系统、综合地分析企业的盈利水平，具有很鲜明的层次结构，是典型的利用财务指标之间的关系对企业财务进行综合分析的方法。在杜邦分析体系中，净资产收益率 = 总资产净利率 × 权益乘数 = 销售净利率 × 总资产周转率 × 权益乘数，权益乘数 = 1/(1 - 资产负债率)，由公式可以看出二者是同方向变动的，资产负债率越高，说明企业的负债程度比高，会给企业带来较多的杠杆利益，也会带来较大的风险。故选 BCD 项。

8.

(1)【答案】ABCD

【解析】成本收入比为营业费用加折旧与营业收入之比，不应高于 45%，本题中甲商业银行的成本收入比例 = (86 500/270 000) × 100% = 32%。故选 ABCD 项。

(2)【答案】ABC

【解析】甲商业银行的各指标计算如下：

流动性比例 = (80 119/196 033) × 100% = 40%

不良贷款率 = [(2 000 + 3 000 + 1 000)/150 000] × 100% = 4%

单一客户贷款集中度 = [1 040/(10 000 + 2 000 + 550 + 450)] × 100% = 8%

故选 ABC 项。

(3)【答案】ACD

【解析】单一集团客户授信集中度为最大一家集团客户授信总额与资本净额之比，不应高于 15%；单一客户贷款集中度为最大一家客户贷款总额与资本净额之比，不应高于 10%。故选 ACD 项。

第四篇 法 律 学

4

　　法律在银行招聘考试中是必不可少的，从各行考试真题来看，题量较之金融、经济等主要学科来看较少，但考查范围较广，涉及法理、宪法、民法、行政法、经济法、商法等内容。为了减少考生的备考压力，缩小备考范围，我们精选了与银行工作密切相关的8个核心考点，包括民法总论、合同法、担保与物权法、银行业相关监管法、商业银行法、公司法、票据法和证券法，供考生在模拟练习阶段巩固复习。一个核心考点分为两个部分：第一部分为经典例题展示，考生通过经典例题熟悉、回顾本考点的核心内容、常见考法和出题形式；第二部分为核心知识精练，考生通过精练我们专门具有针对性研发出的考题，来巩固该考点的知识，真正做到对于该考点的各种出题形式都能快速准确地找到解题思路和答案。此外，本专项所涉及考点在考试中均有大量真题出现，考生可以配合历年真题解析部分同步学习，以达到更好的效果。

专项训练一

民 法 总 论

1. 经典示例

经典例题 1（单选题） 小李是一名 17 岁的中学生，暑假期间，她利用勤工俭学机会挣到了一笔零花钱。关于小李民事行为能力的说法，正确的是（　　）。

A. 视为完全民事行为能力人　　　　B. 属于无民事行为能力人

C. 属于完全民事行为能力人　　　　D. 属于限制民事行为能力人

【答案】D

【解析】本题考查民事行为能力分类。根据《民法总则》的规定，16 周岁以上的未成年人，以自己的劳动收入为主要生活来源的，视为完全民事行为能力人。其中，18 周岁以上的自然人为成年人。不满 18 周岁的自然人为未成年人。小李仅利用暑期勤工俭学，并非以此作为主要生活来源，8 周岁以上的未成年人为限制民事行为能力人，故选 D 项。

经典例题 2（多选题） 下列各项中，属于无效民事法律行为的有（　　）。

A. 无民事行为能力人实施的

B. 违反法律的

C. 违反社会公共利益的

D. 限制行为能力人接受赠与的

【答案】ABC

【解析】根据《民法总则》规定，下列民事行为无效：无民事行为能力人实施的；限制民事行为能力人依法不能独立实施的；一方以欺诈、胁迫的手段或者乘人之危，使对方在违背真实意思的情况下所为的；恶意串通，损害国家、集体或者第三人利益的；违反法律或者社会公共利益的；经济合同违反国家指令性计划的；以合法形式掩盖非法目的的。无效的民事行为，从行为开始起就没有法律约束力。无民事行为能力人、限制民事行为能力人接受奖励、赠与、报酬，他人不得以行为人无民事行为能力、限制民事行为能力为由，主张以上行为无效。故选 ABC 项。

2. 同步训练

一、单项选择题

1. 张某丈夫外出做买卖 5 年未归，也没有任何音讯，张某欲改嫁，下面说法正确的是（　　）。

A. 张某丈夫视为死亡，张某可以直接改嫁

B. 张某丈夫不论是生还是死，张某均可以改嫁

C. 张某丈夫经人民法院宣告失踪后，张某可以改嫁

D. 张某丈夫经人民法院宣告死亡后，张某可以改嫁

2. 下列各项中，属于民事责任形式的是（　　）。

A. 返还财产　　　　B. 罚款　　　　　　C. 吊销营业执照　D. 罚金

3. 根据民事法律制度的规定，下列关于可撤销的民事行为的表述中，正确的是（　　）。

A. 可撤销的民事行为一经撤销，自始无效

B. 可撤销的民事行为亦称"效力待定的民事行为"

C. 自撤销事由发生之日起 1 年内当事人未撤销的，撤销权消灭

D. 法官审理案件时发现民事行为具有可撤销事由的，可依职权撤销

4. 甲欠乙 10 万元未还，乙索债时，甲对乙称：若不免除债务，必以硫酸毁乙的容貌，乙恐惧，遂表示免除其债务。根据民事法律制度的规定，下列关于该债务免除行为效力的表述中，正确的是（　　）。

A. 有效　　　　B. 可撤销　　　　C. 效力待定　　　　D. 无效

5. 乙遭遇车祸昏迷在路上，甲途经发现后雇计程车将乙送往医院，并帮其支付医药费，在救助过程中，甲的名牌衣服因染有乙的血渍而不能使用，同时乙的贵重手表遗落在事故地点，甲因疏忽而未能发现。下列说法中不正确的是（　　）。

A. 甲应赔偿乙手表遗失的损失　　　B. 乙应偿付甲雇用计程车的费用

C. 乙应偿付甲帮其支付的医药费　　D. 乙赔偿甲衣服不能使用的损失

二、多项选择题

1. 甲超越代理权以乙的名义与丙订立了一份买卖合同，下列情形中，根据《民法总则》的规定，可以认定代理行为有效的有（　　）。

A. 乙知道甲超越代理权的事实而未作任何表示

B. 丙有理由相信甲有代理权

C. 丙开始履行合同

D. 丙催告甲，甲明确拒绝

2. 下列各项中，属于有效民事行为的有（　　）。

A. 甲因故处于十分危急的境地，遂向乙借款，乙拒绝借款，但表示愿意按市场价购买甲的祖传珍宝一件，甲无奈只得同意

B. 王某患有间歇性精神病，在其患病期间模仿某电视剧情节写下遗嘱

C. 刘某与其外甥小周约定，如果小周考上重点小学，则赠与其 2 万元

D. 某照相机实际价格为 7 998 元，营业员赵某误看为 1 998 元并售出

3. 下列事由中，可能导致诉讼时效中断的有（　　　）。

A. 权利人起诉义务人 　　　　　B. 发生地震权利人无法行使权利

C. 债权人催告债务人偿还借款 　　D. 债务人承认债务

参考答案与解析

一、单项选择题

1. 【答案】D

【解析】宣告死亡是指经利害关系人申请，由法院宣告下落不明一定期间的自然人死亡的制度。根据《民法总则》规定，公民下落不明满 4 年的，利害关系人可以向人民法院申请宣告他死亡，宣告死亡与自然死亡具有相同法律后果。被宣告死亡的人与配偶的婚姻关系，自死亡宣告之日起消灭。本题中，张某丈夫外出做买卖 5 年未归，也没有任何音讯，因此，张某可以向人民法院申请宣告他死亡，且经人民法院宣告死亡后，张某可以改嫁。故选 D 项。

2. 【答案】A

【解析】《民法总则》规定，承担民事责任的方式主要有：（1）停止侵害；（2）排除妨碍；（3）消除危险；（4）返还财产；（5）恢复原状；（6）修理、重作、更换；（7）赔偿损失；（8）支付违约金；（9）消除影响、恢复名誉；（10）赔礼道歉。故选 A 项。

3. 【答案】A

【解析】可变更、可撤销民事行为在撤销前是有效的，被撤销的民事行为从行为开始起无效，A 项正确；可撤销民事行为与效力待定民事行为是两种不同的民事行为，B 项错误；具有撤销权的当事人自知道或者应当知道撤销事由之日起 1 年内没有行使撤销权的，撤销权消灭，C 项错误；可变更、可撤销民事行为的撤销，应当由撤销权人申请撤销，法院不主动干预；D 项错误。故选 A 项。

4. 【答案】D

【解析】根据《民法总则》规定一方以欺诈、胁迫的手段或者乘人之危，使对方在违背真实意思的情况下所为的行为为无效民事行为。甲因胁迫要求乙免除债务的行为，属于无效民事行为。故选 D 项。

5. 【答案】A

【解析】本题中甲救助乙的行为属于无因管理。根据《民法总则》规定，无因管理是没有法定的或者约定的义务，为避免他人利益受损失进行管理或者服务的，有权要求

受益人偿付由此而支付的必要费用。无因管理一经成立，管理人和受益人之间即发生债的关系。本题中甲雇用计程车所支出的费用和帮乙支付的医药费均属于在管理或者服务活动中直接支出的费用，而甲的衣服因染有乙的血渍而不能使用则属于管理或者服务活动中受到的实际损失，均应由受益人乙偿付。另依民法理论，在无因管理中管理人未履行管理或者不适当履行管理义务，对本人造成损害的，应向本人承担债务不履行的责任。本题中乙手表的遗失是甲在其有生命危险的紧急情况为对其进行救助造成的，甲对此并无故意或重大过失，所以不应负赔偿责任。A项说法错误，故选A项。

二、多项选择题

1.【答案】AB

【解析】在无权代理的情况下，如果本人知道他人以本人名义实施民事行为而不作否认表示的，无权代理人所为代理行为的法律效果归属于被代理人，视为有权代理。善意相对人有理由相信其有代理权，被代理人应当承担代理的法律后果。故选AB项。

2.【答案】AC

【解析】A项，乙以"市场价"购入，并未损害甲的利益，不构成乘人之危，该行为有效。B项，王某是不能完全辨认自己行为的成年人为限制民事行为能力人，实施民事法律行为由其法定代理人代理或者经其法定代理人同意、追认，但是可以独立实施纯获利益的民事法律行为或者与其智力、精神健康状况相适应的民事法律行为。王某的行为属于无效民事行为。C项，无民事行为能力人或者限制民事行为能力人"纯获益"的行为，直接有效。D项，构成重大误解，该合同属于可变更、可撤销的合同。故选AC项。

3.【答案】ACD

【解析】根据《民法总则》规定，有下列情形之一的，诉讼时效中断：权利人向义务人提出履行请求；义务人同意履行义务；权利人提起诉讼或者申请仲裁；与提起诉讼或者申请仲裁具有同等效力的其他情形。在诉讼时效期间的最后6个月内，因不可抗力或者其他障碍不能行使请求权的，诉讼时效中止。从中止时效的原因消除之日起，诉讼时效期间继续计算。故选ACD项。

专项训练二

合 同 法

1. 经典示例

经典例题1（单选题） 某公司向客户发出产品价目表，其行为性质为（   ）。

A. 要约   B. 要约邀请   C. 承诺   D. 新要约

【答案】B

【解析】本题考查要约邀请。要约邀请是希望他人向自己发出要约的意思表示。寄送的价目表、拍卖公告、招标公告、招股说明书、商业广告等为要约邀请。商业广告的内容符合要约规定的，视为要约。故选 B 项。

经典例题2（多选题） 下列合同中，无效合同的情形有（   ）。

A. 因重大误解订立的   B. 在订立合同时显失公平的

C. 受欺诈损害国家利益的行为   D. 恶意串通损害第三人利益的

【答案】CD

【解析】本题考查合同的效力。我国《合同法》规定：有下列情形之一的，合同无效：一方以欺诈、胁迫的手段订立合同，损害国家利益；恶意串通，损害国家、集体或者第三人利益；以合法形式掩盖非法目的；损害社会公共利益；违反法律、行政法规的强制性规定。有下列情形之一的，当事人一方有权请求人民法院或仲裁机构变更或者撤销：因重大误解订立的；在订立合同时显失公平的。合同变更、撤销前的合同是有效合同，一旦确认变更或撤销后，具有溯及合同成立的效力。一方以欺诈、胁迫的手段或者乘人之危，使对方在违背真实意思的情况下订立的合同，属于可变更或可撤销合同。AB 项属于可变更、可撤销的合同，CD 项属于无效合同的情形。故选 CD 项。

2. 同步训练

一、单项选择题

1. 以下关于邀约的表述中，正确的是（   ）。

A. 要约在发出时生效　　　　　　　B. 要约生效后不得撤销

C. 要约到达受要约人时生效　　　　D. 受要约人未发出承诺通知，要约均可撤销

2. 下列有关合同权利转让的说法中，正确的是（　　　）。

A. 必须经双方同意

B. 需经债务人同意

C. 不需经债务人同意，也不用通知债务人

D. 不需经债务人同意，但应通知债务人

3. 甲与乙订立购买建材买卖合同。合同约定：甲向乙支付 3 万元定金，乙于收到定金后 10 日内发货，另外双方约定违约的一方支付 5 000 元违约金。后乙未能按时交货。下列表述中，正确的是（　　　）。

A. 定金合同从以书面形式签字盖章之日起生效

B. 双方约定的定金金额符合法律规定，甲有权请求乙 3 倍返还定金

C. 甲有权请求乙返还定金与支付违约金

D. 甲应在定金与违约金之间择一向乙主张，因为定金与违约金不能同时适用

4. 某汽车配件厂与某商贸公司签订供应汽车配件的合同，合同中约定货到后 3 日付款。正当该厂准备发货时，突然了解到该商贸公司已将全部资金转移，该厂向商贸公司说明情况，并决定暂不向其发货。该厂的行为属于（　　　）。

A. 行使撤销权　　　B. 解除合同　　　　C. 违约行为　　　　D. 行使不安抗辩权

5. 李某将房屋租给张某使用，双方约定张某应在李某儿子大学毕业分配北京后的 10 天内腾出房屋。这一协议属于（　　　）。

A. 附解除条件的合同　　　　　　　B. 附停止条件的合同

C. 延缓期限的合同　　　　　　　　D. 附解除期限的合同

二、多项选择题

1. 根据《合同法》的规定，下列情形中，属于合同解除法定事由的有（　　　）。

A. 合同当事人一方的法定代表人变更

B. 作为合同当事人一方的法人分立

C. 由于不可抗力致使合同目的不能实现

D. 合同当事人一方迟延履行债务致使合同目的不能实现

2. 陈某向张某借款 5 万元，没有约定利息，1 年后，张某获知陈某经营个体企业获利，在陈某还款时要求其支付利息 1 800 元，陈某表示反对。根据《合同法》的规定。下列关于陈某应否支付利息的表述中，下列说法不正确的有（　　　）。

A. 陈某应该按银行同期贷款利率支付利息

B. 陈某应按当地民间惯例支付利息

C. 陈某无须支付利息

D. 陈某应支付 1 800 元利息

3. 甲为庆祝好友乙 60 岁生日，拟赠与其古董瓷瓶一只。但双方约定，瓷瓶交付之

后，甲可以随时借用该瓷瓶，根据合同法律制度的规定，下列正确的有（　　）。

A. 瓷瓶交付乙前，若甲的经济状况显著恶化，严重影响其生活，可不再履行赠与义务

B. 瓷瓶交付乙后，若甲请求借用时被乙拒绝，甲可以撤销赠与

C. 瓷瓶交付乙后，若被鉴定为赝品，乙有权以欺诈为由撤销赠与

D. 瓷瓶交付乙前，甲不得撤销赠与

参考答案与解析

一、单项选择题

1. 【答案】C

【解析】要约是希望和他人订立合同的意思表示。《合同法》第 16 条规定要约到达受要约人时生效，A 项错误、C 项正确。第 18 条规定要约可以撤销，撤销要约的通知应当在受要约人发出承诺通知之前到达受要约人，B 项错误。第 19 条规定有下列情形之一的，要约不得撤销：要约人确定了承诺期限或者以其他形式明示要约不可撤销；受要约人有理由认为要约是不可撤销的，并已经为履行合同做了准备工作，D 项错误。故选 C 项。

2. 【答案】D

【解析】《合同法》规定，债权人转让权利的，应当通知债务人。未经通知，该转让对债务人不发生效力。债务人将合同的义务全部或者部分转移给第三人的，应当经债权人同意。故选 D 项。

3. 【答案】D

【解析】定金合同从实际交付定金之日起生效，A 项错误。给付定金的一方不履行约定的债务的，无权要求返还定金；收受定金的一方不履行约定的债务的，应该双倍返还定金。另根据我国《担保法》规定，定金的数额不得超过主合同标的额的 20%，B 项错误。甲可以要求乙承担定金责任，也可以请求支付违约金，但两者不能同时适用；C 项错误，D 项正确。故选 D 项。

4. 【答案】D

【解析】《合同法》规定，应当先履行债务的当事人，有确切证据证明对方有下列情形之一的，可以中止履行：（1）经营状况严重恶化；（2）转移财产、抽逃资金，以逃避债务；（3）丧失商业信誉；（4）有丧失或者可能丧失履行债务能力的其他情形。本题中某汽车配件厂为先履行一方，因后履行一方即某商贸公司全部资金转移可能影响其履行相应义务，故依法中止履行自己的债务，既没有解除合同，又没有违约，也不属于行使撤销权，而是属于行使不安抗辩权。故选 D 项。

5. 【答案】A

【解析】A 项正确，因为双方在合同中附有一个发生与不发生不确定的事实，来决定合同效力的丧失；B 项错误，停止条件又称为生效条件，这与当事人的本意不符，当

事人的本意在消灭合同的效力；C 项错误，延缓期限又称为生效期限，理由与 B 项相同。题干表明合同是附条件的合同，不是附期限的合同。期限必然届至，而李某的儿子是否能考上大学是不确定的事实。故选 A 项。

二、多项选择题

1.【答案】CD

【解析】《合同法》规定，有下列情形之一的，当事人可以解除合同：（1）因不可抗力致使不能实现合同目的；（2）在履行期限届满之前，当事人一方明确表示或者以自己的行为表明不履行主要债务；（3）当事人一方延迟履行主要债务，经催告后在合理期限内仍未履行；（4）当事人一方延迟履行债务或者有其他违约行为致使不能实现合同目的；（5）法律规定的其他情形。C 项正确，D 项正确。故选 CD 项。

2.【答案】ABD

【解析】自然人之间的借款合同对支付利息没有约定或者约定不明确的，视为不支付利息。故选 ABD。

3.【答案】AB

【解析】根据《合同法》规定，在赠与合同中赠与人的经济状况显著恶化，严重影响其生产经营或者家庭生活的，可以不再履行赠与义务，A 项正确。赠与可以附义务。赠与附义务的，受赠人应当按照约定履行义务。不履行赠与合同约定的义务，赠与人可以撤销赠与，B 项正确。附义务的赠与，赠与的财产有瑕疵的，赠与人在附义务的限度内承担与出卖人相同的责任，乙可以要求甲赔偿；没有说甲有欺诈的故意，不能直接认定是可撤销合同，C 项错误。赠与人在赠与财产的权利转移之前可以撤销赠与。具有救灾、扶贫等社会公益、道德义务性质的赠与合同或者经过公证的赠与合同，赠与人不能任意撤销；不具有这些法定情形，甲可以任意撤销，D 项错误。故选 AB 项。

专项训练三

担保与物权法

1. 经典示例

经典例题1（单选题） 甲在乙处加工玉雕两件，取回玉雕时因钱不够，未能付清加工费，乙只允许甲取走其中一件，称另一件等到甲将钱交清之后再取，乙对此件玉雕的占有基于（ ）。

A. 抵押权　　　　B. 质权　　　　C. 留置权　　　　D. 所有权

【答案】C

【解析】本题考查留置权。《物权法》规定，留置权是债务人不履行到期债务，债权人可以留置已经合法占有的债务人的动产，并有权就该动产优先受偿。玉雕为动产，且甲乙之间存在合法的债务关系，由于甲未能付清加工费，乙暂扣的玉雕与存在的债权之间具有牵连关系。因此，乙对此玉雕的占有属于行使留置权。故选 C 项。

经典例题2（多选题） 在权利质押中可以质押的权利有（ ）。

A. 汇票　　　　　　　　　　B. 存款单

C. 著作权中的财产权　　　　D. 依法可以转让的股票

【答案】ABCD

【解析】本题考查权利质押。根据《担保法》的相关规定，可以用于质押的权利主要有：汇票、支票、本票、债券、存款单、仓单、提单；基金份额、股权；注册商标专用权、专利权、著作权等知识产权中的财产权；应收账款等。故选 ABCD 项。

2. 同步训练

一、单项选择题

1. 下列关于保证的说法，正确的是（ ）。

A. 保证人之间未约定保证方式的，保证人承担一般保证责任

B. 保证期间为主债务履行期届满之日起 6 个月

C. 保证担保的范围包括主债权及利息

D. 保证期间，债权人许可债务人转让债务的，应当取得保证人书面同意，另有约定除外

2. 甲有一套商品房欲出售，经人介绍与乙签订房屋买卖合同，丙知道后找到甲，表示愿意以更高的价格购买，甲便与丙订立合同并办理房屋过户手续。下列说法正确的是（　　）。

A. 房屋应归乙，甲向丙承担违约责任

B. 房屋应归丙，甲向乙承担违约责任

C. 房屋产权登记有误，应重新登记为甲

D. 甲与丙订立的合同无效，甲与乙协商房屋的归属权

3. 甲分别从 A、B 两银行各贷款 100 万元。甲与 A 银行于 10 月 5 日签订了抵押合同，10 月 10 日办理了抵押登记；与 B 银行于 10 月 8 日签订了抵押合同，同日办理了抵押登记，贷款到期后因甲无力还款，A、B 两银行对拍卖款应如何分配？（　　）

A. 同时按比例受偿　　　　　　　B. 先办理抵押登记的先受偿

C. 共同协商受偿　　　　　　　　D. 先签订抵押合同的先受偿

4. 下列描述中正确的是（　　）。

A. 借款人不得将已出租的财产做抵押物

B. 抵押权是独立于其担保的债权的一种权利

C. 在贷款期间，抵押人要转让抵押物，必须征得贷款人同意

D. 借贷双方可以在合同中约定，借款人到期不履行债务时，抵押物的所有权转移为贷款信用社所有

5. 甲与乙签订借款合同，并约定由乙将自己的钻戒出质给甲。但其后乙并未将钻戒如约交付给甲，而是把该钻戒卖给了不知情的丙。丙取得钻戒后，与甲因该钻戒的权利归属发生纠纷。下列关于该钻戒权利归属的表述中，正确的是（　　）。

A. 丙不能取得该钻戒的所有权，因为该钻戒已质押给甲

B. 丙能取得该钻戒的所有权，但甲可依其质权向丙追偿

C. 丙能取得该钻戒的所有权，甲不能向丙要求返还该钻戒

D. 丙能否取得该钻戒的所有权，取决于甲同意与否

二、多项选择题

1. 甲公司向某商业银行乙支行申请保证贷款 500 万元。根据担保法律制度的规定，乙支行在审查甲公司的贷款保证人时，不得接受下列（　　）单位作为保证人。

A. 联合有限责任公司的工程部　　　B. 红林房地产开发公司

C. 市公立幼儿园　　　　　　　　　D. 市财政局

2. 下列各项不能作为抵押物的有（　　）。

A. 土地所有权

B. 学校、医院等以公益为目的的事业单位，社会团体的财产

C. 所有权使用权不明或者有争议的财产

D. 依法被查封、扣押、监管的财产

3. 同升公司以一套价值 100 万元的设备作为抵押，向甲借款 10 万元，未办理抵押登记手续。同升公司又向乙借款 80 万元，以该套设备作为抵押，并办理了抵押登记手续。同升公司欠丙贷款 20 万元，将该套设备出质给丙。丙不小心损坏了该套设备送丁修理，因欠丁 5 万元修理费，该套设备被丁留置。关于甲、乙、丙、丁对该套设备享有的担保物权的清偿顺序，下列哪一排列是不正确的？（　　）

A. 甲乙丙丁　　　　B. 乙丙丁甲　　　　C. 丙丁甲乙　　　　D. 丁乙丙甲

参考答案与解析

一、单项选择题

1.【答案】D

【解析】根据《担保法》第 18 条规定，当事人在保证合同中约定保证人与债务人对债务承担连带责任的，为连带责任保证，A 项错误。《担保法》第 25 条和第 26 条规定，一般保证的保证人与债权人未约定保证期间的，保证期间为主债务履行期届满之日起 6 个月。连带责任保证的保证人与债权人未约定保证期间的，债权人有权自主债务履行期届满之日起 6 个月内要求保证人承担保证责任。由此可见，保证期间是有约定的按约定，无约定时按上述法律规定，B 项错误。保证担保的范围包括主债权及利息、违约金、损害赔偿金和实现债权的费用。保证合同另有约定的，按照约定。《担保法》第 21 条规定，保证担保的范围包括主债权及利息、违约金、损害赔偿金和实现债权的费用。保证合同另有约定的，按照约定，C 项错误。《担保法》第 22 条规定，保证期间，债权人依法将主债权转让给第三人的，保证人在原保证担保的范围内继续承担保证责任。保证合同另有约定的，按照约定，D 项正确。故选 D 项。

2.【答案】B

【解析】《物权法》规定，当事人之间订立有关设立、变更、转让和消灭不动产物权合同，除法律另有规定或者合同另有约定外，自合同成立时生效，未办理物权登记，不影响合同的效力。同时，不动产物权的设立、变更、转让和消灭，经依法登记，发生效力，未经登记，不发生效力，但法律另有规定的除外。本题中，甲与乙之间的买卖合同以及甲与丙之间的买卖合同都具有效力。甲与丙之间由于办理了房屋过户手续，故丙取得房屋的所有权，房屋归丙。由于甲乙之间的买卖合同也具有效力，但甲已不再拥有房屋所有权，甲应向乙承担违约责任。故选 B 项。

3.【答案】B

【解析】《物权法》规定，同一财产向两个以上债权人抵押的，拍卖、变卖抵押财产所得的价款依照下列规定清偿：抵押权已登记的，按照登记的先后顺序清偿；顺序相同的，按照债权比例清偿；抵押权已登记的先于未登记的受偿；抵押权未登记的，按照

债权比例清偿。故选 B 项。

4.【答案】C

【解析】《物权法》第 190 条规定，订立抵押合同前抵押财产已出租的，原租赁关系不受该抵押权的影响。抵押权设立后抵押财产出租的，该租赁关系不得对抗已登记的抵押权。由此已经出租的房屋可以做抵押物，A 项错误。《物权法》第 192 条规定，抵押权不得与债权分离而单独转让或者作为其他债权的担保。债权转让的，担保该债权的抵押权一并转让，但法律另有规定或者当事人另有约定的除外。抵押权是从权利，不能独立其担保债权而存在，B 项错误。《物权法》第 191 条规定，抵押期间，抵押人经抵押权人同意转让抵押财产的，应当将转让所得的价款向抵押权人提前清偿债务或者提存。转让的价款超过债权数额的部分归抵押人所有，不足部分由债务人清偿。抵押期间，抵押人未经抵押权人同意，不得转让抵押财产，但受让人代为清偿债务消灭抵押权的除外，C 项正确。《物权法》第 186 条规定，抵押权人在债务履行期届满前，不得与抵押人约定债务人不履行到期债务时抵押财产归债权人所有，D 项错误。故选 C 项。

5.【答案】C

【解析】动产质权自出质人"交付"质押财产时设立，乙未向甲交付钻戒，质权并未设立；动产质权的设立和转让，自"交付时"发生效力，但法律另有规定的除外，在乙将钻戒交付给丙，丙依法取得了该钻戒的所有权。故选 C 项。

二、多项选择题

1.【答案】ACD

【解析】《担保法》规定：（1）国家机关不得为保证人，但经国务院批准为使用外国政府或者国际经济组织贷款进行转贷的除外。（2）学校、幼儿园、医院等以公益为目的的事业单位、社会团体不得为保证人；企业法人的分支机构、职能部门不得为保证人。企业法人的分支机构有法人书面授权的，可以在授权范围内提供保证。（3）企业法人的分支机构未经法人书面授权提供保证的，保证合同无效。（4）企业法人的职能部门提供保证的，保证合同无效。故选 ACD 项。

2.【答案】ABCD

【解析】《物权法》规定，下列财产不得抵押：土地所有权；耕地、宅基地、自留地、自留山等集体所有的土地使用权，但法律规定可以抵押的除外；学校、幼儿园、医院等以公益为目的的事业单位、社会团体的教育设施、医疗卫生设施和其他社会公益设施；所有权、使用权不明或者有争议的财产；依法被查封、扣押、监管的财产；法律、行政法规规定不得抵押的其他财产。故选 ABCD 项。

3.【答案】ABC

【解析】《物权法》规定，同一动产上已设立抵押权或者质权，该动产又被留置的，留置权人优先受偿。《担保法》司法解释：同一财产法定登记的抵押权与质权并存时，抵押权人优先于质权人受偿。同一财产抵押权与留置权并存时，留置权人优先于抵押权人受偿。故选 ABC 项。

专项训练四

中国人民银行法

1. 经典示例

经典例题1（单选题） 中国人民银行可以（　　）。

A. 向商业银行提供贷款　　　　　B. 向非金融机构提供贷款

C. 为单位提供担保　　　　　　　D. 直接认购，包销国债

【答案】A

【解析】根据《中国人民银行法》规定，中国人民银行可以向商业银行提供贷款，但不得向地方政府、各级政府部门提供贷款，不得向非银行金融机构以及其他单位和个人提供贷款；不得向任何单位和个人提供担保；不得对政府财政透支，不得直接认购、包销国债和其他政府债券。故选A项。

经典例题2（多选题） 中国人民银行实现货币政策目标运用的货币政策工具（　　）。

A. 存款准备金　　B. 再贴现政策　　C. 公开市场业务　　D. 利率

【答案】ABCD

【解析】中国人民银行为执行货币政策，可以运用下列货币政策工具：（1）要求银行业金融机构按照规定的比例交存存款准备金；（2）确定中央银行基准利率；（3）为在中国人民银行开立账户的银行业金融机构办理再贴现；（4）向商业银行提供贷款；（5）在公开市场上买卖国债、其他政府债券和金融债券及外汇；（6）国务院确定的其他货币政策工具。故选ABCD项。

2. 同步训练

一、单项选择题

1. 中国人民银行的亏损应由什么弥补？（　　）

A. 由下一年度的利润来弥补　　　　B. 从总准备金中弥补

C. 通过发行货币弥补   D. 由中央财政拨款弥补

2. 银行业金融机构出现支付困难，可能引发金融风险时，为了维护金融稳定，中国人民银行经（　　）批准，有权对银行业金融机构进行检查监督。

A. 银监会   B. 人民代表大会制度

C. 国务院   D. 国家主席

3. 中国人民银行根据执行货币政策和维护金融稳定的需要，可以建议国务院银行业监督管理机构对银行业金融机构进行检查监督。国务院银行业监督管理机构应当自收到建议之日起（　　）日内予以回复。

A. 15   B. 20   C. 60   D. 30

4.（　　）负责统一编制全国金融统计数据、报表，并按照国家有关规定予以公布。

A. 银监会   B. 中国银行   C. 财政部   D. 中国人民银行

5. 中国人民银行的建议检查监督权，下列说法不正确的是（　　）。

A. 银监会应自收到建议之日起 20 日内予以回复

B. 中国人民银行根据执行货币政策的需要可以建议国务院银行业监督管理机构对银行业金融机构进行检查监督

C. 中国人民银行的建议检查监督权是提高效率的制度性安排

D. 对金融机构执行有关反洗钱规定的行为进行监管使用直接检查监督权

二、多项选择题

1.《中国人民银行法》规定，中国人民银行的职责有（　　）。

A. 监管银行业金融机构   B. 监管黄金市场

C. 监管工商信贷业务   D. 监管银行间同业拆借市场

E. 维护支付、清算系统的正常运行

2. 我国法律对中国人民银行办理业务的限制性规定（　　）。

A. 禁止向金融机构账户透支   B. 禁止对政府财政透支

C. 禁止向地方政府贷款   D. 禁止向任何个人和单位提供担保

E. 禁止对其他金融机构拆借资金

3. 下列关于中国人民银行组织机构的表述，正确的是（　　）。

A. 中国人民银行实行行长负责制

B. 中国人民银行设行长一人，副行长若干人

C. 中国人民银行行长、副行长由中华人民共和国主席任免

D. 中国人民银行设立货币政策委员会

参考答案与解析

一、单项选择题

1.【答案】D

【解析】《中国人民银行法》第 38 条第 2 款规定："中国人民银行的亏损由中央财政拨款弥补。"故选 D 项。

2. 【答案】C

【解析】根据《中国人民银行法》规定，银行业金融机构出现支付困难，可能引发金融风险时，为了维护金融稳定，中国人民银行经国务院批准，有权对银行业金融机构进行检查监督。故选 C 项。

3. 【答案】D

【解析】中国人民银行根据执行货币政策和维护金融稳定的需要，可以建议国务院银行业监督管理机构对银行业金融机构进行检查监督。国务院银行业监督管理机构应当自收到建议之日起 30 日内予以回复。故选 D 项。

4. 【答案】D

【解析】《中国人民银行法》第 36 条规定，中国人民银行负责统一编制全国金融统计数据、报表，并按照国家有关规定予以公布。故选 D 项。

5. 【答案】A

【解析】《中国人民银行法》第 33 条规定，中国人民银行根据执行货币政策和维护金融稳定的需要，可以建议银监会对银行业金融机构进行检查监督。银监会应当自收到建议之日起 30 日内予以回复。这是提高效率的一种制度性安排。故选 A 项。

二、多项选择题

1. 【答案】BDE

【解析】根据《中国人民银行法》规定，中国人民银行的职责包括：发布与履行其职责有关的命令和规章；依法制定和执行货币政策；发行人民币，管理人民币流通；监督管理银行间同业拆借市场和银行间债券市场；实施外汇管理，监督管理银行间外汇市场；监督管理黄金市场；持有、管理、经营国家外汇储备、黄金储备；经理国库；维护支付、清算系统的正常运行；指导、部署金融业反洗钱工作，负责反洗钱的资金监测；负责金融业的统计、调查、分析和预测；作为国家的中央银行，从事有关的国际金融活动；国务院规定的其他职责。A 项、C 项属于银监会的职责。故选 BDE 项。

2. 【答案】ABCD

【解析】《中国人民银行法》第 26 条规定，中国人民银行可以根据需要，为银行业金融机构开立账户，但不得对银行业金融机构的账户透支。第 29 条规定，中国人民银行不得对政府财政透支，不得直接认购、包销国债和其他政府债券。第 30 条规定，中国人民银行不得向地方政府、各级政府部门提供贷款，不得向非银行金融机构以及其他单位和个人提供贷款，但国务院决定中国人民银行可以向特定的非银行金融机构提供贷款的除外。中国人民银行不得向任何单位和个人提供担保。故选 ABCD 项。

3. 【答案】ABD

【解析】《中国人民银行法》规定，中国人民银行设行长一人，副行长若干人。中国人民银行行长的人选，根据国务院总理的提名，由全国人民代表大会决定；全国人民代表大会闭会期间，由全国人民代表大会常务委员会决定，由中华人民共和国主席任免。中国人民银行副行长由国务院总理任免。中国人民银行实行行长负责制。行长领导中国人民银行的工作，副行长协助行长工作。中国人民银行设立货币政策委员会。货币政策委员会的职责、组成和工作程序，由国务院规定，报全国人民代表大会常务委员会备案。故选 ABD 项。

专项训练五

银行业监督管理法

1. 经典示例

经典例题1 （单选题） 下列哪一选项不属于国务院银行业监督管理机构职责范围？（ ）

A. 审查批准银行业金融机构的设立、变更、终止以及业务范围

B. 银行业金融机构设立申请或者资本变更申请时，审查其股东的资金来源、财务状况、诚信状况等

C. 审查批准或者备案银行业金融机构业务范围内的业务品种

D. 接收商业银行交存的存款准备金

【答案】D

【解析】本题考查中国银监会的职责，接收商业银行交存的存款准备金是中国人民银行的职责而非中国银监会。故选D项。

经典例题2 （多选题）《银行业监督管理法》所称银行业金融机构，是指在中华人民共和国境内设立的（ ）。

A. 商业银行   B. 城市信用合作社

C. 农村信用合作社   D. 政策性银行

【答案】ABCD

【解析】本题考银行业监督管理法。根据《银行业监督管理法》规定，国务院银行业监督管理机构负责对全国银行业金融机构及其业务活动监督管理的工作。本法所称银行业金融机构，是指在中华人民共和国境内设立的商业银行、城市信用合作社、农村信用合作社等吸收公众存款的金融机构以及政策性银行。故选ABCD项。

2. 同步训练

一、单项选择题

1.《银行业监督管理法》对银行业监督管理目标的叙述中，不正确的是（ ）。

A. 促进银行业的合法、稳健运行　　B. 维护公众对银行业的信心

C. 维护银行业合法权益　　D. 提高银行业竞争能力

2. 在宣传品、出版物或者其他商品上非法使用人民币图样的，中国人民银行应当责令改正，并销毁非法使用的人民币图样，没收违法所得，并处（　　）罚款。

A. 3万元以上5万元以下　　B. 5万元以下

C. 5万元以上10万元以下　　D. 10万元以下

3. 银行业监督管理机构进行现场检查，应当经（　　）批准。

A. 当地人民政府　　B. 银行业监督管理机构负责人

C. 银行业金融机构的负责人　　D. 人民银行负责人

4. 银行业监督管理机构应当责令银行业金融机构按照规定，如实向社会公众披露信息，但不包括下面哪一项？（　　）

A. 财务会计报告　　B. 风险管理报告

C. 董事和高级管理人员变更　　D. 董事和高级管理人员的行踪

5. 根据《银行业监督管理法》，国务院银行业监督管理机构有权对银行业金融机构的信用危机依法进行处置。关于处置规则，下列哪一说法是错误的？（　　）

A. 该信用危机必须已经发生

B. 该信用危机必须达到严重影响存款人和其他客户合法权益的程度

C. 国务院银行业监督管理机构可以依法对该银行业金融机构实行接管

D. 国务院银行业监督管理机构也可以促成其机构重组

二、多项选择题

1. 银行业金融机构有下列哪些情形时，由银监会责令改正？（　　）

A. 未经批准设立分支机构

B. 未经批准变更、终止

C. 自行确定有关雇员的高额薪酬

D. 违反规定从事未经批准或者未备案的业务活动

2. 银行业监督管理机构根据审慎监管的要求，可以采取下列哪些措施进行现场检查？（　　）

A. 询问银行业金融机构的工作人员，要求其对有关检查事项作出说明

B. 进入银行业金融机构进行检查

C. 检查银行业金融机构运用电子计算机管理业务数据的系统

D. 对可能被转移、隐匿或者毁损的文件、资料予以封存

3. 银行业金融机构违反审慎经营规则逾期未改正的，或者其行为严重危害及该银行业金融机构的稳健运行、损害存款人和其他客户合法权益的，经国务院银行业监督管理机构或者其省一级派出机构负责人批准，可以区别情形，采取下列哪些措施？（　　）

A. 责令暂停部分业务、停止批准开办新业务

B. 限制分配红利和其他收入

C. 责令控股股东转让股权或者限制有关股东的权利

D. 责令调整董事、高级管理人员或者限制其权利

参考答案与解析

一、单项选择题

1.【答案】C

【解析】《银行业监督管理法》第 3 条规定，银行业监督管理的目标是促进银行业的合法、稳健运行，维护公众对银行业的信心。银行业监督管理应当保护银行业公平竞争，提高银行业竞争能力。故选 C 项。

2.【答案】B

【解析】根据《中国人民银行法》在宣传品、出版物或者其他商品上非法使用人民币图样的，中国人民银行应当责令改正，并销毁非法使用的人民币图样，没收违法所得，并处 5 万元以下罚款。故选 B 项。

3.【答案】B

【解析】根据《银行监管法》第 34 条规定，银行业监督管理机构进行现场检查，应当经银行业监督管理机构负责人批准。现场检查时，检查人员不得少于二人，并应当出示合法证件和检查通知书；检查人员少于二人或者未出示合法证件和检查通知书的，银行业金融机构有权拒绝检查。故选 B 项。

4.【答案】D

【解析】《银行业监督管理法》第 36 条规定，银行业监督管理机构应当责令银行业金融机构按照规定，如实向社会公众披露财务会计报告、风险管理状况、董事和高级管理人员变更以及其他重大事项等信息。故选 D 项。

5.【答案】A

【解析】根据《银行业监督管理法》第 38 条规定，银行业金融机构已经或者有可能发生信用危机，严重影响存款人和其他客户合法权益的，国务院银行业监督管理机构可以依法对该银行业金融机构实行接管或者促成机构重组，接管和机构重组依照有关法律和国务院的规定执行。故选 A 项。

二、多项选择题

1.【答案】ABD

【解析】由银监会责令改正的情形有：未经批准设立分支机构、未经批准变更、终止、违反规定从事未经批准或者未备案的业务活动等。C 项、E 项是企业自身的事宜。故选 ABD 项。

2.【答案】ABCD

【解析】根据《银行业监督管理法》第 34 条规定，银行业监督管理机构根据审慎监管的要求，可以采取下列措施进行现场检查：（1）进入银行业金融机构进行检查；

（2）询问银行业金融机构的工作人员，要求其对有关检查事项作出说明；（3）查阅、复制银行业金融机构与检查事项有关的文件、资料，对可能被转移、隐匿或者毁损的文件、资料予以封存；（4）检查银行业金融机构运用电子计算机管理业务数据的系统。故选 ABCD 项。

3.【答案】ABCD

【解析】依据《银行监管法》第 37 条的规定，银行业金融机构违反审慎经营规则的，国务院银行业监督管理机构或者其省一级派出机构应当责令限期改正；逾期未改正的，或者其行为严重危及该银行业金融机构的稳健运行、损害存款人和其他客户合法权益的，经国务院银行业监督管理机构或者其省一级派出机构负责人批准，可以区别情形，采取下列措施：（1）责令暂停部分业务、停止批准开办新业务；（2）限制分配红利和其他收入；（3）限制资产转让；（4）责令控股股东转让股权或者限制有关股东的权利；（5）责令调整董事、高级管理人员或者限制其权利；（6）停止批准增设分支机构。故选 ABCD 项。

专项训练六

商业银行法

1. 经典示例

经典例题1（单选题）《商业银行法》规定设立全国性商业银行的注册资本最低限额为（　　）人民币。

A. 5 亿元　　　　B. 8 亿元　　　　C. 10 亿元　　　　D. 15 亿元

【答案】C

【解析】本题考查商业银行设立条件。《商业银行法》规定，设立全国性商业银行的注册资本最低限额为 10 亿元人民币。设立城市商业银行的注册资本最低限额为 1 亿元人民币，设立农村商业银行的注册资本最低限额为 5 000 万元人民币。注册资本应当是实缴资本。故选 C 项。

经典例题2（多选题）关于商业银行发放贷款所述内容正确的有（　　）。

A. 借款人必须提供担保

B. 必须订立书面借款合同

C. 必须在中国人民银行规定的利率幅度内确定贷款利率

D. 期限不能超过 10 年

【答案】BC

【解析】根据《商业银行法》规定，商业银行贷款，应当与借款人订立书面合同，合同应当约定贷款种类、借款用途、金额、利率、还款方式、违约责任和双方认为需要约定的其他事项。商业银行应当按照中国人民银行规定的贷款利率的上下限，确定贷款利率。故选 BC 项。

2. 同步训练

一、单项选择题

1. 对同一借款人的贷款余额与（　　）的比例不得超过 10%。

A. 商业银行存款余额　　　　　　　　B. 商业银行贷款余额

C. 商业银行利润余额　　　　　　　　D. 商业银行资本余额

2.《商业银行法》规定，商业银行不可经营的业务为（　　）。

A. 吸收公众存款　　　　　　　　　　B. 办理国内外结算

C. 办理票据承兑与贴现　　　　　　　D. 发行国债

3.《商业银行法》规定，商业银行在中华人民共和国境内设立分支机构，应当按照规定拨付与其经营规模相适应的营运资金额。拨付各分支机构营运资金额的总和，不得超过总行资本金总额的（　　）。

A. 70%　　　　　　B. 60%　　　　　　C. 50%　　　　　　D. 40%

4.《商业银行法》规定商业银行不得向关系人发放信用贷款，这里所说的"关系人"指的不是（　　）。

A. 商业银行董事　　　　　　　　　　B. 商业银行管理人员所投资的公司

C. 与该银行有结算业务的客户　　　　D. 商业银行信贷人员的近亲属

5. 根据《中华人民共和国商业银行法》的规定，商业银行破产清算时的财产分配适用下列哪一种顺序？（　　）

A. 清算费用，所欠职工工资和劳动保险费用，个人储蓄存款的本金和利息

B. 清算费用，个人储蓄存款的本金和利息，所欠职工工资和劳动保险费用

C. 个人储蓄存款的本金和利息，清算费用，所欠职工工资和劳动保险费用

D. 所欠职工工资和劳动保险费用，清算费用，个人储蓄存款的本金和利息

二、多项选择题

1. 商业银行可以将同业拆入资金用于（　　）。

A. 发放固定资产贷款或投资

B. 弥补票据结算不足

C. 解决临时性周转资金的需要

D. 弥补联行汇差头寸的不足

2. 下列关于商业银行业务的表述，不正确的有（　　）。

A. 商业银行可以投资于非自用不动产

B. 商业银行办理业务、提供服务不能收取手续费

C. 商业银行可以在没有客户办理业务的时候自行缩短营业时间

D. 不得将单位的资金以个人名义开立账户存储

3. 根据《商业银行法》，下列说法不正确的有（　　）。

A. 商业银行的工作人员不得在任何组织兼职

B. 个人所负数额较大债务到期未能清偿的人不能招聘为商业银行的高级管理人员

C. 商业银行的高级管理人员及信贷业务人员不能从本银行取得贷款

D. 商业银行分支机构不具有法人资格，其民事责任由总行承担

参考答案与解析

一、单项选择题

1. 【答案】D

【解析】根据《商业银行法》第39条规定，商业银行贷款，应当遵守下列资产负债比例管理的规定：资本充足率不得低于8%；流动性资产余额与流动性负债余额的比例不得低于25%；对同一借款人的贷款余额与商业银行资本余额的比例不得超过10%；国务院银行业监督管理机构对资产负债比例管理的其他规定。故选D项。

2. 【答案】D

【解析】根据《商业银行法》第3条规定，商业银行可以从事的业务：吸收公众存款；发放短期、中期和长期贷款；办理国内外结算；办理票据承兑与贴现；发行金融债券；代理发行、代理兑付、承销政府债券；买卖政府债券、金融债券；从事同业拆借；买卖、代理买卖外汇；从事银行卡业务；提供信用证服务及担保；代理收付款项及代理保险业务；提供保管箱服务；经国务院银行业监督管理机构批准的其他业务。故选D项。

3. 【答案】B

【解析】根据《商业银行法》第19条规定，在中华人民共和国境内的分支机构，不按行政区划设立。商业银行在中华人民共和国境内设立分支机构，应当按照规定拨付与其经营规模相适应的营运资金额。拨付各分支机构营运资金额的总和，不得超过总行资本金总额的60%。故选B项。

4. 【答案】C

【解析】根据《商业银行法》第40条规定，商业银行不得向关系人发放信用贷款；向关系人发放担保贷款的条件不得优于其他借款人同类贷款的条件。前款所称关系人是指：（一）商业银行的董事、监事、管理人员、信贷业务人员及其近亲属；（二）前项所列人员投资或者担任高级管理职务的公司、企业和其他经济组织。故选C项。

5. 【答案】A

【解析】《商业银行法》第71条规定，商业银行不能支付到期债务，经国务院银行业监督管理机构同意，由人民法院依法宣告其破产。商业银行被宣告破产的，由人民法院组织国务院银行业监督管理机构等有关部门和有关人员成立清算组，进行清算。商业银行破产清算时，在支付清算费用、所欠职工工资和劳动保险费用后，应当优先支付个人储蓄存款的本金和利息。故选A项。

二、多项选择题

1. 【答案】BCD

【解析】《商业银行法》第46条规定，拆出资金限于交足存款准备金、留足备付金和归还中国人民银行到期贷款之后的闲置资金。拆入资金用于弥补票据结算、联行汇差头寸的不足和解决临时性周转资金的需要。禁止利用拆入资金发放固定资产贷款或者用于投资。故选 BCD 项。

2. 【答案】ABC

【解析】《商业银行法》第 43 条规定，商业银行在中华人民共和国境内不得从事信托投资和证券经营业务，不得向非自用不动产投资或者向非银行金融机构和企业投资，但国家另有规定的除外。A 项错误。第 50 条规定，商业银行办理业务，提供服务，按照规定收取手续费。B 项错误。第 49 条规定，商业银行的营业时间应当方便客户，并予以公告。商业银行应当在公告的营业时间内营业，不得擅自停止营业或者缩短营业时间。C 项错误。第 48 条规定，企业事业单位可以自主选择一家商业银行的营业场所开立一个办理日常转账结算和现金收付的基本账户，不得开立两个以上基本账户。任何单位和个人不得将单位的资金以个人名义开立账户存储。D 项正确。故选 ABC 项。

3. 【答案】AC

【解析】根据《商业银行法》第 52 条规定，商业银行的工作人员应当遵守法律、行政法规和其他各项业务管理的规定，不得有下列行为：利用职务上的便利，索取、收受贿赂或者违反国家规定收受各种名义的回扣、手续费；利用职务上的便利，贪污、挪用、侵占本行或者客户的资金；违反规定徇私向亲属、朋友发放贷款或者提供担保；在其他经济组织兼职；违反法律、行政法规和业务管理规定的其他行为，A 项说法过于绝对，表述错误。第 27 条规定，有下列情形之一的，不得担任商业银行的董事、高级管理人员：因犯有贪污、贿赂、侵占财产、挪用财产罪或者破坏社会经济秩序罪，被判处刑罚，或者因犯罪被剥夺政治权利的；担任因经营不善破产清算的公司、企业的董事或者厂长、经理，并对该公司、企业的破产负有个人责任的；担任因违法被吊销营业执照的公司、企业的法定代表人，并负有个人责任的；个人所负数额较大的债务到期未清偿的，B 项正确。第 40 条规定，商业银行不得向关系人发放信用贷款；向关系人发放担保贷款的条件不得优于其他借款人同类贷款的条件，C 项错误。第 20 条规定，商业银行分支机构不具有法人资格，在总行授权范围内依法开展业务，其民事责任由总行承担，D 项正确。故选 AC 项。

专项训练七

公 司 法

1. 经典示例

经典例题 1（单选题） 股票是股份公司发给股东的入股凭证，购买股票后，股东成为（　　）。

A. 公司的债主　　B. 企业法人　　　C. 公司的所有者　　D. 企业的经营者

【答案】C

【解析】本题考查股份有限公司股东出资证明。股票是股份公司发给股东的入股凭证，是股东取得股息的一种有价证券。股东是指通过向公司出资或者其他合法途径出资并获得公司股权，并对公司享有权利和承担义务的人。故选 C 项。

经典例题 2（多选题） 下列各项中，属于有限责任公司董事会行使的职权有（　　）。

A. 股东之间互相转让出资

B. 聘任公司经理并决定其报酬事项

C. 聘任公司财务部经理并决定其报酬事项

D. 制定公司的具体规章

【答案】BC

【解析】本题考查董事会的职权。董事会对股东会负责，行使下列职权：召集股东会会议，并向股东会报告工作；执行股东会的决议；决定公司的经营计划和投资方案；制定公司的年度财务预算方案、决算方案；制定公司的利润分配方案和弥补亏损方案；制定公司增加或者减少注册资本以及发行公司债券的方案；制定公司合并、分立、解散或者变更公司形式的方案；决定公司内部管理机构的设置；决定聘任或者解聘公司经理及其报酬事项，并根据经理的提名决定聘任或者解聘公司副经理、财务负责人及其报酬事项；制定公司的基本管理制度；公司章程规定的其他职权。有限责任公司股东之间可以互相转让出资，不必经股东会或董事会决议；D 项为经理的职权。故选 BC 项。

2. 同步训练

一、单项选择题

1. 下列有关有限责任公司股东出资的表述中，正确的是（　　）。

A. 经全体股东同意，股东可以用劳务出资

B. 不按规定缴纳所认缴出资的股东，应对已足额出资的股东承担违约责任

C. 股东在认缴出资并经法定验资机构验资后，不得抽回出资

D. 股东向股东以外的人转让出资，须经全体股东 2/3 以上同意

2. 王某依公司法设立了以其一人为股东的有限责任公司。公司存续期间，王某实施的下列哪一行为违反公司法的规定？（　　）

A. 决定由其本人担任公司执行董事兼公司经理

B. 决定公司不设立监事会，仅由其亲戚张某担任公司监事

C. 决定用公司资本的一部分投资另一个新的一人有限公司

D. 未召开任何会议，自作主张制订公司经营计划

3. 根据《公司法》的规定，下列各项表述中，正确的是（　　）。

A. 分公司、子公司都具有法人资格

B. 分公司、子公司都不具有法人资格

C. 分公司不具有法人资格，其民事责任由总公司承担

D. 子公司具有法人资格，其民事责任由母公司承担

4. 某有限责任公司被吊销营业执照，说法不正确的是（　　）。

A. 清算组由董事会或股东大会确定的人员组成

B. 公司应当自吊销营业执照之日起 15 日内成立清算组

C. 清算组代表公司参与民事诉讼活动

D. 公司逾期并成立清算组，债权人可以申请人民法院指定人员组成清算组

5. 公司成立后，王某打算加入并拟投入资金 10 万元。下列符合《公司法》规定的方式是（　　）。

A. 王某想要成为新股东，必须经原股东一致同意

B. 王某想要成为新股东，必须经 2/3 以上的股东同意

C. 王某可以通过直接与甲协商受让甲的出资而成为股东

D. 王某想要成为新股东，必须经 2/3 以上拥有表决权的股东同意

二、多项选择题

1. 根据《公司法》的规定，下列有关有限责任公司董事会的说法中，正确的有（　　）。

A. 有限责任公司董事会成员由 3 ~ 13 人组成

B. 股东人数较少或者规模较小的有限责任公司，可以设 1 名执行董事，不设立董事会

C. 董事会中可有监事会成员

D. 董事会中必须设立董事长和副董事长

2. 甲公司为有限责任公司。根据公司法律制度的规定，下列各项中，属于甲公司解散事由的有（　）。

A. 公司章程规定的营业期限届满　　　　B. 股东会或股东大会决议解散

C. 因公司合并需要解散　　　　　　　　D. 因公司分立需要解散

3. 根据《中华人民共和国公司法》，公司可以收购本公司股份的情形包括（　　　）。

A. 减少公司注册资本　　　　　　　　　B. 增加公司注册资本

C. 将股份奖励给本公司职工　　　　　　D. 与持有本公司股份的其他公司合并

参考答案与解析

一、单项选择题

1.【答案】B

【解析】有限责任公司股东不能用劳务出资，A 项错误。股东不按照规定缴纳出资的，除应当向公司足额缴纳外，还应当向已按期足额缴纳出资的股东承担违约责任，B 项正确。公司成立后，股东不得抽逃出资，C 项错误。有限责任公司的股东之间可以相互转让其全部或者部分股权。股东向股东以外的人转让股权，应当经其他股东过半数同意，D 项错误。故选 B 项。

2.【答案】C

【解析】《公司法》第 58 条规定，一个自然人只能投资设立一个一人有限责任公司。该一人有限责任公司不能投资设立新的一人有限责任公司。故选 C 项。

3.【答案】C

【解析】《公司法》第 14 条规定，公司可以设立分公司。设立分公司，应当向公司登记机关申请登记，领取营业执照。分公司不具有法人资格，其民事责任由总公司承担。公司可以设立子公司，子公司具有法人资格，依法独立承担民事责任。故选 C 项。

4.【答案】A

【解析】根据《公司法》规定，公司依法被吊销营业执照、责令关闭或者被撤销而解散的应当在清算事宜出现之日起 15 日内成立清算组，A 项正确。有限责任公司的清算组由股东组成。股份有限公司的清算组由董事或者股东大会确定的人员组成，B 项错误。逾期不成立清算组进行清算的，债权人可以申请人民法院指定有关人员组成清算组进行清算，C 项正确。清算组的职权之一是代表公司参与民事诉讼活动，D 项正确。故选 A 项。

5.【答案】D

【解析】根据《公司法》第 104 条规定，股东大会作出修改公司章程、增加或者减

少注册资本的决议，以及公司合并、分立、解散或者变更公司形式的决议，必须经出席会议的股东所持表决权的 2/3 以上通过。故选 D 项。

二、多项选择题

1. 【答案】AB

【解析】根据《公司法》规定，有限责任公司董事会由 3～13 人组成。股东人数较少或者规模较小的有限责任公司，可以设 1 名执行董事，不设立董事会，执行董事可以兼任公司经理，AB 项正确。董事、高级管理人员不得兼任监事，C 项错误。董事会设董事长 1 人，"可以"设副董事长，D 项错误。故选 ΛB 项。

2. 【答案】ABCD

【解析】根据《公司法》的规定，公司解散的原因有以下情形：（1）公司章程规定的营业期限届满或者公司章程规定的其他解散事由出现；（2）股东会或者股东大会决议解散；（3）因公司合并或者分立需要解散；（4）依法被吊销营业执照、责令关闭或者被撤销；（5）人民法院依法予以解散。故选 ABCD 项。

3. 【答案】ACD

【解析】公司不得收购本公司股份。但是，有下列情形之一的除外：（1）减少公司注册资本；（2）与持有本公司股份的其他公司合并；（3）将股份奖励给本公司职工；（4）股东因对股东大会作出的公司合并，分立决议持异议，要求公司收购其股份。故选 ACD 项。

专项训练八

票 据 法

1. 经典示例

经典例题 1（单选题） 依据《票据法》，下列关于汇票背书的说法，不正确的是（　　）。

A. 以背书转让的汇票，后手应当对其所有前手背书的真实性负责

B. 以背书转让的汇票，其背书必须连续

C. 背书是背书人在票据背面或者粘单上记载有关事项并签章的票据行为

D. 对于记载"不得转让"字样的背书，如其后手再背书转让，票据无效背书人不承担保证付款义务

【答案】D

【解析】本题考查票据的背书。对于背书人在汇票上记载"不得转让"字样，其后手再背书转让的，原背书人对后手的被背书人不负担保责任。故选 D 项。

经典例题 2（多选题） 某日 20 时 30 分，持票人甲将付款提示期限为当日到期的支票背书转让给乙。次日，乙向付款银行提示付款，银行以超过付款提示期限为由拒绝付款。对此，下列哪些说法正确？（　　）

A. 不得将超过付款提示期限的支票背书转让

B. 甲可以将该支票背书转让，乙取得票据权利，但甲不承担票据责任

C. 乙超过付款提示期限提示付款，在作出说明后，付款银行仍应继续对乙承担付款责任

D. 甲应当向持票人乙承担票据责任

【答案】AD

【解析】根据《票据法》的相关规定，汇票的持票人超过付款提示期限提示付款的，在作出说明后，付款人仍应继续对持票人承担付款责任。但是，支票的持票人超过付款提示期限提示付款的，付款银行可以不予付款，出票人仍应当对持票人承担票据责任。另外，根据《票据法》第 36 条规定，汇票超过提示期限的，不得背书转让；背书

转让的，背书人应当承担汇票责任。故背书人甲应当向持票人乙承担票据责任。故选 AD 项。

2. 同步训练

一、单项选择题

1. 下列有关汇票出票人记载事项的表述中，可以导致票据无效的是（　　）。

A. 背书不得附条件　　　　　　B. 票据不得转让

C. 票据金额仅以数码记载　　　　D. 银行汇票上未记载实际结算金额

2. 下列有关票据权利的表述，哪一项是不正确的？（　　）

A. 持票人行使票据权利，应当按照法定程序在票据上签章并出示票据

B. 票据权利是指持票人向票据债务人请求支付票据金额的权利，包括付款请求权和追索权

C. 持票人丙对汇票承兑人乙的票据权利，自票据到期日起 2 年内不行使而消灭

D. 持票人丁对汇票出票人甲的票据权利，自出票日起 6 个月内不行使而消灭

3. 甲从乙处购置一批家具，给乙签发一张金额为 40 万元的汇票。乙将该汇票背书转让给丙。丙请丁在该汇票上为"保证"记载并签章，随后又将其背书转让给戊。戊请求银行承兑时，被银行拒绝。对此，下列哪一选项是正确的？（　　）

A. 丁可以采取附条件保证方式

B. 若丁在其保证中未记载保证日期，则以出票日期为保证日期

C. 戊只有在向丙行使追索权遭拒绝后，才能向丁请求付款

D. 在丁对戊付款后，丁只能向丙行使追索权

4. 下列关于票据行为的表述中，正确的是（　　）。

A. 承兑只适用于汇票和本票　　　B. 不是只有持票人才能进行票据的背书

C. 汇票的出票人可以为银行　　　D. 保证可以适用于支票

5. 下列票据中，不得转让的是（　　）。

A. 转账支票　　　　　　　　　　B. 银行承兑汇票

C. 划掉"现金"二字的银行本票　　D. 大写金额前填明"现金"的银行汇票

二、多项选择题

1. 票据持有人具有下列情形，不得享有票据权利的有（　　）。

A. 以欺诈、偷盗、胁迫手段取得票据的

B. 明知前手以违法手段取得的票据而出于恶意取得票据的

C. 因重大过失取得不符合《票据法》规定的票据的

D. 善意取得票据，但未给付对价

2. 下列关于票据挂失止付制度的表述中，正确的有（　　）。

A. 挂失止付是暂时保全失票人票据权利的补救措施

B. 挂失止付是公示催告的必经程序

C. 付款人在收到挂失止付通知之前已经依法向持票人付款的，不再承担付款责任

D. 失票人应在通知挂失止付后 3 日内向人民法院申请公示催告

3. 下列选项中，不构成票据质押的有（　　）。

A. 出质人未在粘单上记载"质押"字样，另行签订质押合同的

B. 出质人在汇票上只记载了"质押"字样而未在票据上签章的

C. 出质人在汇票上记载"质押"字样并另行签订质押条款的

D. 出质人在粘单上记载"质押"字样而未签订质押条款的

参考答案与解析

一、单项选择题

1. 【答案】C

【解析】《票据法》第 33 条第 1 款规定，背书不得附有条件。背书时附有条件的，所附条件不具有汇票上的效力。据此，背书附条件的，仅所附条件不产生票据上的效力，背书并不无效，A 项错误。出票人记载的"不得转让"属于任意记载事项，票据有效，B 项错误。票据金额以中文大写和数码同时记载，二者必须一致，否则票据无效，C 项正确。银行汇票记载了汇票金额而未记载实际结算金额的，并不影响该汇票的效力，以汇票金额为实际结算金额，D 项错误。故选 C 项。

2. 【答案】D

【解析】持票人对汇票出票人的票据权利，自出票日起 2 年内不行使而消灭。故选 D 项。

3. 【答案】B

【解析】《票据法》第 48 条规定：保证不得附有条件；附有条件的，不影响对汇票的保证责任，A 项错误。第 47 条规定：保证人在汇票或者粘单上未记载保证日期的，出票日期为保证日期，B 项正确。第 50 条规定：被保证的汇票，保证人应当与被保证人对持票人承担连带责任。汇票到期后得不到付款的，持票人有权向保证人请求付款，保证人应当足额付款。据此可知，丁与丙对持票人承担连带责任，戊可直接向丁请求付款，C 项错误。第 52 条规定：保证人清偿汇票债务后，可以行使持票人对被保证人及其前手的追索权。丁对戊付款后，可向甲、乙、丙行使追索权，D 项错误。故选 B 项。

4. 【答案】C

【解析】承兑为汇票所独有，A 项错误。只有持票人才能进行票据的背书，B 项错误。保证适用于汇票和本票，不适用于支票，D 项错误。故选 C 项。

5. 【答案】D

【解析】根据《票据法》规定，票据可以背书转让，但填明现金字样的银行汇票、银行本票、现金支票不得转让，ABC 项均可转让；D 项不得转让。故选 D 项。

二、多项选择题

1. 【答案】ABCD

【解析】根据《票据法》第12条规定，以欺诈、偷盗或者胁迫等手段取得票据的，或者明知有前列情形，出于恶意取得票据的，不得享有票据权利。持票人因重大过失取得不符合本法规定的票据的，也不得享有票据权利，ABC项正确。第10条规定，票据的取得，必须给付对价，即应当给付票据双方当事人认可的相对应的代价。第11条规定，因税收、继承、赠与可以依法无偿取得票据的，不受给付对价的限制。但是，所享有的票据权利不得优于其前手的权利。因此，善意取得票据的，应支付对价，D项正确。故选ABCD项。

2. 【答案】ACD

【解析】《票据法》第15条规定，票据丧失，失票人可以及时通知票据的付款人挂失止付，但是，未记载付款人或者无法确定付款人及其代理付款人的票据除外。收到挂失止付通知的付款人，应当暂停支付。失票人应当在通知挂失止付后3日内，也可以在票据丧失后，依法向人民法院申请公示催告，或者向人民法院提起诉讼。挂失止付并不是公示催告的必经程序。故选ACD项。

3. 【答案】AB

【解析】根据《票据法》及相关规定，以汇票设定质押时，出质人在汇票上只记载了"质押"字样而未在票据上签章的，或者出质人未在汇票、粘单上记载"质押"字样而另行签订质押合同、质押条款的，不构成票据质押。此外，贷款人恶意或者有重大过失从事票据质押贷款的，人民法院应当认定质押行为无效。故选AB项。

专项训练九

证 券 法

1. 经典示例

经典例题 1（单选题） 下列人员中，不属于《证券法》规定的证券交易内幕信息的知情人员的是（　　）。

A. 上市公司的总会计师　　　　　　B. 持有上市公司 3% 股份的股东

C. 上市公司控股的公司的董事　　　D. 上市公司的监事

【答案】B

【解析】本题考查内幕交易知情人。《证券法》第 74 条规定，证券交易内幕信息的知情人包括：发行人的董事、监事、高级管理人员；持有公司 5% 以上股份的股东及其董事、监事、高级管理人员，公司的实际控制人及其董事、监事、高级管理人员；发行人控股的公司及其董事、监事、高级管理人员；由于所任公司职务可以获取公司有关内幕信息的人员；证券监督管理机构工作人员以及由于法定职责对证券的发行、交易进行管理的其他人员；保荐人、承销的证券公司、证券交易所、证券登记结算机构、证券服务机构的有关人员；国务院证券监督管理机构规定的其他人。持有公司 5% 以上股份的股东及其董事、监事、高级管理人员，公司的实际控制人及其董事、监事、高级管理人员，B 项持股比例未达到 5%，不属于内幕信息的知情人。故选 B 项。

经典例题 2（多选题） 下列各项中，属于禁止的证券交易行为的有（　　）。

A. 甲证券公司在证券交易活动中编造并传播虚假信息，严重影响证券交易

B. 乙证券公司不在规定的时间内向客户提供交易的书面确认文件

C. 丙证券公司利用资金优势，连续买卖某上市公司股票，操纵该股票交易价格

D. 上市公司董事王某知悉该公司近期未能清偿到期重大债务，在该信息公开前将自己所持有的股份全部转让给他人

【答案】ABCD

【解析】本题考查证券交易禁止行为。《证券法》规定的禁止交易行为主要包括：虚假陈述、内幕交易、操纵市场和欺诈客户。本题中 A 项属于虚假陈述；B 项属于欺诈

客户；C 项属于操纵市场；D 项属于内幕交易。故选 ABCD 项。

2. 同步训练

一、单项选择题

1. 某证券公司利用资金优势，在 3 个交易日内连续对某一上市公司的股票进行买卖，使该股票从每股 10 元上升至 13 元，然后在此价位大量卖出获利。根据《证券法》的规定，下列关于该证券公司行为效力的表述中，正确的是（   ）。

A. 合法，因该行为不违反平等自愿、等价有偿的原则

B. 合法，因该行为不违反交易自由、风险自担的原则

C. 不合法，因该行为属于操纵市场的行为

D. 不合法，因该行为属于欺诈客户的行为

2. 某上市公司的下列事项中，不属于证券交易内幕信息的是（   ）。

A. 增加注册资本的计划　　　　　B. 股权结构的重大变化

C. 财务总监发生变动　　　　　　D. 监事会共 5 名监事，其中 2 名发生变动

3. 某证券公司的下列行为中，符合规定的是（   ）。

A. 接受客户全权委托，代为决定客户账户的证券买卖

B. 为吸引客户，承诺在新客户开户 6 个月内赔偿客户证券买卖的所有损失

C. 将自营业务账户借给客户使用

D. 要求客户将交易资金存入指定商业银行，并以每个客户的名义单独立户管理

4. 在证券业务中，证券经营机构欺诈客户的行为主要是（   ）。

A. 挪用公款买卖证券

B. 假借他人名义或以个人名义进行自营业务

C. 频繁并且大量地连续买卖某种证券并导致市场价格异常变动

D. 挪用客户所委托买卖的证券或者客户账户上的资金

5. 可能对上市公司股票交易价格产生较大影响的重大事件，不包括（   ）。

A. 公司发生重大亏损或者重大损失

B. 公司生产经营的外部条件发生重大变化

C. 公司的董事、1/3 以上监事或者经理发生变动

D. 持有公司 3% 以上股份的股东或者实际控制人，其持有股份或者控制公司的情况发生较大变化

二、多项选择题

1. 根据《证券法》的规定，某上市公司的下列人员中，不得将其持有的该公司的股票在买入后 6 个月内卖出，或者在卖出后 6 个月内又买入的有（   ）。

A. 董事会秘书　　B. 监事会主席　　C. 财务负责人　　D. 副总经理

2. 下列关于内幕信息和内幕交易的说法中，错误的有（　　）。

A. 对上市公司而言，所有未经披露的信息都属于内幕信息

B. 对上市公司而言，上市公司的所有员工都或多或少地知道公司的一些信息，因此，上市公司的员工买卖本公司的证券都属于内幕交易

C. 无论自己是否是内幕人员，只要利用内幕信息买卖证券或建议他人买卖证券的，都属于内幕交易

D. 内幕交易只可能发生在内幕人员身上

3. 发行人、上市公司在信息披露中有虚假记载、误导性陈述或者重大遗漏，致使投资者在证券交易中遭受损失的，（　　）应当与发行人、上市公司承担连带赔偿责任。

A. 董事、监事、高级管理人员　　　　B. 股东

C. 保荐人　　　　　　　　　　　　　D. 承销的证券公司

参考答案与解析

一、单项选择题

1. 【答案】C

【解析】根据《证券法》第 74 条规定，禁止任何人以下列手段操纵证券市场：单独或者通过合谋，集中资金优势、持股优势或者利用信息优势联合或者连续买卖，操纵证券交易价格或者证券交易量；与他人串通，以事先约定的时间、价格和方式相互进行证券交易，影响证券交易价格或者证券交易量；在自己实际控制的账户之间进行证券交易，影响证券交易价格或者证券交易量；以其他手段操纵证券市场。故选 C 项。

2. 【答案】C

【解析】公司的董事、1/3 以上监事或经理发生变动，是内幕信息。财务总监发生变动，不是内幕信息。故选 C 项。

3. 【答案】D

【解析】A 项、B 项，证券公司办理经纪业务，不得接受客户的全权委托而决定证券买卖、选择证券种类、决定买卖数量或者买卖价格，不得以任何方式对客户证券买卖的收益或者赔偿证券买卖的损失作出承诺；C 项，证券公司不得将其自营账户借给他人使用。故选 D 项。

4. 【答案】D

【解析】根据《证券法》第 77 条规定，禁止证券公司及其从业人员从事下列损害客户利益的欺诈行为：违背客户的委托为其买卖证券；不在规定时间内向客户提供交易的书面确认文件；挪用客户所委托买卖的证券或者客户账户上的资金；未经客户的委托，擅自为客户买卖证券，或者假借客户的名义买卖证券；为牟取佣金收入，诱使客户进行不必要的证券买卖；利用传播媒介或者通过其他方式提供、传播虚假或者误导投资者的信息；其他违背客户真实意思表示、损害客户利益的行为。故选 D 项。

5. 【答案】D

【解析】D 项应为持有公司 5% 以上股份的股东或者实际控制人，其持有股份或者控制公司的情况发生较大变化。故选 D 项。

二、多项选择题

1. 【答案】ABCD

【解析】根据规定，上市公司董事、监事、高级管理人员，持有上市公司股份 5% 以上的股东，不得将其持有的该公司的股票买入后 6 个月内卖出，或者在卖出后 6 个月内买入，否则由此所得收益归该公司所有。其中，高级管理人员包括公司的经理、副经理、财务负责人、上市公司的董事会秘书以及公司章程规定的其他人员。故选 ABCD 项。

2. 【答案】ABD

【解析】A 项，内幕信息是指在证券交易活动中，涉及公司的经营、财务或者对该公司证券的市场价格有重大影响的尚未公开的信息；B 项，只有所任公司职务可以获取公司有关内幕信息的人员购买本公司的证券才属于内幕交易；D 项，内幕交易发生在内幕知情人身上，而不仅发生在内幕人员身上。故选 ABD 项。

3. 【答案】ACD

【解析】发行人、上市公司在信息披露中有虚假记载、误导性陈述或者重大遗漏，致使投资者在证券交易中遭受损失的，发行人、上市公司的董事、监事、高级管理人员和其他直接责任人员以及保荐人、承销的证券公司，应当与发行人、上市公司承担连带赔偿责任，但是能够证明自己没有过错的除外。故选 ACD 项。

第五篇 管 理 学

5

　　管理专项以考生在银行招聘考试中快、准、狠的表现为目标，严选高频核心考点 5 个供考生在模拟练习阶段巩固复习。每一个核心考点分为两个部分：第一部分为经典例题展示，考生通过经典例题熟悉、回顾本考点的核心内容、常见考法和出题形式；第二部分为核心知识精练，考生通过精练我们专门具有针对性研发出的考题，来巩固该考点的知识，真正做到对于该考点的各种出题形式都能快速准确地找到解题思路和答案。此外，本专项所涉及考点在考试中均有大量真题出现，考生可以配合历年真题解析部分同步学习，以达到更好的效果。

专项训练一

管 理 概 述

1. 经典示例

经典例题1（单选题） 管理学形成的标志是（   ）。

A. 韦伯的理想行政组织理论　　　　B. 泰勒的科学管理理论

C. 梅奥的人际关系学说　　　　　　D. 法约尔的管理过程理论

【答案】B

【解析】在20世纪初，由泰勒发起的科学管理革命导致了古典管理理论的产生。一般认为管理学形成的标志是泰勒的科学管理理论。故选B项。

经典例题2（多选题） 管理活动是由以下哪些职能构成的过程？（   ）

A. 计划　　　　　B. 组织　　　　　C. 领导　　　　　D. 调动

E. 控制

【答案】ABCE

【解析】管理的四大职能包括计划、组织、领导和控制。故选ABCE项。

经典例题3（判断题） 管理的二重性是指科学性和艺术性。（   ）

【答案】错误

【解析】管理的二重性是指自然属性和社会属性。故本题错误。

2. 同步训练

一、单项选择题

1. 20世纪30年代前的管理学理论被称为（   ）。

A. 古典管理理论　　B. 行为科学理论　　C. 管理理论丛林　　D. 科学决策理论

2. 梅奥领导的霍桑试验得出了生产效率的高低主要取决于工人的态度等一系列结论，并在此基础上创立了（   ）。

A. 古典管理理论　　B. 人际关系学说　　C. 决策理论　　　　D. 权变管理理论

3. 科学管理的中心问题是（　　）。

A. 制定工作标准　　B. 提高工人收入　　C. 科学培训工人　　D. 提高效率

4. "管理过程理论之父"是（　　）。

A. 泰勒　　　　　　B. 法约尔　　　　　C. 韦伯　　　　　　D. 西蒙

5. 下列几项职责中，哪项通常不属于中层管理者的工作范围？（　　）

A. 与下级谈心，了解下级的工作感受

B. 经常与上级部门沟通，掌握上级部门对自己的要求

C. 亲自制定有关考勤方面的规章制度

D. 对下级的工作表现给予评价并及时反馈给本人

6. 为了确保旅客和货物列车顺利地到达目的地，铁路调度指挥人员发挥着重要作用，他们每天要对自己所管辖范围内客货运输业务作出全面的规划与安排；对各次列车运行和停站时间作出适时调整，以确保列车正点到达目的地；向车站值班人员传达日班计划，并听取他们的意见；对下属人员进行绩效的考评等，这些工作所反映的组织职能分别是（　　）。

A. 计划职能、组织职能、领导职能、控制职能

B. 计划职能、控制职能、领导职能、组织职能

C. 全部都是领导职能

D. 全部都是组织职能

7. 梅奥霍桑实验的结论中对职工的定性是（　　）。

A. 经济人　　　　　B. 社会人　　　　　C. 自我实现人　　　D. 复杂人

二、多项选择题

1. 梅奥通过霍桑实验得出以下（　　）主要结论。

A. 工人是"社会人"而不是"经济人"

B. 在组织中存在大量的非正式组织

C. 工人的积极性仅受报酬的驱动

D. 新型的领导在于提高工人的满意度，从而激发工人的劳动积极性

2. 孔茨认为，管理者在行使各种管理职能、扮演三类管理角色时，必须具备（　　）。

A. 观察技能　　　　B. 技术技能　　　　C. 人际技能　　　　D. 概念技能

参考答案与解析

一、单项选择题

1. 【答案】A

【解析】在 20 世纪初，由泰勒发起的科学管理革命导致了古典管理理论的产生。

BCD 属于现代管理理论及新发展。故选 A 项。

2. 【答案】B

【解析】人际关系理论的诞生，是从梅奥著名的霍桑试验开始的，其研究表明：影响生产力最重要的因素是工作中发展起来的人际关系，而不是待遇和工作环境。故选 B 项。

3. 【答案】D

【解析】"科学管理之父"泰勒的科学管理理论的主要内容所强调的是：科学管理的中心问题是提高效率。故选 D 项。

4. 【答案】B

【解析】法约尔认为，管理活动分为计划、组织、指挥、协调和控制五项职能活动，其中管理活动处于核心地位，被后人尊称为"管理过程理论之父"。故选 B 项。

5. 【答案】C

【解析】本题实际上是通过中层管理者这个角色考查管理者与非管理者本质的区别。管理者是通过他人并和他人一起完成组织目标。中层管理者也是管理者，更多的是要通过他人做事，而不是自己做事。A 项、B 项属于管理沟通，C 项属于绩效管理，结合题干"不属于"，故选 C 项。

6. 【答案】B

【解析】这是一个情景题，考查对管理四大职能概念的理解情况。结合题干中的关键词"规划安排；调整、确保；传达计划、听取意见；绩效考评"，分别对应计划、控制、领导和组织职能。故选 B 项。

7. 【答案】B

【解析】梅奥通过霍桑实验得出的一个主要结论是工人是"社会人"而不是"经济人"。故选 B 项。

二、多项选择题

1. 【答案】ABD

【解析】本题考查梅奥的霍桑试验所得出的重要发现的结论性内容，C 项是经济人假设，属于古典管理理论的观点，与霍桑试验的结论相悖，故排除。故选 ABD 项。

2. 【答案】BCD

【解析】孔茨认为，管理者不管出于哪个层级，尽管不同层级的管理者对不同具体技能的侧重有所不同，但都要具备三大管理技能：概念技能、人际技能和技术技能。故选 BCD 项。

专项训练二

决策与计划

1. 经典示例

经典例题 1（单选题） 相对于个人决策而言，群体决策既有其优点，也存在着比较明显的缺点。因此，必须根据所作决策的具体情况，决定采用相应的决策方式。以下几种情况中，哪一种通常不采取群体决策方式？（　　）

A. 确定长期投资于一种股票　　　　B. 签署一项产品销售合同

C. 选择某种新产品的上市时机　　　D. 决定一个重要副手的工作安排

【答案】B

【解析】个人决策是指决策机构的主要领导成员通过个人决定的方式，按照个人的判断力、知识、经验和意志所作出的决策。一般多用于日常工作中程序化的决策和管理者的事情的决策，它具有合理性和局限性。签署产品销售合同强调了签署者的责任，更多属于销售部门的事，需要管理者在职责范围内作出决定，若采用群体决策会产生责任不清的效果。故选 B 项。

经典例题 2（单选题） 使计划数字化的工作被称为（　　）。

A. 规划　　　　　B. 决策　　　　　C. 预测　　　　　D. 预算

【答案】D

【解析】预算：用数字表示预期结果的报表，是数字化的计划。故选 D 项。

经典例题 3（判断题） 头脑风暴法，又称脑力激荡法，采用匿名发表意见的方式，通过多轮次调查专家对所提问题的看法，最后收敛形成代表专家组意见的方案，作为预测的结果。（　　）

【答案】错误

【解析】德尔菲法，又称专家意见法，采用匿名发表意见的方式，通过多轮次调查专家对所提问题的看法，最后收敛形成代表专家组意见的方案，作为预测的结果，专家人数一般不超过 20 人。一般主要用于重大问题决策。故本题错误。

2. 同步训练

一、单项选择题

1. 有能力的管理者往往不去追求"完美"的解决问题的方法，而是发现满意的答案即可，那他们就能节省大量的精力。这段话表达了这样的一种观点（　　）。

A. 有能力的人不应该追求完美

B. 人们应当限制自己的探索

C. 有时候，完美的方法并不一定是最经济的

D. 人们不一定总要找到尽善尽美的解决问题的方法

2. 计划是关于组织未来的蓝图，是对组织在未来一段时间内的目标和现实目标途径的策划和安排，计划是管理的重要职能，因此计划（　　）。

A. 它能够准确地预测将来情况的变化和发展的趋势

B. 使组织活动不受外部环境和内部条件的干扰

C. 行动方案确定之后就不能随意变更

D. 为组织稳定发展提供切实的保证和基础，有助于将预期目标变为现实

3. 决策是工作和日常生活中经常要进行的活动，但人们对其含义的理解不尽相同，你认为以下哪种理解较完整？（　　）

A. 出主意　　　　B. 拿主意　　　　C. 评价各种主意　　D. 既出主意又拿主意

4. "根据实际情况，通过科学的预测，权衡客观的需要和主观的可能，提出未来一定时期内所达到的目标以及实现目标的途径"这句话描述的管理职能是（　　）。

A. 预测　　　　　B. 计划　　　　　C. 决策　　　　　D. 目标管理

5. 采用 SWOT 分析法进行战略选择，SO 战略是指（　　）。

A. 利用组织优势、避免环境威胁

B. 利用组织优势、利用环境机会

C. 利用环境机会、克服组织劣势

D. 使组织威胁最小化、避免环境威胁

6. 在行业中普遍存在的五种竞争力量，分别是行业内现有企业间的竞争、新进入者的威胁、替代品的威胁、供应者的谈判能力和（　　）。

A. 购买者的谈判能力　　　　　　　B. 销售者的谈判能力

C. 生产者的谈判能力　　　　　　　D. 服务商的谈判能力

二、多项选择题

1. 头脑风暴法应遵循的基本原则有（　　）。

A. 畅所欲言　　　　　　　　　　　B. 鼓励标新立异

C. 鼓励尽可能多而广地提出想法　　D. 鼓励提出改进意见

E. 对所提出的方案暂不作评价或判断

2. 下列有关企业经营决策的方法中，属于定量决策方法的有（　　）。

A. 德尔菲法　　　　B. 决策树法　　　　C. 期望损益法　　　　D. 盈亏平衡法

E. 头脑风暴法

3. SWOT 分析法主要评估组织的（　　）。

A. 价值链　　　　B. 外部环境　　　　C. 内部环境　　　　D. 战略业务单元

E. 核心竞争力

参考答案与解析

一、单项选择题

1.【答案】C

【解析】题干通过"不是……而是……"引出结论：不刻意地追求"完美"可能就会节省大量的精力，论述的是"追求完美"与"精力"的关系，即，刻意追求完美也许不是最经济的。决策要考虑成本，经济性是决策的一个原则。西蒙认为决策追求满意原则。故选 C 项。

2.【答案】D

【解析】计划是关于未来的蓝图，是在预测基础上，所以未来具有一定的不确定性，故排除 A 项和 B 项；计划是在对未来内外部环境预测的基础上，组织既要适应环境还要受环境制约，故排除 C 项。计划是面对未来，根据组织目标预设相应的路径行动。故选 D 项。

3.【答案】D

【解析】本题考查决策的主要特点，其中主要一个是决策的过程性，指制定、选择和实施的决策过程，故选 D 项。

4.【答案】B

【解析】本题考查计划含义。计划是对未来行动的事先安排，是未来行动的具体化。它是在决策目标的指导下，以预测工作为基础，对实现目标的途径作出具体安排的一项活动。制定目标和设定路径是计划的两大任务，故选 B 项。

5.【答案】B

【解析】SWOT 战略分析法中的优势劣势与机会、威胁相组合，形成 SO、ST、WO、WT 四种战略。其中 SO（优势—机会），ST（优势—威胁），WO（弱势—机会），WT（弱势—威胁），故选 B 项。

6.【答案】A

【解析】根据波特五力模型，行业内现有企业间的竞争、新进入者的威胁、替代品的威胁、供应者的谈判能力和购买者的谈判能力，故选 A 项。

二、多项选择题

1. 【答案】ABCDE

【解析】头脑风暴法应遵循四条基本原则：（1）让参与者畅所欲言，对所提出的方案暂不作评价或判断；（2）鼓励标新立异、与众不同的观点；（3）以获得方案的数量而非质量为目的，即鼓励多种想法，多多益善；（4）鼓励提出改进意见或补充意见。故选 ABCDE 项。

2. 【答案】BCD

【解析】定量决策方法：（1）确定型决策方法，常用的有单纯择优法和盈亏平衡分析法；（2）风险型决策方法，也称期望损益法，最常用的是决策树法；（3）不确定型决策方法。德尔菲法和头脑风暴法属于定性决策法。故选 BCD 项。

3. 【答案】BC

【解析】SWOT 分析法是用来确定企业自身的竞争优势、竞争劣势、机会和威胁，从而将公司的战略与公司内部资源环境、外部环境有机地结合起来的一种科学的分析方法。故选 BC 项。

专项训练三

组　　织

1. 经典示例

经典例题 1（单选题） 某咖啡店采用直线职能制的组织结构，设有店长一名，以及财务、出品、外场和采购四个部门。其中，店长是新招募的小李，由他全权负责咖啡店的经营管理工作。财务部有部长 1 名，收银员 3 名；出品部有部长 1 名，正副吧台领班 2 名，吧员 6 名；外场部有主管 1 名，正副外场领班 2 名，外场服务员 7 名；采购部有采购部长 1 名和助理 1 名。在这样的结构中，小李的管理幅度是多少呢？（　　）

A. 5　　　　　　　B. 8　　　　　　　C. 25　　　　　　　D. 4

【答案】D

【解析】管理幅度，又称为管理跨度或管理宽度，是指一位管理者直接领导的下属的数量。注意管理幅度强调的是直接领导的下属数量。结合题干信息，小李作为店长，直接领导的下属为 4 个部长，故其管理幅度为 4。故选 D 项。

经典例题 2（单选题） 某汽车企业是一家拥有 500 多亿元人民币资产的巨型企业，在目前汽车企业多样化和汽车高科技化、智能化的市场需求面前，你认为它最适宜的组织结构形式是（　　）。

A. 直线制组织结构　　　　　　　　B. 职能制组织结构

C. 矩阵制结构　　　　　　　　　　D. 事业部制组织结构

【答案】D

【解析】事业部制也称分权制结构，作为利润中心，遵循"集中决策、分散经营"的总原则。主要适用于经营规模较大、生产经营业务多样化、市场环境差异大、要求适应性强的企业。结合题干情景。故选 D 项。

经典例题 3（判断题） 在组织文化的结构层次中，制度行为层文化最终决定着精神层和物质层文化。（　　）

【答案】错误

【解析】本题考查组织文化三层次之间的关系。应该是精神文化为核心。故本题错误。

2. 同步训练

一、单项选择题

1. 下列关于管理幅度及其影响因素的描述，不正确的是（　　）。

A. 同一名管理者所辖人员职能相似性越高，管理幅度应适当增加

B. 同一名管理者所辖人员地理位置越靠近，管理幅度应适当加大

C. 同一名管理者所辖人员职能复杂性越高，管理幅度应适当增大

D. 同一名管理者所辖人员素质越低，管理幅度应适当减小

2. 所谓授权，是指（　　）。

A. 在组织设计时，规定下属管理岗位必要的职责与权限

B. 在组织调整时，规定下属管理岗位必要的职责与权限

C. 领导者将部分处理问题的权力委派给某些下属

D. 委托代理关系

3. 俗话说"一山难容二虎"，从管理角度看，对这句话的解释你认为哪种最适当？（　　）。

A. 在领导班子中如果有多个固执己见的人物最终会降低管理效率

B. 对于需要高度集权管理的组织不能允许有多个直线领导核心

C. 一个组织中的能人太多必然会造成内耗增加，从而导致效率下降

D. 组织中不能允许存在两种以上的观点，否则容易造成管理混乱

4. 某大型证券公司将其所有活动组成了银行部、一级市场部、二级市场部、行政业务部等部门。其中，行政业务部下设有国内业务部和海外业务部。按公司高层管理部门的计划，公司将在今后 5 年内，在全国各大城市和亚洲、欧洲、北美设立证券业务分公司。由此可见（　　）。

A. 该公司采取的是职能型组织结构，5 年后仍将维持这一结构

B. 该公司按地区原则组织活动，5 年后将改为按业务性质组织活动

C. 该公司采取的是职能型及地区型组织结构，5 年后将改为按国家安排业务活动

D. 该公司采取的是按业务性质组织活动，5 年后将改为地区型组织结构

5. 麦当劳醒目的黄色大"M"是企业形象的重要标志，应属于企业文化结构的（　　）。

A. 企业精神 　　　　　　　　B. 深层的企业文化

C. 中层的企业文化 　　　　　D. 表层的企业文化

6. 物质文化属于企业文化中的（　　）。

A. 上层文化 　　B. 中层文化 　　C. 表层文化 　　D. 深层文化

二、多项选择题

1. 企业要避免多头领导、乱发号令，杜绝越权指挥或请示，坚持统一指挥的原则。为了贯彻这一原则，企业应坚持做到（　　）。

A. 实行首长负责制

B. 正确处理直线经理与职能经理的关系，实行直线参谋制

C. 在同一层次领导班子中，必须明确主辅关系

D. 一级管一级，防止越级指挥

E. 缩小管理幅度

2. 下列属于事业部制组织结构的优点的有（　　）。

A. 结构简单，责任分明

B. 在企业与其客户的联系上，区域事业部制能实现更好更快的地区决策

C. 有利于海外经营企业应对各种环境变化

D. 能够通过集中单一部门内所有某一类型的活动来实现规模经济

3. 扁平结构下，管理幅度大，管理层次少，因此，它具有以下哪些优点？（　　）

A. 信息传递慢

B. 上级管理者可能很难真正地发现下级的问题，并采取纠偏措施

C. 信息传递过程中失真的可能性小

D. 上级管理者可以有效地对员工进行指导

E. 仔细研究每个下属的有限信息并详细指导

参考答案与解析

一、单项选择题

1.【答案】C

【解析】管理幅度是指直接领导或控制的下属的数量，下属素质、工作相似度、工作复杂程度、地理接近度等都会产生影响。下属工作复杂性越高，管理幅度要适当减少，便于领导管理。结合题干要求"不正确的"，故选 C 项。

2.【答案】C

【解析】本题考查授权的含义。授权，指主管将职权或职责授给某位部属负担，并责令其负责管理性或事务性工作。它是以人为对象，将完成某项工作所必需的权力授给部属人员，授予的职权是上级职权的一部分。不只授予权力，且还托付完成该项工作的必要责任。尽管授权和分权，作为分权的两条途径，都是使较低层次的管理人员行使较多的决策权，即权力的分散化，二者相互补充，但授权来自主管的个人授权，从权力来源和性质角度看，这又与制度分权有所不同。故选 C 项。

3.【答案】B

【解析】本题主要考查对集权和直线制的综合理解。集权，指职权在组织层级系统中较高层次上的一定程度的集中。高度集权就是职权更多集中在少数高层，直线制则不允许多头领导。ACD 选项没有很好切合题意。结合题干，就是权力要集中在高层，又不能多头领导，故选 B 项。

4.【答案】D

【解析】部门划分的标准主要有：职能、产品、顾客、地区、人数、时间、过程、设备以及销售渠道、工艺字母或数字等。其中，地区部门化是按地理位置来划分部门。如跨国公司依照其经地区划分的各个分公司。结合题干情景和选项描述，ABC 项不正确，故选 D 项。

5.【答案】D

【解析】组织文化的结构：企业文化包括物质层、制度行为层和精神层。其中，表层物质层，指的是那些可以通过感觉器官就能直接体察到的视之有形、闻知有声、触之有觉的文化形象，是文化的外显部分，主要包括：企业生产的产品、企业创造的生产环境，企业建筑，企业广告，产品包装与设计等。故选 D 项。

6.【答案】C

【解析】企业文化从外到内包括表层文化——物质层、中层文化——制度行为层和深层文化——精神层。故选 C 项。

二、多项选择题

1.【答案】ABCD

【解析】统一指挥原则也称统一与垂直性原则，该原则源于军事组织，它是最经典的，也是最基本的原则，是指组织的各级机构及个人必须服从一个上级的命令和指挥，只有这样才能保证政令统一，行动一致。如果两个领导人同时对同一个人或同一件事行使他们的权力，就会出现混乱。在任何情况下，都不会有适应双重指挥的社会组织。统一指挥原则是建立在明确的权力系统上的，权力系统则要依靠上下级之间严明的指挥链而形成。统一指挥原则强调当组织机构建立起来以后，在运转的过程中，一个下级不能同时接受两个上级的指令。结合题意和选项，统一指挥与所直接控制的下属数量并无直接关系。排除无关选项 E，故选 ABCD 项。

2.【答案】BC

【解析】事业部制组织结构，又称 M 型结构，也叫斯隆模型，是指在公司总部领导下，按产品、地域、顾客等分别设立产品型、地域型事业部和顾客型事业部，实行独立核算，独立经营，属于利润中心，是一种分权式的组织形式。优点：（1）有利于高层管理者摆脱日常事务，集中精力搞好全局及战略决策；（2）事业部单独核算，自成体系，有较大自主权，有利于发挥事业部管理的主动权，提高了管理的灵活性和适应性。结合选项排除 AD。故选 BC 项。

3. 【答案】CD

【解析】按照管理层次和管理幅度的关系，可以将组织结构简单地划分为两种基本的管理组织结构形态，即高耸型（锥形）组织结构和扁平型（横式）组织结构。其中，扁平结构：又叫横式结构，管理幅度较大，管理层次较少。优点：信息传递快，失真少，高层可尽快发现问题纠偏，有利于下属主动性和首创性发挥。锥形结构，又叫高耸结构或直式结构。管理幅度较小，控制严密、管理层次较多的金字塔形。优点：仔细研究每个下属的有限信息并详细指导。故选 CD 项。

专项训练四

领导与激励

1. 经典示例

经典例题1（单选题） 根据管理方格理论，领导者对人的关系和对工作的关心保持中间状态，只求维持一般的工作效率与士气，不积极促使下属发扬创造革新的精神，是（   ）。

A. 1.1 型   B. 9.9 型   C. 1.9 型   D. 5.5 型

【答案】D

【解析】管理方格理论中五种典型的领导方式分别是：（1）1.1 贫乏型；（2）9.1 任务型；（3）1.9 乡村俱乐部型；（4）5.5 中庸型；（5）9.9 团队型。其中，5.5 中庸型领导者，既不过于关心人，也不过于重视任务，程度适中，强调适可而止。这种领导者往往缺乏进取心，乐于维持现状，因此被称为"中庸之道型的管理"。结合题干情景"中间状态"等描述，属于 5.5 中庸型领导者特征，故选 D 项。

经典例题2（单选题） 目前，小许最需要一份稳定的职业收入，使其能够在社会上立足并得到发展，根据马斯洛的需要理论，这种需要属于（   ）。

A. 尊重的需要   B. 社交的需要   C. 安全的需要   D. 自我实现的需要

【答案】C

【解析】马斯洛在《人的动机理论》提出了需要层次理论，他认为：人的基本需要可以归纳为由低到高的五个层次：生理需要、安全需要、社交需要、自我实现需要。其中，第二层安全需要，指免受身体和感情伤害的需要，包括对当前和未来安全的需要两个方面。也就是要求当前和未来生活都要有安全保障。结合题干情景，故选 C 项。

经典例题3（判断题） 支持和关怀下属的领导肯定是个好领导。（   ）

【答案】错误

【解析】本题考查领导风格和领导有效性的综合理解。领导是在一定环境下，通过职务权力和个人权力去影响下属，有效完成组织目标。领导风格、有效性和好坏判断不是一个标准，应区别开来。故本题错误。

2. 同步训练

一、单项选择题

1. 中国古代政治家管仲有一句名言，即"仓廪实知礼仪，衣食足知荣辱"，他的这一论述，在某种程度上与（ ）理论，在观念上有明显的相似之处。

A. 法约尔的管理过程理论　　　　B. 麦格雷戈的 X、Y 理论

C. 菲德勒的权变理论　　　　　　D. 马斯洛的需要层次理论

2. 刘强是某大型商场的总经理，今日通过调查发现：商场基层员工近期工作效率下滑、缺勤率上升、工作积极性下降，基层员工与客户的不和谐事件也呈上升趋势。员工普遍反映：工作枯燥乏味，没有挑战性与职业生涯规划，无法有效施展自己的才能；沟通机会少，没有有效的沟通平台；大龄未婚员工人数日渐上升。员工的这些情况反映出在高层次需要没有得到满足时，对低层次的需要就会显得更加渴望，这符合（ ）的观点。

A. 奥尔德佛 ERG 理论　　　　　B. 麦克里兰三重需要理论

C. 赫茨伯格双因素理论　　　　　D. 马斯洛需要层次理论

3. 菲德勒模式中的三个权变因素是（ ）。

A. 职位权力、任务结构、上下级关系

B. 职位权力、任务结构、领导者素质

C. 职位权力、下属素质、领导者素质

D. 职位权力、下属素质、任务结构

4. 根据领导生命周期理论，领导者的风格应该适应其下级的成熟度而逐渐调整。因此，对于建立多年且员工队伍基本稳定的高科技企业的领导来说，其领导风格逐渐调整的方向是（ ）。

A. 从参与型向指令型转变　　　　B. 从参与型向推销型转变

C. 从授权型向推销型转变　　　　D. 从命令型向说服型转变

5. 在管理方格图中，那种对生产和人的关心度都很小，仅仅扮演一个"信使"的角色，即把上级的信息传达给下属的领导，被称之为（ ）。

A. 贫乏式领导　　 B. 任务式领导　　 C. 逍遥式领导　　 D. 关系式领导

6. 在《杰克·韦尔奇自传》中有这样一段记述："1961 年，我已经以工程师的身份在 GE 工作了一年，年薪是 10 500 美元。这时，我的第一个老板给我涨了 1 000 美元。我觉得这还不错——直到我后来发现我们一个办公室中的 4 个人薪水居然完全一样。我认为我应该得到比'标准'加薪更多的东西。我去和老板谈了谈，但是讨论没有任何结果。沮丧之际，我萌生了换工作的想法。"这反映了以下哪种理论的存在？（ ）

A. 期望理论　　　 B. 公平理论　　　 C. 强化理论　　　 D. 成就需要激励理论

7. A 公司为了鼓励员工参加体育锻炼，并取得良好成绩，老总向员工宣布，若能够在 A 公司参加的行业运动会上取得单项冠军将获得 5 000 元奖金，这种做法从期望理论分析，是由于（   ）。

A. 提高了员工夺取冠军的效价　　　　B. 提高了员工夺取冠军的期望值

C. 提高了员工夺取冠军的满足感　　　　D. 提高了员工夺取冠军的公平感

8. 下面关于领导特质的说法正确的是（   ）。

A. 领导特质是天生的，领导者也是天生的

B. 我们现在仍然要进行领导特质理论的研究，以便于区分领导者和被领导者

C. 没有所谓的领导者特质，特质理论没有什么意义

D. 没有一个一般的、普遍适用和有效的领导者特质清单

二、多项选择题

基于公平理论，当员工感到不公平时，有可能采取的行为有（   ）。

A. 改变自己的投入　　　　B. 改变自己的产出

C. 改变对其他人的看法　　　　D. 选择另一个不同的参照对象

E. 改变对自己生活消费的支出

参考答案与解析

一、单项选择题

1. 【答案】D

【解析】一般来说，马斯洛五种需要像阶梯一样，从低到高。低一层次的需要获得满足后，就会向高一层次的需要发展。结合题干，（百姓的）粮仓充足，丰衣足食，才能顾及礼仪，重视荣誉和耻辱。故选 D 项。

2. 【答案】A

【解析】"在高层次需要没有得到满足时，对低层次的需要就会显得更加渴望"符合奥尔德佛 ERG 理论中的"受挫—回归"思想。故选 A 项。

3. 【答案】A

【解析】费德勒将影响领导者领导方式的环境因素归纳为三类：领导者的职务权力、任务结构和领导者—被领导者的关系。这三个因素中，领导者与成员的关系是最重要的因素。故选 A 项。

4. 【答案】D

【解析】根据领导周期理论，随着员工从不成熟到成熟，领导者也从指令性、推销型、参与型到授权型。根据题干情景，建立多年队伍基本稳定属于稍成熟阶段，可采取说服型。ABC 三选项中的领导方式转变与题干情景中员工成熟度不匹配，题干情景是员工成熟度发展慢慢变高的趋势，ABC 项领导方式恰恰与员工成熟方向相反，排除。故选 D 项。

5. 【答案】A

【解析】管理方格理论中五种典型的领导方式：（1）1.1 贫乏型：既不关心人，也不关心任务；（2）9.1 任务型：只注重任务，不关心人的专权式领导；（3）1.9 乡村俱乐部型：特别关心人，但不关心任务，人际和谐但管理效果脆弱；（4）5.5 中庸型：既不过于关心人，也不过于重视任务，得过且过，息事宁人；（5）9.9 团队型：关心任务和关心人都达到最高点，人际和谐，任务完成出色。故选 A 项。

6. 【答案】B

【解析】本题考查公平理论。自己的付出所得与别人的付出和所得进行比较。人们的工作动机不仅取决于绝对报酬的影响，而且还受相对报酬的影响。所得相对值和绝对值一样都关心，公平理论因此又叫社会比较理论。故选 B 项。

7. 【答案】A

【解析】本题考查对弗洛姆期望理论公式：激励力（M）＝效价（V）×期望值（E）。激励力量大小取决于目标效价和期望值。其中，效价，是个体对他所从事的工作或达到目标的效用价值的主观估计，即对工作目标有用性的评价。因此，同一目标或结果对不同的个体来说，可能具有不同的效价；期望值，是指个体对自己能够顺利完成这项工作可能性估计，即对工作目标能够实现的概率估计。期望值的大小在 0～1 变动，如果行动主题估计目标实现的可能大时，期望值就接近于 1，反之则趋近于 0。从题意看是前者，故选 A 项。

8. 【答案】D

【解析】领导特质理论，主要通过研究领导者和非领导者、有效领导者和无效领导者、高层领导者和低层领导者的个性特质的不同，来识别领导者应该具备的特征，可用于挑选、培养优秀领导者，其局限性就是忽略了被领导者和领导实施的环境因素。故选 D 项。

二、多项选择题

【答案】ABCD

【解析】亚当斯的公平理论，认为人们经常拿自己的付出与所得与别人的付出与所得进行比较。比较的目的：借此寻找和确定自己是否受到了公平待遇；比较的结果：影响着员工的积极性。员工可以使用四种参照比较：（1）自我—内部：员工在当前组织中处于不同职位上的经验。（2）自我—外部：员工在当前组织以外的职位或情境中的经验。（3）他人—内部：员工所在组织内部的其他个体或群体。（4）他人—外部：员工所在组织之外的其他个体或群体。当一个人产生不公平感时，可能会采取减少工作投入，降低工作质量，要求降低别人所得或提高自己所得水平等措施以求得公平。本题考查已投入和所得与他人投入与所得的比较理解后推导的结果。故选 ABCD 项。

专项训练五

沟通与控制

1. 经典示例

经典例题1（单选题） 某公司的简报上，刊登了一条意欲提醒装卸工人注意的安全标语，后来发现许多装卸工人根本没看到，原因是大部分装卸工人根本不看简报。从沟通原理看，这次沟通无效的原因是（　　）。

A. 沟通渠道选择不当   B. 信息不充分

C. 外界的干扰   D. 反馈缺乏

【答案】A

【解析】根据沟通的基本过程，沟通障碍产生的因素主要包括三个方面：（1）信息发布者对信息表达的障碍；（2）由于信息通道选择产生的原因；（3）信息接受者方面的障碍。根据题干情景，故选A项。

经典例题2（单选题） 三体科技公司采用意见箱、合理化建议、态度调查等方式征询全体员工的意见，该沟通方式属于（　　）。

A. 横向沟通   B. 外向沟通   C. 上向沟通   D. 下向沟通

【答案】C

【解析】正式沟通按照沟通的方向划分，又分为上行沟通、下行沟通、横向（平行）沟通和斜向沟通。其中，上行沟通：自下而上的沟通，如下级向上级汇报情况、反映问题等。故选C项。

经典例题3（判断题） 斜向沟通是发生在同时跨部门和组织层次的员工间沟通，从效率和速度角度看，是有意义的。（　　）

【答案】正确

【解析】本题考查对沟通传播方向分类下的斜向沟通特点。斜向沟通：同时跨部门和组织层次的人员间的沟通，强调解决问题的效率，故本题正确。

2. 同步训练

单项选择题

1. 某企业规定，员工在休探亲假时必须写一份探亲地的当地关于竞争对手的调查报告，否则不予报销来回车票，通过这种报告而提供的信息是一种（　　）。

A. 斜向沟通　　　　B. 下行沟通　　　　C. 上行沟通　　　　D. 平行沟通

2. 一个企业的老板直接管理几个部门的控制系统的沟通形式为（　　）。

A. 环式　　　　　　B. Y 式　　　　　　C. 轮式　　　　　　D. 全通道式

3. 某公司中，生产厂长与市场经理进行有关业务的交流属于（　　）。

A. 横向沟通　　　　B. 斜向沟通　　　　C. 非正式沟通　　　　D. 下行沟通

4. 王教授利用自己的科研成果转化，创办了一家公司。公司开始只有几个人，所有人都直接向王教授负责。后来，公司发展很快，王教授就任命了一个副总经理，由他负责公司的日常事务并向他汇报，自己不再直接过问各部门的业务。在此过程中，该公司沟通网络的变化过程是（　　）。

A. 由轮式变为链式　　　　　　　B. 由轮式变为 Y 式

C. 由链式变为 Y 式　　　　　　D. 由链式变为圆式

5. 依据控制的（　　）划分，控制可以分为现场控制、前馈控制和反馈控制。

A. 内容　　　　　　B. 环节　　　　　　C. 对象　　　　　　D. 对象的性质

6. 管理人员在事故发生之前就采取有效的预防措施，防患于未然，这样的控制活动是控制的最高境界，即（　　）。

A. 现场控制　　　　B. 前馈控制　　　　C. 即时控制　　　　D. 反馈控制

参考答案与解析

单项选择题

1.【答案】B

【解析】本题考查对按照信息传播的方向划分：上行沟通、下行沟通、横向（平行）沟通和斜向沟通。其中，下行沟通是指自上而下的沟通，如上级以命令或下文件方式发布指示、政策、布置计划和工作等，这是传统组织中最主要的一种沟通方式。结合题干具体情景变形，故选 B 项。

2.【答案】C

【解析】本题考查沟通网络形态中轮式沟通特征。轮式：主管中心控制型，一个主管为中心领导几个部门的权威控制系统。故选 C 项。

3.【答案】A

【解析】横向沟通，也称平行沟通，同层次不同部门之间人员之间的沟通，起业务协调、感情联络等作用。故选 A 项。

4.【答案】B

【解析】本题考查对按沟通网络划分的五种基本形式的对比理解把握情况，尤其是 Y 式和轮式沟通的区别和联系的把握情况。Y 式沟通是一个纵向沟通网络，其中只有一个成员位于沟通内的中心，成为沟通的媒介。在组织中，这一网络大体相当于组织领导，秘书班子再到下级主管人员或一般成员之间的纵向关系。这种网络集中化程度高，解决问题速度快，组织中领导人员预测程度高。除中心人员外，组织成员的平均满意程度较低。此网络适用于主管人员的工作任务十分繁重，需要有人选择信息，提供决策依据，节省时间，而又要对组织实行有效的控制。但此网络易于导致信息曲解或失真，影响组织中成员的士气，阻碍组织提高工作效率。故选 B 项。

5.【答案】B

【解析】根据控制点的位置（纠正偏差的顺序环节）的不同，可以将控制划分为以下三类：预先控制、现场控制和事后控制。故选 B 项。

6.【答案】B

【解析】预先控制，又称前馈控制、事先控制。在经营活动开始前，检查资源情况和预测其利用的效果（数量和质量），属于管理者最理想的控制方式。故选 B 项。

第六篇　市场营销学

6

　　市场营销专项以考生在银行招聘考试中快、准、狠的表现为目标，严选高频核心考点3个，供考生在模拟练习阶段巩固复习。每一个核心考点分为两个部分：第一部分为经典例题展示，考生通过经典例题熟悉、回顾本考点的核心内容、常见考法和出题形式；第二部分为核心知识精练，考生通过精练我们专门具有针对性研发出的考题，来巩固该考点的知识，真正做到对于该考点的各种出题形式都能快速准确地找到解题思路和答案。此外，本专项所涉及考点在考试中均有大量真题出现，考生可以配合历年真题解析部分同步学习，以达到更好的效果。

专项训练一

市场营销概述

1. 经典示例

经典例题1（单选题）市场营销管理的实质是（　　）。

A. 销售管理　　　　B. 价格管理　　　　C. 需求管理　　　　D. 目标管理

【答案】C

【解析】市场营销管理的本质是需求管理。故选C项。

经典例题2（单选题）有些顾客害怕冒险而不敢乘飞机，有些顾客害怕化纤纺织品有毒物质损害身体而不敢购买化纤服装。这些顾客的需求状况是（　　）。

A. 无需求　　　　B. 不规则需求　　　　C. 潜在需求　　　　D. 负需求

【答案】D

【解析】本题考查负需求的含义。负需求是指市场上众多顾客不喜欢某种产品或服务，厌恶，甚至愿意出钱回避它的情况。故选D项。

经典例题3（单选题）某3D打印机生产厂家的企业高层管理人员认为"只要3D打印机的质量好，就一定有销路"，这种营销观念属于传统市场营销观念中的（　　）。

A. 生产观念　　　　B. 推销观念　　　　C. 产品观念　　　　D. 绿色营销观念

【答案】C

【解析】本题考查产品观念。产品观念认为，只要产品质量好，就一定有销路，一定有人买。企业致力于生产质量好的产品并不断改进、开发新产品。"酒香不怕巷子深""皇帝的女儿不愁嫁""一招鲜，吃遍天"都是产品观念的反映。故选C项。

经典例题4（单选题）一种观念认为，共享单车的问世，不仅便利，而且环保，体现了相关企业在市场营销中要保护生态环境，共享资源并充分利用，保持人与环境之间的和谐关系。该种市场营销的观念是（　　）。

A. 宏观市场营销观念　　　　　　B. 社会市场营销观念

C. 发展市场营销观念　　　　　　D. 绿色市场营销观念

【答案】D

【解析】本题考查绿色营销观念的含义。所谓绿色营销观念是指企业必须把消费者的需求、企业的利益和环保利益三者有机地结合起来。企业在市场营销中要重视保护地球生态环境，防止污染以保护环境，共享资源充分利用，尽量保持人与环境的和谐发展。绿色营销以可持续发展作为营销理念，注重社会责任和社会道德。故选D项。

经典例题5（单选题）"我们生产什么就卖什么"，努力通过提高生产率、扩大生产从而降低成本以扩大市场的营销观念是（　　）。

A. 生产观念　　　　　　　　　　　B. 社会市场营销观念

C. 市场营销观念　　　　　　　　　D. 推销观念

【答案】A

【解析】本题考查生产观念。生产观念认为，消费者喜欢那些可以非常方便地买到并且价格低廉的产品。这是一种最古老的营销观念。企业以生产为中心，努力通过提高生产率、扩大生产从而降低成本以扩大市场。其口号是"我们生产什么就卖什么"。故选A项。

经典例题6（多选题）从微观角度讲，市场三要素包括（　　）。

A. 人口　　　　　B. 购买需求　　　　　C. 购买能力　　　　　D. 购买欲望

E. 生产者

【答案】ACD

【解析】本题考查市场构成的三要素。从微观市场角度看，作为一个现实需求的有效市场，它必须具备人口、购买力和购买欲望三方面要素，用简单公式表示为：市场＝人口＋购买力＋购买欲望。故选ACD项。

经典例题7（多选题）市场营销环境中的竞争者包括（　　）。

A. 愿望竞争者　　　B. 属类竞争者　　　C. 价格竞争者　　　D. 产品形式竞争者

E. 品牌竞争者

【答案】ABDE

【解析】本题考查微观环境中竞争者的4个层次分类。根据产品替代程度的不同，可以将竞争者划分为以下四类：愿望竞争者、属类竞争者、产品形式竞争者和品牌竞争者。故选ABDE项。

经典例题8（多选题）波士顿矩阵是根据市场增长率和相对市场份额两个维度将企业战略业务单位划分为（　　）。

A. 问题类　　　　　B. 明星类　　　　　C. 现金牛　　　　　D. 粉丝类

E. 瘦狗类

【答案】ABCE

【解析】本题考查波士顿矩阵四象限的分类。波士顿矩阵是根据市场增长率和相对市场份额两个维度将企业战略业务单位划分为问题类、明星类、现金牛、瘦狗类。故选ABCE项。

2. 同步训练

一、单项选择题

1. 近年来许多老年人为预防各种老年疾病不敢吃甜点心和肥肉，这些老年人的需求状况是（　　）。

A. 负需求　　　　B. 潜在需求　　　　C. 下降需求　　　　D. 有害需求

2. 许多非洲国家居民从不穿鞋子，对鞋子的需求状况是（　　）。

A. 负需求　　　　B. 不规则需求　　　C. 潜在需求　　　　D. 无需求

3. 某销售企业的刘总一直坚持认为，"消费者需要什么，我们就生产什么""市场需要什么，我们就卖什么"，这属于（　　）。

A. 推销观念　　　B. 生产观念　　　　C. 市场营销观念　　D. 社会营销观念

4. 需求处于下降状态下的营销管理的任务是（　　）。

A. 扭转性营销　　B. 同步性营销　　　C. 刺激性营销　　　D. 恢复性营销

5. 需求处于饱和状态下的营销管理的任务是（　　）。

A. 维护性营销　　B. 抑制性营销　　　C. 刺激性营销　　　D. 抵制性营销

6. 某公司开发出了一种高科技产品——"3D 脚型自动扫描仪"，可迅速采集足部数据，其主要功能是可以用于足部健康筛查、鞋靴制造、骨科足部手术辅助医疗等。该产品可以广泛应用于青少年健康体检、脚型数据库建立、制鞋企业生产及其他有特殊行业脚型设计院校等单位。经过市场调查，普通消费者对该产品兴趣不大，而制鞋企业和足部研究单位对该产品很感兴趣。该公司是一家小型企业，人员和资金实力较弱，该公司应该采取的目标市场策略是（　　）。

A. 体验营销　　　B. 集中营销　　　　C. 差异营销　　　　D. 无差异营销

7. 潜在需求，是指相当一部分消费者对某事物有强烈的需求，而现有的产品或服务不能满足，它所对应的营销管理的任务是（　　）。

A. 开发性营销　　B. 维护性营销　　　C. 刺激性营销　　　D. 扭转性营销

8. 电风扇夏季热销、冬季滞销。这种需求属于（　　）。

A. 潜在需求　　　B. 充分需求　　　　C. 不规则需求　　　D. 过量需求

二、多项选择题

1. "营销近视症"是指过分注重自己的产品，高估自己的市场容量，忽视竞争对手的挑战，无视消费需求的现象。吴经理是一家人工智能大数据公司的营销副总，为了避免出现"营销近视症"的现象，她应当（　　）。

A. 注重市场调查，考查顾客需求

B. 实施整体营销，树立整个公司以顾客为中心的营销理念

C. 把主要精力放在技术上，注重产品开发

D. 全身心放在内部降低产品生产成本上

E. 通过提高生产率来降低成本、提高产量来扩大市场份额

2. 传统营销观念是以企业为中心，包括以下（　　　）。

A. 市场营销观念　　B. 产品观念　　　C. 生产观念

D. 社会营销观念　　E. 推销观念

参考答案与解析

一、单项选择题

1.【答案】A

【解析】本题考查负需求的含义。负需求是指市场上众多顾客不喜欢某种产品或服务，厌恶，甚至愿意出钱回避它的情况。故选 A 项。

2.【答案】D

【解析】本题考查无需求的含义。无需求，是指目标市场顾客对某种产品只是不感兴趣或漠不关心。故选 D 项。

3.【答案】C

【解析】本题考查市场营销观念的含义。市场营销观念认为，营销的关键是正确分析目标市场的需求和欲望，并且比竞争对手更有效地传送目标市场所期望满足的东西，市场营销观念表现为："消费者需要什么，我们就生产什么""市场需要什么，我们就卖什么""哪里有消费者的需要，哪里就有营销机会""发现需要并设法满足""制造能够销售出去的产品"等。故选 C 项。

4.【答案】D

【解析】本题考查下降需求对应的市场营销者的任务，即实行恢复性营销策略：要了解顾客需求下降的原因，或通过改变产品的特色，采用更有效的沟通方法使下降的需求重新回升，使人们已经冷淡的兴趣得以恢复。故选 D 项。

5.【答案】A

【解析】本题考查饱和需求对应的市场营销者的任务，即采用维护性营销：通过改进产品质量等不断估计消费者的满足程度，维持现时需求不下滑。故选 A 项。

6.【答案】B

【解析】本题考查集中性营销策略的含义。目标市场的营销策略包括无差异性营销、差异性营销和集中性营销策略三种。其中，集中性营销策略，指企业将所有的资源力量集中，以一个或少数几个性质相似的子市场作为目标市场，进行专业化经营，力图在较少的子市场上获得较大的市场占有率。该策略适用于实力弱、资源少的小型企业。本题中的科技公司是一家小型企业，人员和资金实力较弱。故选 B 项。

7.【答案】A

【解析】本题考查潜在需求对应的市场营销者的任务，即开发市场营销：准确地衡量潜在市场需求，开发有效的产品和服务，变潜在需求为现实需求。故选 A 项。

8.【答案】C

【解析】本题考查不规则需求的含义。不规则需求是指许多企业常面临因季节、月份、周、日、时对产品或服务需求波动很大的情况，造成生产能力和商品闲置或过度使用。例如，在公用交通工具方面，在运输高峰时不够用，在非高峰时则闲置不用。又如，在旅游旺季时旅馆紧张和短缺，在旅游淡季时，旅馆空闲。再如节假日或周末时，商店拥挤，在平时商店顾客稀少。结合题干情景，故选 C 项。

二、多项选择题

1.【答案】AB

【解析】本题考查传统营销观念中的"营销近视症"。"营销近视症"，又叫行销短视症，由哈佛教授李维特于 1960 年提出，是指企业过分注重自己的产品或技术上，忽视消费者的真实需求上，最终导致丧失市场、失去竞争力的结果。产品观念是典型的"营销近视症"；生产观念和产品观念都是以产定销，最终将导致"营销近视症"。故选 AB 项。

2.【答案】BCE

【解析】本题考查市场营销观念 5 个阶段的细分。现代营销观念演变过程可分为 5 个阶段：生产观念、产品观念、推销观念、市场营销观念和社会市场营销观念。其中前三个阶段的营销观念一般称为传统市场营销观念，是以企业为中心；后两个阶段的观念是现代营销观念，分别以消费者和社会长远利益为中心。故选 BCE 项。

专项训练二

产 品 策 略

1. 经典示例

经典例题1（单选题） 品牌牙膏有3种规格、2种味道，那么这种产品的深度就是（　　）。

A. 3　　　　　　B. 2　　　　　　C. 5　　　　　　D. 6

【答案】D

【解析】本题考查产品组合的深度的定义。产品组合的深度：产品线上每种产品的品种数目。品牌牙膏有3种规格、2种味道，那么这种产品的深度就是 $2×3＝6$。故选D项。

经典例题2（单选题） 某企业生产的计算机手写输入笔是标准化的产品，根据此特征可初步判断该产品属于生命周期的（　　）阶段。

A. 导入期　　　B. 成长期　　　C. 成熟期　　　D. 衰退期

【答案】C

【解析】本题考查产品生命周期中成熟期的含义与特征。导入期：许多产品种类没有统一标准；频繁设计变化；基本产品设计。成长期：产品具有技术和性能方面的歧异性；复杂产品的关键在于可靠性；竞争产品的改进；优良的质量。成熟期：质量优异，产品歧异性不明显；标准化；产品变化不迅速——更多的是细小变化；折价具有重要意义。衰退期：产品歧异性小；产品质量出现问题。产品标准化是成熟期产品的特征，故选C项。

经典例题3（单选题） 对于旅馆，消费者购买的是"休息与睡眠"；对于洗衣机，消费者要购买的是"方便、快捷、干净"。这属于产品整体概念的（　　）。

A. 核心产品　　　B. 形式产品　　　C. 延伸产品　　　D. 潜在产品

【答案】A

【解析】本题考查产品整体概念中核心产品的含义。核心产品，即客户真正需要的基本服务和利益。如旅馆——休息与睡眠。再如，消费者购买口红的目的不是为了得到某种颜色某种形状的实体，而是为了通过使用口红提高自身的形象和气质。对于洗衣机，消费者要购买的是"方便、快捷、干净"；对于电影院，消费者要购买的就是娱乐。故选 A 项。

经典例题 4（多选题） 产品整体概念包括（　　　）。

A. 核心产品　　　　B. 形式产品　　　　C. 潜在产品　　　　D. 期望产品

E. 延伸产品

【答案】ABCDE

【解析】本题考查产品整体概念。产品整体概念五层次包括核心产品、形式产品、期望产品、延伸产品和潜在产品。故选 ABCDE 项。

2. 同步训练

一、单项选择题

1. 宝洁洗发水品牌"潘婷""海飞丝""飘柔""沙宣""飘柔"等，这属于（　　　）。

A. 统一品牌策略　　B. 分类品牌策略　　C. 品牌延伸策略　　D. 多品牌策略

2. 旅馆为消费者提供电视机、网络接口、WiFi、鲜花、美味晚餐等附加产品服务。这属于产品整体概念的（　　　）。

A. 核心产品　　　　B. 形式产品　　　　C. 延伸产品　　　　D. 潜在产品

3. 在产品生命周期的介绍期，市场容量很大，消费者对这种产品不熟悉，但对价格非常敏感，潜在竞争激烈，企业随着生产规模的扩大可以降低单位生产成本的情况下，适宜采用的市场营销策略是（　　　）。

A. 快速渗透策略　　B. 缓慢撇脂策略　　C. 快速撇脂策略　　D. 缓慢渗透策略

4. 某公司出品一款动画片成功后，又设立开动画的主题专区，在主题专区里，有各种相关玩偶，图像、影音以及电子设备等，其中体现的策略是（　　　）。

A. 品牌质量策略　　　　　　　　B. 品牌重新定位策略

C. 家庭品牌策略　　　　　　　　D. 品牌延伸策略

5. 产品生命周期（product life cycle，PLC）是产品的市场寿命，要经历的周期是（　　　）。

A. 形成、成长、成熟、衰退　　　　B. 导入、成长、标准、退出

C. 产生、发展、扩张、萎缩　　　　D. 萌芽、无序、有序、平稳

6. "产品的特点已逐渐为消费者所知，凭印象购买的倾向日渐增多，销售量迅速增加"这是产品生命周期中（　　　）的特征。

A. 产品介绍期　　B. 产品成长期　　C. 产品成熟期　　D. 产品衰退期

7. 有东方西门子之称的 TCL，开创 TCL 电话机这一拳头产品后，以其为龙头，利用已有名牌的光环效应向家电、医疗器械、计算机等高新尖端领域扩展，并在国内同行中后来居上。再如，雅马哈早先是日本一家摩托车生产厂商，后来进入音响、钢琴、电

子琴等领域，这就是典型的（　　　）。

　　A. 品牌扩张策略　　B. 品牌扩展策略　　C. 多品牌策略　　　D. 品牌分类策略

二、多项选择题

1. 有行业调查报告显示，经过多年的发展，燃油小轿车在国内一线城市已经进入成熟期。对于生产厂家来说，可以采取的延长产品成熟期的策略包括（　　　）。

　　A. 开辟新的市场，提高产品的销售量和利润率

　　B. 发展产品的新用途，使产品转入新的成长期

　　C. 改良产品的特性、质量和形态等，以满足日新月异的消费需求

　　D. 改变广告宣传目标，由以建立和提高知名度为中心转变为以说服消费者接受和购买产品为中心

2. 产品生命周期包括以下（　　　）阶段。

　　A. 导入期　　　　　B. 成长期　　　　　　C. 成熟期　　　　　　D. 衰退期

　　E. 儿童期

3. 导入期的新产品首次进入市场，一般可供选择的营销策略有（　　　）

　　A. 快速撇脂战略　　B. 缓慢撇脂战略　　C. 满意定价战略　　D. 缓慢渗透战略

　　E. 快速渗透战略

参考答案与解析

一、单项选择题

1.【答案】D

【解析】本题考查家族品牌策略中多品牌策略的含义。家族品牌策略，即品牌统分策略，包括：（1）统一品牌；（2）分类品牌；（3）多品牌。其中，多品牌是指企业为一种产品设计两种或两种以上的相互竞争的品牌。如宝洁洗发水品牌"潘婷""海飞丝""飘柔""沙宣""飘柔"等。故选 D 项。

2.【答案】C

【解析】本题考查产品整体概念中的延伸产品。延伸产品，也叫附加产品，是指提供超过顾客期望的、附带的各种服务和利益总和，包括说明书、保证、安装、维修、送货、技术培训等。如旅馆的电视机、网络接口、鲜花、美味晚餐。故选 C 项。

3.【答案】A

【解析】本题考查导入期的营销策略选择。导入期的特点：重点主要集中在促销努力和价格方面。可采用的策略：（1）快速掠取战略：高价格高促销；（2）缓慢掠取战略：高价格低促销；（3）快速渗透战略：低价格高促销；（4）缓慢渗透战略：低价格低促销。结合题干情景，价格非常敏感，成本可降低，竞争激烈，消费者不熟悉，故采用低价高促销，即快速渗透策略。故选 A 项。

4.【答案】D

【解析】本题考查品牌延伸策略。所谓品牌延伸策略（品牌扩展策略）：是指凭借成功品牌在相同市场上推出改良产品或全新的产品。如海尔集团成功推出了海尔（Haier）冰箱后，又利用这个品牌及企业图样特征，成功推出了洗衣机、电视机等新产品，进入其他白电产品领域。故选 D 项。

5. 【答案】A

【解析】本题考查产品生命周期四个阶段的顺序。所谓产品（市场）生命周期，是指产品从进入市场开始，直到最终退出市场为止所经历的市场生命循环过程。一般分为导入期、成长期、成熟期和衰退期四个阶段。故选 A 项。

6. 【答案】B

【解析】本题考查产品生命周期中成熟期的特点及营销策略重点。所谓产品（市场）生命周期，一般包括导入期、成长期、成熟期和衰退期四个阶段。成熟期的重点及营销策略。其中，成长期的销路逐渐打开，产品基本定型，销售量迅速增长，产品已有相当知名度，竞争者开始介入。重点应放在保持并扩大自己的市场份额、加速销售额的上升等。故选 B 项。

7. 【答案】A

【解析】本题考查品牌扩张策略。品牌扩张策略，是指现有品牌进入完全不相关的市场，用于企业将现有品牌推出不同类产品时，新推出的产品与原有产品之间存在很大差异。题干中的西门子和 TCL 都是进入不相关的市场。品牌延伸策略不同于品牌扩张策略。品牌延伸的前提是现有品牌是一个成功品牌，品牌延伸的本质是延伸前后产品所面对的市场相同，意指使用一个品牌名称在同一市场上，成功地切入同一市场的另一个区块。故选 A 项。

二、多项选择题

1. 【答案】ABC

【解析】本题考查产品生命周期成熟期的特点。成熟期的产品销量已经达到饱和状态，重点应放在保持自己产品的市场份额上，努力延长产品的生命周期，力图把产品推向新的销售高潮，可采用营销策略包括市场调整、产品调整和营销组合改良。选项 D 属于从导入期向成长期过渡期策略，不合题意，故选 ABC 项。

2. 【答案】ABCD

【解析】本题考查产品生命周期的四个阶段。所谓产品（市场）生命周期，是指产品从进入市场开始，直到最终退出市场为止所经历的市场生命循环过程。一般包括导入期、成长期、成熟期和衰退期四个阶段。故选 ABCD 项。

3. 【答案】ABDE

【解析】本题考查导入期的营销策略。导入期的新产品首次进入市场，重点主要集中在促销努力和价格方面。一般有四种可供选择的营销策略，即：（1）快速掠取战略：高价格高促销；（2）缓慢掠取战略：高价格低促销；（3）快速渗透战略：低价格高促销；（4）缓慢渗透战略：低价格低促销。故选 ABDE 项。

专项训练三

价 格 策 略

1. 经典示例

经典例题 1（单选题）某公司炮轰劣质签字笔，顺势推出 30 元签字笔，并很快形成了规模生产。该公司每支签字笔的生产成本只有 5 元，该公司通过对市场的充分研究后认为：应用高价格引导，刺激消费。于是，公司决定以 15 元批给零售商，零售商则以每支 30 美元卖给消费者。事情果然如预测的那样，尽管以生产成本 6 倍的高价上市，但是立刻以其新颖、奇特、高贵的魅力风靡一时。虽然后来跟风者蜂拥而至，生产成本降到了 3 元，市场价也跌到了 9 元，但该公司早已狠狠地赚了一大笔。该公司的这种定价方式属于（　　）。

  A. 撇脂定价　　　　B. 渗透定价　　　　C. 心理定价　　　　D. 差别定价

【答案】A

【解析】本题考查产品定价策略方法。新产品定价合理与否，不仅关系到新产品能否顺利地进入市场、占领市场、取得较好的经济效益，而且关系到产品本身的命运和企业的前途。新产品定价法包括撇脂定价法、渗透定价法和满意定价法。其中，撇脂定价，又称"取脂定价"，高价定价法。撇脂定价产品一般先从高收入阶层和早期使用型消费者导入市场，这类消费者对新产品价格不太敏感，求新、求奇的愿望很强烈。渗透定价，又称低价定价法。渗透定价是一种颇具竞争力的薄利多销策略。差别定价法，又称需求差异定价法，是指根据客户、产品、时间、地点的不同而产生的需求差异，对相同的产品采用不同价格的定价方法。心理定价法是企业利用顾客心理定价策略技巧。结合题干情景，故选 A 项。

经典例题 2（单选题）某种品牌的啤酒进行促销。消费者凡购买 6 听以下的，单价4.0 元，6 听及以上的，单价3.5 元，这种折扣属于（　　）。

  A. 数量折扣　　　B. 季节性折扣　　　C. 现金折扣　　　　D. 功能折扣

【答案】A

【解析】本题考查折扣定价法中的数量折扣的含义。数量折扣，是指大量购买减价。包括累计数量折扣和非累计（一次性）折扣。题中的促销方式为一次性数量折扣。是对一次购买超过规定数量或金额给予的价格优惠，目的在于鼓励顾客增大每份订单购买量。故选 A 项。

经典例题 3（多选题） 定价的基本方法包括（　　　）。

A. 成本导向定价法　　　　　　B. 需求导向定价法

C. 盈亏平衡定价法　　　　　　D. 竞争导向定价法

E. 满意定价法

【答案】ABD

【解析】本题考查定价的基本方法。定价的基本方法有三种，即成本导向定价法、需求导向定价法和竞争导向定价法。盈亏平衡定价法属于成本导向定价法。满意定价法属于新产品定价策略的一种。故选 ABD 项。

经典例题 4（多选题） 以下关于撇脂定价策略描述正确的有（　　　）。

A. 撇脂定价法就是新产品上市时，定一个尽可能高的价格，以期获得高额利润

B. 撇脂定价法收回投资较慢

C. 某种产品采用撇脂定价法，便于树立高档产品形象

D. 市场需求对价格极为敏感，采用撇脂定价会刺激市场需求迅速增长

E. 撇脂定价法会招致较多竞争对手，不利于市场拓展

【答案】ACE

【解析】本题综合考查新产品定价策略中高价撇脂定价策略的含义、优缺点和适用条件。撇脂定价，又称"取脂定价"，高价定价法。撇脂定价产品一般先从高收入阶层和早期使用型消费者导入市场，这类消费者对新产品价格不太敏感，求新、求奇的愿望很强烈，容易树立高档产品形象，但也会招致较多竞争对手，不利于市场拓展。故选 ACE 项。

2. 同步训练

一、单项选择题

1. 购买豪华轿车、高档手表、名牌时装、名人字画、珠宝古董等的消费者，往往不在乎产品价格，而最关心的是产品能否显示其身份和地位，价格越高，心理满足的程度也就越大。企业最适合采用的定价策略是（　　　）。

A. 逆向定价　　　B. 声望定价　　　C. 尾数定价　　　D. 招徕定价

2. 某超市豆腐全国统一售价 3.99 元/盒，这种定价策略是（　　　）。

A. 整数定价策略　B. 招徕定价策略　C. 尾数定价策略　D. 声望定价策略

3. 某房地产商规定，购房顾客必须在 30 天内付清款项，但如果在 10 天内付清房款，则给予 2% 的折扣，其采用了（　　　）。

A. 数量折扣　　　B. 现金折扣　　　C. 时间折扣　　　D. 季节折扣

4. 淘宝上某款流行的 VR 眼镜的零售价是 64.8 元/个，其成本是 54 元/个，该 VR 眼镜的成本加成率是（　　）。

　　A. 5%　　　　　　B. 10%　　　　　　C. 15%　　　　　　D. 20%

5. 某电器公司为促使各地销售代理商执行销售、维修、信息提供和促销宣传"四位一体"的功能，而给予代理商的价格折扣，这种折扣属于（　　）。

　　A. 交易折扣　　　B. 数量折扣　　　C. 季节折扣　　　D. 现金折扣

6. 某品牌的某款手动高端剃须刀定价相对较低，而刀片定价相对很高，这属于（　　）。

　　A. 产品系列定价法　　　　　　　　B. 选择品定价法
　　C. 补充产品定价法　　　　　　　　D. 分部定价法

7. 同一品牌的完全一样的方便面，在社区超市仅售 3 元，但在火车上则要卖到 15 元，这说明商家是按照（　　）方法来进行定价的。

　　A. 利润导向　　　B. 需求导向　　　C. 成本导向　　　D. 竞争导向

8. 一位服装店的导购在销售服装时说："亲，这件衣服样式新颖美观，是今年最流行的款式，颜色也合适，您穿上一定很漂亮，已经快被抢购一空了，我们昨天刚进了四套，只剩下两套了。"这运用了（　　）。

　　A. 保证成交法　　　B. 优惠成交法　　　C. 从众成交法　　　D. 限期成交法

二、多项选择题

1. 心理定价策略，是针对顾客心理而采用的一类定价策略，主要应用于零售商业。下面属于常见心理定价策略的是（　　）。

　　A. 尾数定价法　　　B. 整数定价法　　　C. 习惯定价法　　　D. 声望定价法
　　E. 招徕定价法

2. 很多服装企业将产品定价为 49 元、59 元、198 元等；路易斯威登品牌的产品价格往往是同类产品价格的 2 倍，甚至 10 倍以上；很多商场在换季时对商场的商品，特别是过季的服装、鞋类进行打折。以上这些价格行为中涉及的价格策略有（　　）。

　　A. 档次价格策略　　B. 尾数价格策略　　C. 低价渗透策略　　D. 声望价格策略
　　E. 季节价格策略

参考答案与解析

一、单项选择题

1.【答案】B

【解析】本题考查心理定价法中的声望定价法。声望定价，利用消费者追求高贵、名牌商品不计较价格高低心理来定高价，赢得较高声誉。企业可对在消费者心目中享有一定声望，具有较高信誉的产品制定高价。不少高级名牌产品和稀缺产品的消费者，往往不在乎产品价格，而最关心的是产品能否显示其身份和地位，价格越高，心理满足的程度也就越大。企业最适合采用的定价策略是声望定价。故选 B 项。

2.【答案】C

【解析】尾数定价法，又叫奇数定价法。给消费者印象经过精确计算的，最低价格的心理感觉：5 元以下的商品，末尾数为 9 最受欢迎；5 元以上的，末尾数为 9、5 最佳；百元以上的，末位数为 98、99 最畅销。故选 C 项。

3.【答案】B

【解析】本题考查折扣定价法中现金折扣的含义及应用。现金折扣是指规定时间内提前付款或用现金付款的一种价格折扣。例如"2/10 净 30"，表示付款期是 30 天，如果成交后 10 天内付款，给予 2% 的现金折扣。故选 B 项。

4.【答案】D

【解析】本题考查成本加成定价法的含义与公式。单位产品价格 = 单位产品成本 ×（1 + 加成率）。这里 64.8 = 54 ×（1 + 加成率）由此得出加成率（预期利润占产品成本的百分比）为 20%。故选 D 项。

5.【答案】A

【解析】本题考查折扣定价法中的功能折扣。功能折扣，又称交易折扣，是制造商给予某些批发商或零售商的一种额外折扣，以促使这些中间商执行某些营销市场功能，如推销、存储、服务等。故选 A 项。

6.【答案】C

【解析】本题考查产品组合定价法中的补充产品定价法。在产品组合定价策略中，根据补充产品定价原理，制造商经常为主要产品制定较低的价格，而对附属产品制定较高的价格。例如，将彩色喷墨打印机的价格降低，而其生产的配套的墨盒价格较高，以此补贴喷墨机的利润。故选 C 项。

7.【答案】B

【解析】需求差异定价法，是指根据客户、产品、时间、地点的不同而产生的需求差异，对相同的产品采用不同价格的定价方法。

8.【答案】C

【解析】本题考查推销成交常见方法。限期成交法，是指销售人员通过限制购买时期从而督促顾客购买的方法。优惠成交法又叫让步成交法，是指业务员通过提供优惠的价格、付款方式和售后服务等条件促使客户立即作出购买决定的成交方法。所谓成交保证就是指销售人员对客户所允诺担负交易后的某种行为。从众成交法，也叫作排队成交法，是指推销人员利用顾客的从众心理，促使顾客立刻购买推销品的一种成交方法。从众行为是一种普遍的社会心理现象。顾客在购买商品时，不仅要考虑自己的需要，受自己的购买动机支配，还要顾及社会规范，服从某种社会压力，以大多数人的行为作为自己行为的参照系。从众成交法正是利用了人们的这种社会心理，创造众人争相购买的社会气氛，促成顾客迅速作出购买决策。结合题干情景，故选 C 项。

二、多项选择题

1.【答案】ABCDE

【解析】本题考查心理定价策略的常见方法。常见心理定价策略包括整数定价法、尾数定价法、声望定价法、习惯定价法和招徕定价法。故选 ABCDE 项。

2.【答案】BDE

【解析】题干中"定价为 49 元、59 元、198 元"为尾数定价法、"路易斯威登品牌产品价格是同类 2 倍，甚至 10 倍"为声望定价法，"商城换季打折"属季节性价格策略。故选 BDE 项。

第七篇 计 算 机

7

　　计算机专项以考生在银行招聘考试中快、准、狠的表现为目标，严选高频核心考点8个供考生在模拟练习阶段巩固复习。每一个核心考点分为两个部分：第一部分为经典例题展示，考生通过经典例题熟悉、回顾本考点的核心内容、常见考法和出题形式；第二部分为核心知识精练，考生通过精练我们专门具有针对性研发出的考题，来巩固该考点的知识，真正做到对于该考点的各种出题形式都能快速准确地找到解题思路和答案。此外，本专项所涉及考点在考试中均有大量真题出现，考生可以配合历年真题解析部分同步学习，以达到更好的效果。

专项训练一

计算机的发展及应用

1. 经典示例

经典例题 1（判断题） 在第二代计算机中，以晶体管取代电子管作为其主要的逻辑元件。（　　）

【答案】 正确

【解析】 从元器件来说，计算机发展大致经历了四代的变化：第一代为 1946～1957 年，电子管计算机：数据处理；第二代为 1958～1964 年，晶体管计算机：工业控制；第三代为 1965～1971 年，中小规模集成电路：小型计算机；第四代为 1972～1990 年，大规模和超大规模集成电路：微型计算机。故本题正确。

经典例题 2（单选题） 与信息技术中的感知与识别技术、通信与存储等技术相比，计算技术主要用于扩展人的（　　）器官的功能。

　　A. 感觉　　　　　　B. 神经网络　　　　C. 思维　　　　　D. 效应

【答案】 C

【解析】 本题考查计算机技术与信息技术的区别，实质上也是考查对计算机技术的特点的理解。计算机技术的特点主要包括：（1）快速的运算能力；（2）足够高的计算精度；（3）超强的记忆能力；（4）复杂的逻辑判断能力；（5）程序控制方式。C 项"思维"实指人的逻辑判断能力。故选 C 项。

经典例题 3（单选题） 用计算机进行财务管理，这属于计算机在（　　）领域的应用。

　　A. 人工智能　　　B. 信息处理　　　　C. 电子商务　　　D. 数值计算

【答案】 B

【解析】 考核计算机的应用。信息处理的主要特点是数据量大、计算方法简单。由于计算机具有高速运算、海量存储及逻辑判断等特点，成为信息处理领域最强有力的工具，被广泛应用于信息传递、情报检索、企事业管理、商务、金融及办公自动化等领域。故选 B 项。

2. 同步训练

一、单项选择题

1. 国际上对计算机进行分类的依据是（　　　）。

A. 计算机的型号　　　　　　　　　B. 计算机的速度

C. 计算机的性能　　　　　　　　　D. 计算机生产厂家

2. 通常，在微机中所指的 80486 是（　　　）。

A. 微机名称　　　B. 微处理器型号　　C. 产品型号　　　D. 主频

3. 计算机最早的应用领域是（　　　）。

A. 自动控制　　　B. 数值计算　　　C. 人工智能　　　D. 办公自动化

4. 在计算机的应用中，"OA"表示（　　　）。

A. 管理信息系统　　　　　　　　　B. 决策支持系统

C. 办公自动化系统　　　　　　　　D. 人工智能

5. 计算机中的数据（　　　）。

A. 包括数字、文字、图像、声音等

B. 都是用英文表示的

C. 都是能够比较大小的数值

D. 都是用 ASCII 码表示的

6. 开机后，计算机首先进行装备检验测定，称为（　　　）。

A. 开始工作系统　　B. 装备检验测定　　C. 开机　　　　　D. 系统自检

二、多项选择题

1. 关于计算机的特点，以下说法正确的有（　　　）。

A. 计算机运算速度快、精度高　　　B. 具有记忆和逻辑判断能力

C. 能自动运行，但不支持人机交互　　D. 适于科学计算及数据处理

2. 关于计算机应用的描述，不正确的有（　　　）。

A. 事务处理的数据量小、实时性不强

B. 计算机可以模拟经济运行模式

C. 智能机器人不能从事繁重的体力劳动

D. 嵌入式装置不能用户过程控制

3. 下列各项中，属于计算机的特点的有（　　　）。

A. 处理速度快　　　B. 计算精度高　　　C. 造价低廉　　　D. 通用性强

4. 下列属于电子银行服务的有（　　　）。

A. 手机银行　　　B. 电话银行　　　C. 网上银行　　　D. 柜台服务

参考答案与解析

一、单项选择题

1.【答案】C

【解析】国际上根据计算机的性能指标和应用对象，将计算机分为超级计算机、大型计算机、小型计算机、微型计算机和工作站。

2.【答案】B

【解析】考核计算机的发展历程中 CPU 的发展史。1971 年 Intel 公司开发出 Intel 4004（第一块 CPU）微处理器，随时出现了 8086、80286、80386、80486、Pentium、酷睿。这些都是 CPU 的型号。

3.【答案】B

【解析】考核计算机的应用。1946 年美国国防部批准宾夕法尼亚大学研制的 ENIAC（电子数字积分计算机）主要用于"二战"期间的导弹弹道的科学计算。

4.【答案】C

【解析】考核计算机的主要应用领域。OA：Office Automation（办公自动化）。

5.【答案】A

【解析】计算机中的"数据"是一个广义的概念，包括数值、文字、图形、图像、声音等多种形式。

6.【答案】D

【解析】开机后，计算机首先进行装备检验测定，称为系统自检。系统自检也称为 POST 自检。打开计算机，主板加电开始从 BIOS 引导硬件自检到 BIOS 选择启动项硬盘还是光驱，寻找引导文件。

二、多项选择题

1.【答案】ABD

【解析】计算机支持人机交互。

2.【答案】ACD

【解析】计算模拟为一种特殊的研究方法，如模拟核爆炸、模拟经济运行模型、进行中长期天气预报等。可见选项 B 是正确的。而过程控制对计算机的要求并不高，常使用微控制器芯片或低档微处理芯片；事务处理的数据量很大，要求具有很高的实时性；智能机器人就是为了代替人从事繁重的体力劳动。

3.【答案】ABD

【解析】计算机的特点：（1）自动控制能力强；（2）处理速度快、精度高；（3）"记忆"能力强；（4）能进行逻辑判断；（5）支持人机交互；（6）通用性强。

4.【答案】ABC

【解析】手机银行、电话银行、网上银行都属于电子银行服务。

专项训练二

计算机系统组成

1. 经典示例

经典例题1（单选题） 影响一台计算机性能的关键部件是（　　）。

A. CD – ROM　　　　B. 硬盘　　　　　　C. CPU　　　　　　D. 显示器

【答案】C

【解析】CPU 是计算机的核心部件，计算机的所有操作都受 CPU 控制，所以它的品质直接影响整个计算机系统的性能。

经典例题2（单选题） 下列选项中正确的一项是（　　）。

A. 外存储器中的信息可以直接被 CPU 处理

B. PC 机在使用过程中突然断电，DRAM 中存储的信息不会丢失

C. 假若 CPU 向外输出 20 位地址，则它能直接访问的存储空间可达 1MB

D. PC 机在使用过程中突然断电，SRAM 中存储的信息不会丢失

【答案】C

【解析】本题可用排除法。SRAM 和 DRAM 都属于随机存储器，其特点是只要突然断电所存储的信息均会丢失；外存储器中的信息只有被调入内存后才能被 CPU 处理。

经典例题3（多选题） 下列属于输入设备的有（　　）。

A. 鼠标　　　　　　B. 扫描仪　　　　　C. 打印机　　　　　D. 显示器

【答案】AB

【解析】输入设备是人向计算机输入信息的设备，常用的输入设备有：键盘、鼠标器、触摸屏、扫描仪等。输出设备是直接向人提供计算机运行结果的设备，常用的输出设备有：显示器、打印机、音响等。

2. 同步训练

一、单项选择题

1. 计算机硬件由运算器、（　　）、存储器、输入设备和输出设备五大部分组成。

A. CPU　　　　　　B. 显示器　　　　　C. 主机　　　　　　D. 控制器

2. 中央处理器（CPU）主要是指（　　　）。

A. 运算器和控制器　　　　　　　　B. 运算器和主存储器

C. 运算器、控制器和主存储器　　　D. 控制器和主存储器

3. CPU 能够直接访问的存储器是（　　　）。

A. 软盘　　　　　　B. 硬盘　　　　　　C. RAM　　　　　　D. CD – ROM

4. 微型计算机中，控制器的基本功能是（　　　）。

A. 进行算术和逻辑运算　　　　　　B. 存储各种控制信息

C. 保持各种控制状态　　　　　　　D. 控制计算机各部件协调一致地工作

5. 在存储容量表示中，1TB 等于（　　　）。

A. 1 024PB　　　　B. 1 024KB　　　　C. 1 024GB　　　　D. 1 024MB

6. 在下列存储器中，访问速度最快的是（　　　）。

A. 硬盘存储器　　　B. 软盘存储器　　　C. 磁带存储器　　　D. 内存储器

7. 在计算机中，每个存储单元都有一个连续的编号，此编号称为（　　　）。

A. 地址　　　　　　B. 住址　　　　　　C. 位置　　　　　　D. 序号

8. 在微机的硬件设备中，既可以做输出设备，又可以做输入设备的是（　　　）。

A. 绘图仪　　　　　B. 扫描仪　　　　　C. 手写笔　　　　　D. 磁盘驱动器

9. 在计算机内部能够直接执行的程序语言是（　　　）。

A. 数据库语言　　　B. 高级语言　　　　C. 机器语言　　　　D. 汇编语言

10. 能直接与 CPU 交换信息的存储器是（　　　）。

A. 硬盘存储器　　　B. CD – ROM　　　C. 内存储器　　　　D. 软盘存储器

11. 如果要运行一个指定的程序，那么必须将这个程序装入到（　　　）中。

A. RAM　　　　　　B. ROM　　　　　　C. 硬盘　　　　　　D. CD – ROM

12. CD – ROM 属于（　　　）。

A. 大容量可读可写外部存储器　　　B. 大容量只读外部存储器

C. 可直接与 CPU 交换数据的存储器　D. 只读内存储器

二、多项选择题

1. 下列叙述中，错误的有（　　　）。

A. 内存中存放的是当前正在执行的应用程序和所需的数据

B. 内存中存放的是当前暂时不用的程序和数据

C. 外存中存放的是当前正在执行的应用程序和所需的数据

D. 内存只能存放指令

2. 计算机在工作过程中突然断电，不会丢失所保存信息的存储介质有（　　　）。

A. 光盘　　　　　　B. 硬盘　　　　　　C. 只读存储器　　　D. 内存

3. 下面有关计算机的叙述中，错误的有（　　　）。

A. 计算机的主机只包括 CPU　　　　B. 计算机程序必须装载到内存中才能执行

C. 计算机必须具有硬盘才能工作   D. 计算机键盘上字母键的排列方式是随机的

4. 下列关于双核技术的叙述中，错误的有（   ）。

A. 双核就是指主板上有两个 CPU

B. 双核是利用超线程技术实现的

C. 双核就是指 CPU 上集成两个运算核心

D. 主板上最大的一块芯片就是核心

5. 下面关于 USB 的叙述中，正确的有（   ）。

A. USB2.0 的数据传输速度要比 USB1.1 快得多

B. USB 具有热插拔和即插即用功能

C. 主机不能通过 USB 连接器向外围设备供电

D. 从外观上看，USB 连接器要比 PC 机的串行口连接器小

6. 下列选项中属于系统软件的有（   ）。

A. 数据库管理系统   B. 操作系统

C. 语言处理系统   D. 用户应用程序

7. 下列设备中，包含输出设备的有（   ）。

A. 绘图仪、打印机、键盘   B. 键盘、打印机、显示器

C. 键盘、鼠标、绘图仪   D. 扫描仪、鼠标、光笔

8. 下列各组软件中，不全部属于系统软件的有（   ）。

A. 语言处理程序、操作系统、系统服务程序

B. 文字处理程序、编译程序、操作系统

C. 财务处理系统、金融软件、网络系统

D. WPS、Office 2003、Excel 2003、Windows

参考答案与解析

一、单项选择题

1. 【答案】D

【解析】一个完整的计算机硬件系统应该由五个部分组成：运算器、控制器、存储器、输入设备、输出设备。

2. 【答案】A

【解析】考核计算机的硬件系统。中央处理器（CPU）由运算器和控制器组成。

3. 【答案】C

【解析】CPU 读取和写入数据都是通过内存来完成的。

4. 【答案】D

【解析】控制器的基本功能是控制计算机各部件协调一致地工作。

5. 【答案】C

【解析】1TB = 1 024GB；1GB = 1 024MB；1MB = 1 024KB；1KB = 1 024B。

6.【答案】D

【解析】存储器的读取速度 Cache > RAM > ROM > 外存，A 项、B 项、C 项均是外存。

7.【答案】A

【解析】为了便于存放，每个存储单元必须有唯一的编号（称为"地址"），通过地址可以找到所需的存储单元，取出或存入信息。这如同旅馆中每个房间必须有唯一的房间号，才能找到该房间内的人。

8.【答案】D

【解析】磁盘驱动器既可以作输出设备，如克隆系统、备份数据到光盘；又可以作输入设备，如使用磁盘安装系统或应用软件。

9.【答案】C

【解析】机器语言不需要转换，本身就是二进制代码语言，可以直接运行；高级语言需经编译程序转换成可执行的目标程序，才能在计算机上运行；数据库语言也需将源程序转换成可执行的目标程序，才能在计算机上运行；汇编语言需经汇编程序转换成可执行的目标程序，才能在计算机上运行。

10.【答案】C

【解析】中央处理器 CPU 是由运算器和控制器两部分组成，可以完成指令的解释与执行。计算机的存储器分为内存储器和外存储器。内存储器是计算机主机的一个组成部分，它与 CPU 直接进行信息交换，CPU 直接读取内存中的数据。

11.【答案】A

【解析】在计算机中，运行了该程序就等于将该程序调到了内存中。

12.【答案】B

【解析】存储器分内存和外存，内存就是 CPU 能由地址线直接寻址的存储器。内存又分 RAM、ROM 两种，RAM 是可读可写的存储器，它用于存放经常变化的程序和数据。外存一般常用的是磁盘和光盘，CD – ROM 属于只读型光盘。

二、多项选择题

1.【答案】BCD

【解析】计算机中的存储器可分成两大类：内存和外存。内存中存放的是当前正在执行的应用程序和所需的数据；外存中存放的是当前暂时不用的程序和数据。

2.【答案】ABC

【解析】考核计算机的硬件系统。光盘里的东西是不会因突然断电而丢失的；硬盘里的东西是已经存储好的，也不会因为断电而丢失；只读存储器是只能读取，所以也不因为断电丢失；只有内存里的东西会因为断电而丢失，因为它的存储是暂时的。

3.【答案】ACD

【解析】计算机的程序必须先从外存读取到内存中才能被 CPU 读取与执行。A 项，计算机的主机包括 CPU 和内存；C 项，有些特殊的计算机不需要硬盘也能工作；D 项，计算机键盘上的字母键的排列方式是有规律的。

4.【答案】ABD

【解析】双核就是指 CPU 上集成两个运算核心，不是指两个 CPU。CPU 中心那块隆起的芯片就是核心，是由单晶硅以一定的生产工艺制造出来的，CPU 所有的计算、接受/存储命令、处理数据都由核心执行。双核是利用 Hyper Transport（超传输）技术和内存控制器技术实现的。

5.【答案】ABD

【解析】主机可以通过 USB 连接器向外围设备供电，如 USB 摄像头、USB 手机充电等。

6.【答案】ABC

【解析】系统软件包括如下几类：（1）操作系统，如 Windows 系列、Linux、Unix等；（2）语言处理程序，如 C、VB、Pascal 等；（3）数据库管理系统，如 SQL Server、DB2、Access、VFP 等；（4）网络管理软件，如 SNMP 等；（5）常用的服务程序，如IIS 等。

7.【答案】ABC

【解析】常用的输入设备有：键盘、鼠标、摄像头、扫描仪、光笔、手写输入板、游戏杆、语音输入装置等。常用的输出设备有：显示器、打印机、绘图仪、音箱等。

8.【答案】BCD

【解析】文字处理程序、财务处理系统、金融软件、WPS、Office 2003、Excel 2003均是应用软件的范畴。

专项训练三

计算机网络的组成与分类

1. 经典示例

经典例题 1（单选题）下列关于计算机网络的叙述中错误的是（　　）。

A. 建立计算机网络的主要目的是实现资源共享

B. Internet 也称为国际互联网、因特网

C. 计算机网络是在通信协议控制下实现的计算机之间的连接

D. 把多台计算机互相连接起来，就构成了计算机网络

【答案】D

【解析】计算机网络构成的条件除了需要把多台计算机互相连接起来之外，还需要网络操作软件及网络通信协议的管理和协调。故选 D 项。

经典例题 2（多选题）关于计算机网络的分类，以下说法哪些正确？（　　）

A. 按网络拓扑结构划分：总线型、环型、星型和树型等

B. 按网络覆盖范围和计算机间的连接距离划分：局域网、城域网、广域网

C. 按传递数据所用的结构和技术划分：资源子网、通信子网

D. 按通信传输介质划分：低速网、中速网、高速网

【答案】AB

【解析】计算机网络按照传递数据所用的结构和技术划分应分为广播式传输网络、点对点式传输网络等；计算机网络按照通信传输介质划分为有线网、无线网和光纤网。故选 AB 项。

2. 同步训练

一、单项选择题

1. 下面（　　）不是计算局域网的主要特点。

A. 地理范围有限   B. 数据传输速率高

C. 通信延迟较低   D. 构建比较复杂

2. 计算机网络主要的目标是实现（   ）。

A. 通信   B. 交换数据

C. 资源共享   D. 连接

3. 所有站点均连接到公共传输媒体上的网络结构是（   ）。

A. 总线型   B. 环型

C. 树型   D. 混合型

4. 局域网是一种小区域内使用的网络，其英文缩写为（   ）。

A. LAN   B. WAN   C. MAN   D. CAN

5. 以下网络传输介质中传输速率最快的是（   ）。

A. 光纤   B. 双绞线

C. 同轴电缆   D. 电话线

6. 下列传输介质中，抗干扰能力最强的是（   ）。

A. 双绞线   B. 光纤

C. 同轴电缆   D. 电话线

7. 在计算机网络中，英文缩写 WAN 的中文名是（   ）。

A. 局域网   B. 城域网

C. 无线网   D. 广域网

8. 在因特网技术中，缩写 ISP 的中文全名是（   ）。

A. 因特网服务提供商   B. 因特网服务产品

C. 因特网服务协议   D. 因特网服务程序

9. 计算机网络分局域网、城域网和广域网，（   ）属于局域网。

A. ChinaDDN 网   B. Novell 网

C. Chinanet 网   D. Internet

二、多项选择题

1. 局域网常用的网络拓扑结构有（   ）。

A. 环型   B. 总线型   C. 树型   D. 星型

2. 下面（   ）是计算局域网的主要特点。

A. 地理范围有限   B. 数据传输速率高

C. 通信延迟较低   D. 构建比较复杂

3. 会产生冲突的网络拓扑结构有（   ）。

A. 总线形结构   B. 环形结构

C. 点对点全连接结构   D. 采用集线器连接的星形结构

参考答案与解析

一、单项选择题

1.【答案】D

【解析】局域网地理范围有限，联网工作范围在十几米至一千米左右。数据传输速率高，通信延迟较低。局域网常用的网络拓扑结构有：环型、总线型、树型、星型，所以构建相对简单。

2.【答案】C

【解析】计算机网络是实现信息交换和资源共享的系统。

3.【答案】A

【解析】总线型拓扑结构的特点就是所有节点都连接到一个公共传输设备上。

4.【答案】A

【解析】几种网络的缩写：局域网（LAN）、广域网（WAN）、城域网（MAN）。

5.【答案】A

【解析】光纤是其中传输速度最快、距离最长、抗干扰能力最强的计算机网络传输介质。

6.【答案】B

【解析】任何一个数据通信系统都包括发送部分、接收部分和通信线路，其传输质量不但与传送的数据信号和收发特性有关，而且与传输介质有关。同时，通信线路沿途不可避免的有噪声干扰，它们也会影响到通信和通信质量。双绞线是把两根绝缘铜线拧成有规则的螺旋形。双绞线抗扰性较差，易受各种电信号的干扰，可靠性差。同轴电缆是由一根空心的外圆柱形的导体围绕单根内导体构成的。在抗干扰性方面对于较高的频率，同轴电缆优于双绞线。光缆是发展最为迅速的传输介质。不受外界电磁波的干扰，因而电磁绝缘性好，适宜在电气干扰严重的环境中应用；无串音干扰，不易窃听或截取数据，因而安全保密性好。

7.【答案】D

【解析】广域网（Wide Area Netword），也叫远程网络；局域网的英文全称是 Local Area Netword；城域网的英文全称是 Metropolitan Area Netword。

8.【答案】A

【解析】ISP（Internet Service Provider）是指因特网服务提供商。

9.【答案】B

【解析】计算机网络按地理范围进行分类可分为：局域网、城域网、广域网。ChinaDDN 网、Chinanet 网属于城域网，Internet 属于广域网，Novell 网属于局域网。

二、多项选择题

1.【答案】ABCD

【解析】局域网常用的网络拓扑结构有：环型、总线型、树型、星型。

2.【答案】ABC

【解析】局域网地理范围有限，联网工作范围在十几米至一千米左右。数据传输速率高，通信延迟较低。局域网常用的网络拓扑结构有：环型、总线型、树型、星型。所以构建相对简单。

3.【答案】ABD

【解析】按网络的拓扑结构划分，常用的网络拓扑结构有：环型、总线型、树型、星型、网状。按照传递数据所用的结构和技术划分：广播式传输网络、点对点式传输网络等。点对点传输，不会与网络上的其他设备或计算机产生冲突。

专项训练四

TCP/IP 协议

1. 经典示例

经典例题 1（单选题） Internet 网络协议的基础是（   ）。

A. Windows NT   B. NetWare   C. IPX/SPX   D. TCP/IP

【答案】D

【解析】TCP/IP 即传输控制/网际协议，又叫网络通信协议，这个协议是 Internet 最基本的协议，是 Internet 国际互联网络的基础。故选 D 项。

经典例题 2（多选题） 下列对网络服务的描述正确的有（   ）。

A. DHCP——动态主机配置协议，动态分配 IP 地址

B. DNS——域名服务，可将主机域名解析为 IP 地址

C. WINS——Windows 互联网名称服务，可将主机域名解析为 IP 地址

D. FTP——文件传输协议，可提供文件上传、文件下载服务

【答案】ABD

【解析】WINS 是 Windows Internet Name System 的简称，主要是用来将计算机名（NetBios 名）转化为 IP 地址。DNS 是域名解析服务器，主要用来将域名解析为 IP 地址。故选 ABD 项。

2. 同步训练

一、单项选择题

1. TCP 的主要功能是（   ）。

A. 进行数据分组   B. 保证可靠传输

C. 确定数据传输路径   D. 提高传输速度

2. 互联网上的服务都是基于一种协议，WWW 服务基于（　　　）。

A. HTTP 协议　　　　B. TELNET 协议　　C. HTML 协议　　　　D. SMTP 协议

3. ftp. anhui. gov. cn 的计算机名是（　　　）。

A. ftp　　　　　　　B. anhui　　　　　　C. anhui. gov. cn　　D. anhui. gov

4. 根据域名代码规定，表示政府部门网站的域名代码是（　　　）。

A. net　　　　　　　B. com　　　　　　　C. gov　　　　　　　D. org

二、多项选择题

1. 下列属于应用层协议的有（　　　）。

A. FTP　　　　　　　B. HTTP　　　　　　C. TCP　　　　　　　D. DNS

2. 下列对网络服务的描述正确的有（　　　）。

A. DHCP——动态主机配置协议，动态分配 IP 地址

B. DNS——域名服务，可将主机域名解析为 IP 地址

C. WINS——Windows 互联网名称服务，可将主机域名解析为 IP 地址

D. FTP——文件传输协议，可提供文件上传、文件下载服务

参考答案与解析

一、单项选择题

1. 【答案】B

【解析】传输层的两种协议，TCP 提供可靠的、面向连接的传输协议，UDP 是非面向连接的传输协议。

2. 【答案】A

【解析】WWW 服务基于 HTTP 协议。

3. 【答案】A

【解析】域名通常其格式：主机名. 机构名. 网络名. 顶层域名。域名 ftp. anhui. gov. cn 中的 ftp 是计算机名（主机名）。

4. 【答案】C

【解析】顶级域组织模式划分：

域名	含义
com	商业机构
edu	教育机构
gov	政府部门
mil	军事机构
net	网络组织
int	国际机构
org	其他非营利组织

二、多项选择题

1. 【答案】ABD

【解析】TCP 属于传输层协议。

2. 【答案】ABD

【解析】WINS 是 Windows Internet Name System 的简称，主要是用来将计算机名（NetBios 名）转化为 IP 地址。DNS 是域名解析服务器，主要用来将域名解析为 IP 地址。

专项训练五

Internet 应用

1. 经典示例

经典例题 1（单选题） 下列选项中，不属于 Internet 提供的服务的是（ ）。

A. 电子邮件　　　B. 文件传输　　　C. 远程登录　　　D. 实时监测控制

【答案】D

【解析】Internet 提供的常用服务包括环球网（WWW）、电子邮件（Email）、文件传输协议（FTP）、远程登录（Telnet）、电子公告牌系统（BBS）等。因此 A、B、C 三项均正确。实时监测控制是指管理员利用计算机在生产、实验的过程中进行数据检测和操作控制的技术，并不属于 Internet 所提供的服务。故选 D 项。

经典例题 2（单选题） FTP 是 Internet 提供的（ ）类型服务。

A. 文件传输　　　B. 电子邮件　　　C. 电子公告板　　　D. 远程登录

【答案】A

【解析】FTP 的英文全称是 File Transfer Protocol，翻译成中文就是文件传输协议，它是 TCP/IP 网络上两台计算机传送文件的协议，FTP 是在 TCP/IP 网络和 Internet 上最早使用的协议之一。故选 A 项。

2. 同步训练

一、单项选择题

1. 能保存网页地址的文件夹是（ ）。

A. 收件箱　　　B. 公文包　　　C. 我的文档　　　D. 收藏夹

2. 以下电子邮件地址书写正确的格式是（ ）。

A. ADc@　　　　　　　　　B. yanRui92@163. com

C. @ sohu. com　　　　　　　D. ADc. br. up

3. 在 Internet 中，主机的 IP 地址与域名的关系是（　　）。

A. IP 地址是域名中部分信息的表示　　B. 域名是 IP 地址中部分信息的表示

C. IP 地址和域名是等价的　　　　　　D. IP 地址和域名分别表示不同含义

二、多项选择题

1. 哪些信息可在因特网上传输？（　　）

A. 声音　　　　　B. 图像　　　　　C. 文字　　　　　D. 普通邮件

2. 关于 URL，以下哪些说法是错误的？（　　）

A. URL 是 Email 地址　　　　　　B. URL 由协议名称、主机名和路径组成

C. 网址就是 URL　　　　　　　　D. URL 是主机名称

参考答案与解析

一、单项选择题

1.【答案】D

【解析】浏览器中的"收藏夹"可以收藏的是网页的地址而非内容。

2.【答案】B

【解析】电子邮件地址格式：邮箱名@邮件服务器。如：local_part@ sina. com。

3.【答案】C

【解析】在 Internet 中，主机的 IP 地址和域名是等价的。

二、多项选择题

1.【答案】ABCD

【解析】在因特网上传输信息有很多种类，包括文字、图像、音频、视频、动画等。发邮件更是网络上常用的传输、沟通方式。

2.【答案】AD

【解析】URL 是统一资源定位器，即网址。

专项训练六

计算机病毒

1. 经典示例

经典例题 1（单选题） 国家计算机病毒应急处理中心近日发布《病毒检测周报》，发现 10 月 4～10 日这一周的病毒数同比上周仍呈上升趋势，病毒疫情以蠕虫和木马为主，"网页挂马"的数量呈上升态势，感染计算机的数量仍呈上升态势。下列有关计算机病毒的说法，不正确的是（   ）。

A. 计算机病毒实际上是一种计算机程序

B. 计算机病毒中也有良性病毒

C. 计算机病毒有引导型病毒、文件型病毒、复合型病毒

D. 计算机病毒是由于程序的错误编制而产生的

【答案】D

【解析】计算机病毒是指编制或者在计算机程序中插入的破坏计算机功能或者破坏数据，影响计算机使用并且能够自我复制的一组计算机指令或者程序代码。不是由于程序的错误编制而产生的。计算机病毒按危害性分为良性病毒和恶性病毒；按病毒感染途径分为引导型病毒、文件型病毒和复合型病毒。故选 D 项。

经典例题 2（多选题） 下列关于计算机病毒预防措施的叙述中，正确的有（   ）。

A. 将重要数据文件及时备份到移动设备上

B. 安装杀毒软件或病毒防火墙软件

C. 不要随便打开/阅读不明身份的发件人发来的电子邮件

D. 使用任何新软件和硬件（如硬盘）必须先检查

【答案】ABCD

【解析】以上方法均可以防范计算机病毒的危害。故选 ABCD 项。

2. 同步训练

一、单项选择题

1. 计算机病毒可以使整个计算机瘫痪，危害极大。计算机病毒是（　　）。

A. 一条命令 　　　　　　　　　　B. 一段特殊的程序

C. 一种生物病毒 　　　　　　　　D. 一种芯片

2. 计算机病毒破坏的主要对象是（　　）。

A. 磁盘片 　　　　B. 磁盘驱动器 　　　C. CPU 　　　　　D. 程序和数据

3. 发现微型计算机染有病毒后，较为彻底的清除方法是（　　）。

A. 用查毒软件处理 　　　　　　　B. 用杀毒软件处理

C. 删除磁盘文件 　　　　　　　　D. 重新格式化磁盘

4. 下列叙述中，正确的是（　　）。

A. Word 文档不会带计算机病毒

B. 计算机病毒具有自我复制的能力，能迅速扩散到其他程序上

C. 清除计算机病毒的最简单办法是删除所有感染了病毒的文件

D. 计算机杀病毒软件可以查出和清除任何已知或未知的病毒

5. 下列关于计算机病毒的叙述中，错误的是（　　）。

A. 计算机病毒具有潜伏性

B. 计算机病毒具有传染性

C. 感染过计算机病毒的计算机具有对该病毒的免疫性

D. 计算机病毒是一个特殊的寄生程序

6. 关于计算机病毒的说法，不正确的是（　　）。

A. 计算机病毒是能够自我复制，且有破坏作用的计算机程序

B. 所有计算机病毒都能破坏磁盘上的数据和程序

C. 计算机病毒可以通过计算机网络传播

D. 重要数据应做备份，以防病毒感染

7. 木马的信息反馈机制收集的信息中最重要的是（　　）。

A. 服务端系统口令 　　　　　　　B. 服务端 IP

C. 服务端硬盘分区情况 　　　　　D. 服务端系统目录

8. 木马在建立连接时，并非必需的条件是（　　）。

A. 服务端已安装了木马 　　　　　B. 控制端在线

C. 服务端在线 　　　　　　　　　D. 已获取服务端系统口令

9. 下列预防计算机病毒的注意事项中，错误的是（　　）。

A. 不使用网络，以免中毒

B. 重要资料经常备份

C. 备好启动盘

D. 尽量避免在无防毒软件机器上使用可移动储存介质

10. 据统计，目前计算机病毒扩散最快的途径是（　　）。

A. 软件复制　　　　B. 网络传播　　　　C. 磁盘拷贝　　　　D. 运行游戏软件

二、多项选择题

1. 下列是杀毒软件的是（　　）。

A. 卡巴斯基　　　　B. 360 杀毒软件　　C. 金山毒霸　　　　D. ERP 软件

2. 病毒的传播途径有（　　）。

A. 软盘　　　　　　B. 光盘　　　　　　C. 网络　　　　　　D. 移动硬盘

3. 下列关于病毒命名规则的叙述中，正确的有（　　）。

A. 病毒名前缀表示病毒类型　　　　　B. 病毒名前缀表示病毒变种特征

C. 病毒名后缀表示病毒类型　　　　　D. 病毒名后缀表示病毒变种特征

4. 常见的病毒名前缀有（　　）。

A. Trojan　　　　　B. Script　　　　　C. Macro　　　　　D. Binder

5. 下列选项中，可以隐藏木马的有（　　）。

A. 应用程序　　　　B. 游戏外挂　　　　C. 网络插件　　　　D. 电子邮件

参考答案与解析

一、单项选择题

1. 【答案】B

【解析】计算机病毒就是一段程序，只不过这段程序很特殊，因为它会带来危害，还会传染，不过这种危害只会对计算机，不会对其他事务，所以它不是一种生物病毒。考生还需要掌握病毒的特征。

2. 【答案】D

【解析】计算机病毒是具有破坏性的程序，破坏的主要对象是程序和数据。

3. 【答案】D

【解析】格式化磁盘可以彻底地清除磁盘的所有数据，包括病毒。

4. 【答案】B

【解析】Word 文档可能带来宏病毒，删除所有感染了病毒的文件不一定能彻底地清除病毒，反病毒软件通常滞后于计算机病毒的出现。

5. 【答案】C

【解析】感染过计算机病毒的计算机不会具有对该病毒的免疫性。

6. 【答案】B

【解析】计算机病毒是能够自我复制，且有破坏作用的计算机程序；可以通过计算机网络传播；但不是所有计算机病毒都能破坏磁盘上的数据和程序。

7.【答案】B

【解析】木马的信息反馈机制收集的信息中最重要的是服务端 IP。

8.【答案】D

【解析】木马在建立连接时，必须的条件是服务端已安装了木马、控制端在线、服务端在线。

9.【答案】A

【解析】重要资料经常备份、备好启动盘、避免在无防毒软件机器上使用可移动储存介质都是正确地防止病毒的方法。网络是病毒传输的主要途径，但并不是说为了防止中毒而不使用网络。

10.【答案】B

【解析】目前计算机扩散最快的途径是网络传播。

二、多项选择题

1.【答案】ABC

【解析】卡巴斯基、瑞星、金山毒霸、360 杀毒都是杀毒软件，ERP 软件是企业资源管理系统，不是杀毒软件。

2.【答案】ABCD

【解析】病毒可以通过任意的存储介质传播，也可以通过网络传播。

3.【答案】AD

【解析】世界上那么多的病毒，反病毒公司为了方便管理，它们会按照病毒的特性，将病毒进行分类命名。虽然每个反病毒公司的命名规则都不太一样，但大体都是采用一个统一的命名方法来命名的。一般格式为：＜病毒前缀＞.＜病毒名＞.＜病毒后缀＞。病毒前缀是指一个病毒的种类，它是用来区别病毒的种族分类的；不同的种类的病毒，其前缀也是不同的。比如我们常见的木马病毒的前缀 Trojan、蠕虫病毒的前缀是 Worm，等等。病毒后缀是指一个病毒的变种特征，是用来区别具体某个家族病毒的某个变种的。一般都采用英文中的 26 个字母来表示，如 Worm. Sasser. b 就是指振荡波蠕虫病毒的变种 B，因此一般称为"振荡波 B 变种"或者"振荡波变种 B"。如果该病毒变种非常多，也表明该病毒生命力顽强，可以采用数字与字母混合表示变种标识。

4.【答案】ABCD

【解析】系统病毒的前缀为 Win32、PE、Win95、W32、W95 等；蠕虫病毒的前缀是 Worm；木马病毒、黑客病毒其前缀是 Trojan；脚本病毒的前缀是 Script；宏病毒的前缀是 Macro；后门病毒的前缀是 Backdoor；破坏性程序病毒的前缀是 Harm；玩笑病毒的前缀是 Joke，也称恶作剧病毒；捆绑机病毒的前缀是 Binder。

5.【答案】ABCD

【解析】应用程序、电子邮件、网络插件、游戏外挂等都可以隐藏木马。

专项训练七

Word 操作

1. 经典示例

经典例题1（单选题） 在 Word 中，（　　）查看方式具有"所见即所得"的效果，页眉、页脚、分栏和图文框都能显示在真实的位置上，可用于检查文档的外观。

A. 普通视图　　　　B. 页面视图　　　　C. 大纲视图　　　　D. 主控文档

【答案】 B

【解析】 在 Word 中，共有5种视图模式，包括页面视图、阅读版式视图、Web 版式视图、大纲视图、普通视图等。其中系统默认的查看方式具有"所见即所得"的效果的是页面视图，页眉、页脚、分栏和图文框都显示在真实的位置上，可用于检查文档的外观。"所见即所得"是指在此页面下编辑的文档效果就是打印出来的效果。

经典例题2（单选题） 打开 Word 文档 A，修改后另存为文档 B，则文档 A（　　）。

A. 被修改未关闭　　B. 被修改并关闭　　C. 未修改被关闭　　D. 被文档 B 覆盖

【答案】 C

【解析】 文档 A 修改后另存为文档 B，则文档 A 未修改被关闭，文档 B 是文档 A 被修改之后的文档，并处于打开状态。

2. 同步训练

一、单项选择题

1. Word 文档中进行了多次剪切操作，并关闭了该窗口后，剪贴板内容会（　　）。

A. 显示最后一个剪贴内容　　　　　　B. 显示第一个剪贴内容

C. 显示全部的剪贴内容　　　　　　　D. 空白

2. 在 Word 中，如果当前光标在表格中某行的最后一个单元格的外框线上，按 Enter 键后，（　　）。

A. 光标所在行加宽　　　　　　　B. 光标所在列加宽

C. 在光标所在行下增加一行　　　D. 对表格不起作用

3. 在 Word 中，如果要使文档内容横向打印，在"页面设置"中应选择的标签是（　　）。

A. 纸张大小　　　B. 纸张来源　　　C. 版面　　　　D. 页边距

4. 目前在打印预览状态，若要打印文件（　　）。

A. 只能在打印预览状态打印　　　B. 在打印预览状态不能打印

C. 在打印预览状态也可以直接打印　　　D. 必须退出打印预览状态后才可以打印

5. 在 Word 的编辑状态打开一个文档，并对其做了修改，进行"关闭"文档操作后（　　）。

A. 文档将被关闭，但修改后的内容不能保存

B. 文档不能被关闭，并提示出错

C. 文档将被关闭，并自动保存修改后的内容

D. 将弹出对话框，并询问是否保存对文档的修改

6. 在 Word 中，要设置字符颜色，应先选定文字，再选择"格式"菜单中的（　　）选项。

A. 样式　　　　B. 字体　　　　C. 段落　　　　D. 颜色

7. 在 Word 的编辑状态下，执行两次"剪切"操作后，则剪贴板中（　　）。

A. 有两次被剪切的内容　　　　　B. 仅有第二次被剪切的内容

C. 仅有第一次被剪切的内容　　　D. 无内容

8. 在 Word 中，要改变行间距，则应选择（　　）。

A. "插入"菜单中的"分隔符"　　　B. "视图"菜单中的"缩放"

C. "格式"菜单中的"段落"　　　　D. "格式"菜单中的"字体"

9. 在 Word 的编辑状态下，对当前文档中的文字进行"字数统计"操作，应当使用的菜单是（　　）。

A. "文件"菜单　　B. "编辑"菜单　　C. "视图"菜单　　D. "工具"菜单

10. 在 Word 的编辑状态，关于拆分表格，正确的说法是（　　）。

A. 可以自己设定拆分的行列数　　B. 只能将表格拆分为左右两部分

C. 只能将表格拆分为上下两部分　　D. 只能将表格拆分为列

11. Word 常用工具栏中的"格式刷"可用于复制文本或段落的格式，若要将选中的文本或段落格式重复应用多次，应（　　）。

A. 单击"格式刷"　　　　　　　B. 双击"格式刷"

C. 右击"格式刷"　　　　　　　D. 拖动"格式刷"

12. 在 Word 2003 中，对同一文档中的文字或图形进行移动时，（　　），把定的文字或图形拖曳到目标位置后松开鼠标按钮。

A. 不按任何键　　B. 按住 Shift 键　　C. 按住 Alt 键　　D. 按住 Ctrl 键

二、多项选择题

1. 如果文档中已有页眉和页脚内容，要想编辑页眉和页脚，可以（　　）。

A. 双击菜单栏

B. 单击"视图"菜单的"页眉和页脚命令"

C. 双击页眉或页脚区

D. 双击文本区

2. 在 Word 2003 文档中插入图形，下列方法正确的有（　　）。

A. 直接利用绘图工具绘制图形

B. 选择"文件"菜单中的"打开"命令，再选择某个图形文件名

C. 选择"插入"菜单中的"图片"命令，再选择某个图形文件名

D. 利用剪贴板将其他应用程序中的图形粘贴到所需文档中

3. 下列内容中，（　　）能在 Word 2003 的"打印"命令对话框中进行设置。

A. 打印机的选择　　B. 页码位置　　　　C. 打印份数　　　　D. 打印页面的范围

4. 在 Word 中，有关"样式"命令，以下说法中错误的有（　　）。

A. "样式"命令只适用于纯英文文档

B. "样式"命令在"工具"菜单中

C. "样式"命令在"格式"菜单中

D. "样式"只适用于文字，不适用于段落

参考答案与解析

一、单项选择题

1. 【答案】A

【解析】剪贴板是 Windows 系统一段可连续的、可随存放信息的大小而变化的内存空间，用来临时存放交换信息。Word 文档中进行了多次剪切操作，并关闭了该窗口后，剪贴板内容会显示最后一个剪贴内容。

2. 【答案】C

【解析】在 Word 中，如果当前光标在表格中某行的最后一个单元格的外框线上，按 Enter 键后，在光标所在行下增加一行；如果当前光标在表格中某行的最后一个单元格内，按 Enter 键后，会在当前单元格内换行，光标依然停留在当前单元格内。

3. 【答案】D

【解析】"页面设置"的"页边距"选项卡中可设置页面方向为纵向或横向。

4. 【答案】C

【解析】文档的打印可直接打印，也可以通过打印预览检查打印的效果，在打印预览状态下也可以直接打印。另外需要注意的是打印预览状态下，不可以对文档进行编辑。

5.【答案】D

【解析】在 Word 的编辑状态打开一个文档，并对其做了修改，进行"关闭"文档操作后将弹出对话框，并询问是否保存对文档的修改。

6.【答案】B

【解析】在 Word 中，要设置字符颜色，应先选定文字，再选择"格式"菜单中的"字体"选项，将弹出【字体】对话框。

7.【答案】A

【解析】执行两次"剪切"操作后，则剪贴板中有两次被剪切的内容。

8.【答案】C

【解析】"格式"菜单中的"段落"设置行间距。

9.【答案】D

【解析】"字数统计"操作在"工具"菜单下。

10.【答案】A

【解析】在 Word 的编辑状态，可以将表格拆分多行、多列。

11.【答案】B

【解析】双击"格式刷"后，可以将选中的文本或段落格式重复应用多次。

12.【答案】A

【解析】对同一文档中的文字或图形进行移动时，不需要按任何键，把选定的文字或图形拖曳到目标位置后松开鼠标按钮就可以了。

二、多项选择题

1.【答案】BC

【解析】使用鼠标左键双击页面上的页脚区域，或通过菜单栏的"视图"→"页眉和页脚"，可进入页眉和页脚的编辑状态。

2.【答案】ACD

【解析】选择"文件"菜单中的"打开"命令，再选择某个图形文件名，不会在当前文档插入图形，而是打开一个新的窗口。

3.【答案】ACD

【解析】"打印"对话框中无页码位置的设置，可以设置页面范围。

4.【答案】ABD

【解析】"样式"命令在"格式"菜单中，适用于中文文档和英文文档，适用于文字，也适用于段落。

专项训练八

Excel 操作

1. 经典示例

经典例题 1（单选题） 在 Excel 2003 中，在 A1 单元格中输入 = SUM（8，7，8，7），则其值为（　　）。

A. 15　　　　　　B. 30　　　　　　C. 7　　　　　　D. 8

【答案】B

【解析】Excel 2003 中 SUM 函数为求和函数，在 SUM 后面如果直接跟（number1，number2）等参数，表示将括号内的所有数据进行相加求和。本题中其值应为 8 + 1 + 7 + 8 + 7 = 30。故选 B 项。

经典例题 2（单选题） 用 Excel 可以创建各类图表，为了描述特定时间内，各个项目之间的差别情况，对各项进行比较，应该选择（　　）。

A. 条形图　　　　B. 饼图　　　　C. 折线图　　　　D. 散点图

【答案】A

【解析】条形图，显示了各个项目之间的比较情况。纵轴表示分类，横轴表示值，它与柱形图的功能及特点相似。故选 A 项。

2. 同步训练

一、单项选择题

1. 在 Excel 中，要在单元格中强制换行，应执行的操作是（　　）。

A. Enter　　　　B. Alt + Enter　　　　C. Ctrl + Enter　　　　D. Shift + Enter

2. 当前选定的区域是 A1：A5，活动单元格是 A1，在公式编辑栏中输入 100，然后按 Ctrl + Enter 组合键，则 A1：A5 区域中（　　）。

A. A1 的值为 100，A2：A5 的值不变

B. A1：A5 的值均为 100

C. A1：A5 的值为 100 至 104 的递增数列

D. A1 的值为 100，A2：A5 的值为空

3. 在 Excel 中，下列选项属于对单元格的绝对引用的是（　　）。

A. B3　　　　　B. ％B#2　　　　C. $B#2　　　　D. B2

4. 在 Excel 中，先选定单元格 B1，然后按住 Shift 键不放，再单击单元格 C4，则（　　）。

A. 单元格 C4 的值等于 B1 的值　　　B. B1：C4 区域被选定

C. 只有单元格 B1 与 C4 被选定　　　D. B1：C4 区域的值被清除

5. 在 Excel 2003 中，要统计一行数值的个数，可以使用的函数是（　　）。

A. COUNT　　　B. AVERAGE　　　C. MAX　　　D. SUM

6. 在 Excel 2003 中，一个工作簿可以含有（　　）张工作表。

A. 254　　　　　B. 255　　　　　C. 256　　　　　D. 65 536

7. 下列对"删除工作表"的说法，正确的是（　　）。

A. 不允许删除工作表　　　　　B. 删除工作表后，还可以恢复

C. 删除工作表后，不可以再恢复　　D. 以上说法都不对

8. 现在有 5 个数据需要求和，我们用鼠标仅选中这 5 个数据而没有空白格，那么点击求和按钮后会出现什么情况？（　　）

A. 和的值保存在第 5 个数据的单元格中

B. 和的值保存在数据格后面的第一个空白格中

C. 和的值保存在第一个数据的单元格中

D. 没有什么变化

9. Excel 2003 中，在单元格中输入文字时，缺省的对齐方式是（　　）。

A. 左对齐　　　B. 右对齐　　　C. 居中对齐　　　D. 两端对齐

10. 如用户需要打印工作簿中的一个或多个工作表，可以按住什么键不放，然后对要打印的工作表进行选择？（　　）

A. Shift　　　　B. Alt　　　　C. Ctrl　　　　D. Tab

11. 在单元格中输入数字时，有时单元格显示为"######"，这时因为（　　）。

A. 数据输入时出错　　　　　B. 数据位数过长，无法完整显示

C. Excel 出错　　　　　　　D. 系统死机

12. Excel 2003 中，前两个相邻的单元格内容分别为 3 和 6，使用填充句柄进行填充，则后续序列为（　　）。

A. 9，12，15，18，…　　　　B. 12，24，48，96，…

C. 9，16，25，36，…　　　　D. 不能确定

二、多项选择题

1. 关于 Excel，以下说法错误的有（　　）。

A. 一个 Excel 文件最多可容纳 128 个工作表

B. 在 Excel 文件中，可以隐藏表的一列或一行，但不能隐藏整个表

C. Excel 不会为每个单元格分配内存，只有当前单元格才会占用内存

D. 默认情况下，Excel 锁定了所有的单元格，但未设置保护工作表时，不会生效

2. 以下对 Excel 表中单元格的表示正确的是（　　　）。

A. A5　　　　　　B. A$5　　　　　　C. C5　　　　　　D. AC5

3. 在 Excel 2003 中，关于公式"＝Sheet2！A1＋A2"的表述不正确的有（　　　）。

A. 将工作表 Sheet2 中 A1 单元格的数据与本表单元格 A2 中的数据相加

B. 将工作表 Sheet2 中 A1 单元格的数据与单元格 A2 中的数据相加

C. 将工作表 Sheet2 中 A1 单元格的数据与工作表 Sheet2 中单元格 A2 中的数据相加

D. 将工作表中 A1 单元格的数据与单元格 A2 中的数据相加

4. 在 Excel 2003 中，可以进行（　　　）。

A. 数据管理　　　B. 图表制作　　　C. 表格管理　　　D. 插入艺术字

参考答案与解析

一、单项选择题

1.【答案】B

【解析】在一个单元格内强行分行可通过 Alt＋Enter 组合键来实现。

2.【答案】B

【解析】在输入数据时，如果有一批单元格需要输入相同的内容，先选定相应单元格，然后在编辑框中输入需要的内容后，按下 Ctrl＋Enter 组合键。

3.【答案】D

【解析】绝对引用又称绝对地址，在表示单元格的列标和行号前加"＄"符号就称为绝对引用，其特点是在将此单元格复制到新的单元格时，公式中的单元格地址始终保持不变。

4.【答案】B

【解析】使用 Shift＋左键可以在 Excel 中连选单元格区域。

5.【答案】A

【解析】COUNT 函数用来计算所列参数中数值的个数。

6.【答案】B

【解析】一个工作簿默认有 3 张工作表，最多可以由 255 个工作表组成。

7.【答案】C

【解析】工作表可以被删除，删除后，不可以再恢复。

8.【答案】B

【解析】按题意，和的值会保存在数据格后面的第一个空白格中。

9.【答案】A

【解析】在单元格中输入文字时，缺省的对齐方式是左对齐；输入数字时，缺省的对齐方式是右对齐。

10.【答案】C

【解析】按住 Ctrl 键不放，可以选择多个不连续的工作表。

11.【答案】B

【解析】在单元格中输入数字时，若数据位数过长，无法完整显示，就会显示为"######"。

12.【答案】A

【解析】前两个相邻的单元格内容分别为 3 和 6，使用填充句柄进行填充，Excel 会按照等差数列的规律填充后续队列。

二、多项选择题

1.【答案】ABC

【解析】一个 Excel 文件最多可容纳 255 个工作表，在 Excel 文件中，可以通过选定表的一列或一行，在快捷菜单中选择隐藏，也可以通过菜单"窗口"→"隐藏"，隐藏整个表。Excel 打开工作表后，所有单元格占用内存。

2.【答案】ABC

【解析】单元格的引用包括相对引用、绝对引用和混合引用三种，相对引用会随着公式所在单元格位置的改变而改变，而绝对引用则在复制或移动单元格时，公式中引用的单元格不发生变化，形式为在行和列前加上"＄"符号。

3.【答案】BCD

【解析】三维地址是指引用不同工作表中的单元格，在单元格地址前加上工作表名以及"！"，即工作表、列行。如 Sheet1！B2，Sheet1！＄B＄3。

4.【答案】ABCD

【解析】在 Excel 2003 中，可以进行表格管理、图表制作、数据管理、插入艺术字等操作。

第八篇 银行招考常识

8

　　银行招考常识是考生应聘银行考试中需要了解的内容，而银行为了考查应聘考生求职过程中的整体关注状况，包括对于银行的品牌、企业文化的重视，行业相关知识的了解，以及最新财经新闻的涉及。本模块分为两个部分：第一部分为经典例题展示，考生通过经典例题熟悉、回顾本考点的核心内容、常见考法和出题形式；第二部分为核心知识精练，考生通过精练具有针对性研发出的考题，来巩固该考点的知识，进而达到更好的训练效果。

专项训练一

银行特色知识

1. 经典示例

经典例题1（单选题） 经国务院批准，（　　）年中国银行从中国人民银行中分设出来，同时行使国家外汇管理总局职能，直属国务院领导。

A. 1983 B. 1979 C. 1994 D. 1950

【答案】B

【解析】1979年3月，经国务院批准，中国银行从中国人民银行中分设出来，同时行使国家外汇管理总局职能，直属国务院领导。故选B项。

经典例题2（单选题） 中国农业银行于哪年挂牌上市的？（　　）

A. 2008 B. 2010 C. 2012 D. 2006

【答案】B

【解析】中国农业银行于2010年7月15日和16日正式在上海和香港两地上市，农行融资约221亿美元。故选B项。

经典例题3（单选题） 交通银行现行的品牌标语是（　　）。

A. 责任立业　创新超越 B. 百年知交　相融相通

C. 百年交行　辉煌世博 D. 交通银行——您的财富管理银行

【答案】D

【解析】"交通银行——您的财富管理银行"，是交通银行的品牌标语。故选D项。

经典例题4（多选题） 近年来，中国建设银行加快从单一银行功能项综合金融服务集团转变的步伐。综合化经营子公司对集团盈利贡献的不断增强，成为中国建设银行发展不断提速的动力之一。以下属于中国建设银行子公司的有（　　）。

A. 建信租赁 B. 建信基金 C. 建信期货 D. 建信信托

E. 建信人寿

【答案】ABCDE

【解析】中国建设银行成立了以营销"建行金融产品"为主体业务的建信公司，包括建信人寿、建信信托、建银国际、建信基金、建信金融租赁、建信期货等公司。故选ABCDE 项。

经典例题 5（多选题）2014 年 9 月 30 日，作为银行间外汇市场首批人民币对欧元直接交易做市商，中国银行成功与汇丰银行（中国）有限公司完成银行间首笔人民币对欧元直接交易。这一举措带来的好处有（　　）。

A. 促进双边贸易和投资便利化

B. 发展人民币对欧元直接交易，有利于形成人民币对欧元直接汇率

C. 降低交易汇兑成本，简化操作手续

D. 有利于加强双方金融合作，进一步促进人民币国际化的发展

【答案】ABCD

【解析】发展人民币对欧元直接交易，有利于形成人民币对欧元直接汇率，降低交易汇兑成本，简化操作手续，促进双边贸易和投资便利化；并有利于加强双方金融合作，进一步促进人民币国际化的发展。故选 ABCD 项。

2. 同步训练

一、单项选择题

1. 中国建设银行的企业宣传口号是（　　）。

A. 大行德广，伴您成长　　　　B. 工于至诚，行以致远

C. 善建者行，成其久远　　　　D. 精品银行，诚信伙伴

2. 中国银行的客户服务热线是（　　）。

A. 95533　　　B. 95566　　　C. 95588　　　D. 95599

3. 下列哪项是中国工商银行的官方网址？（　　）

A. www. boc. cn　　　　　　　B. www. abchina. com/cn

C. www. icbc. com. cn　　　　D. www. ccb. com/cn

4. 下列哪项是交通银行信用卡名称？（　　）

A. 太平洋信用卡　B. 金葵花卡　C. 牡丹卡　　D. 龙卡

5. 2016 年 9 月 27 日，（　　）正式对外营业，成为非洲又一家合作的中资银行。将围绕"担当社会责任，做最好的银行"的战略、充分发挥集团跨境服务优势，搭建金融合作之桥，努力打造成为中国银行集团非洲业务的战略性平台，进一步推动中非经贸往来。

A. 中银国际　　　　　　　　　B. 中国银行（毛里求斯）有限公司

C. 中国银行（赞比亚）有限公司　D. 中国银行（埃塞俄比亚）有限公司

6. 2015 年以来，在证监会的统一部署下，上海证券交易所稳步推进境外机构在上交所发行人民币债券试点工作，成功发行了（　　）。俄罗斯铝业联合公司是首家在我国发行该债券的"一带一路"沿线企业，是"一带一路"沿线国家企业在中国资本市

场融资的有益尝试，拓宽了沿线国家的融资渠道。

  A. 点心债券　　　B. 熊猫债券　　　C. 龙债券　　　D. 武士债券

7. 2016 年 4 月 19 日，中国银行（香港）有限公司获批准成立（　　）。中银香港在此地开设分行，是中国银行集团落实国家"一带一路"战略、加快推进"一带一路"金融大动脉建设的又一具体举措。分行开业后，将进一步夯实中银集团海外发展的根基，提升在东盟地区的服务能力。

  A. 泰国　　　　　B. 新加坡　　　C. 马来西亚　　　D. 文莱分行

8. 2017 年 3 月 23～26 日，博鳌亚洲论坛 2017 年年会在海南博鳌举行。本届论坛的主题是"（　　）"，议题主要围绕全球化、增长、改革和新经济四个方面展开。

  A. 直面全球化与自由贸易的未来　　　B. 迈向命运共同体

  C. 一带一路　　　　　　　　　　　　D. 新活力与新远景

二、多项选择题

1. 下列属于中国农业银行主要品牌的有（　　）。

  A. 金钥匙　　　B. 金光道　　　C. 金益农　　　D. 金葵花

2. 近年来，中国银行加快从单一银行功能项综合金融服务集团转变的步伐。综合化经营子公司对集团盈利贡献的不断增强，成为中国银行发展提速的重要动力。以下属于中国银行下属机构的有（　　）。

  A. 中银国际　　　B. 中银基金　　　C. 中银保险　　　D. 中银航空租赁

3. 2017 年 5 月 14～15 日，"一带一路"国际合作高峰论坛是近期国际社会瞩目的焦点，在此次峰会上，政治互信、贸易投资便利化、基础设施互联互通、人文交流等议题是各国领导讨论的热点，（　　）成为重点关注的议题。

  A. "一带一路"战略　　　　　　B. 人民币国际化

  C. 中资企业投资　　　　　　　　D. 离岸人民币债券业务

参考答案与解析

一、单项选择题

1. 【答案】C

【解析】中国农业银行的宣传口号是"大行德广，伴您成长"。中国工商银行的宣传用语是"工于至诚，行以致远"。中国建设银行的宣传口号是"善建者行，成其久远"。中国光大银行的企业宣传是"精品银行，诚信伙伴"。交通银行的宣传口号是"您的财富管理银行"。

2. 【答案】B

【解析】中国建设银行客户服务热线是 95533；中国银行客户服务热线是 95566；中国工商银行客户服务热线是 95588；中国农业银行客户服务热线是 95599。

3. 【答案】C

【解析】中国银行官方网址是：www.boc.cn。中国农业银行官方网址是：www.abchina.com/cn。中国工商银行官方网址是：www.icbc.com.cn。中国建设银行官方网址是：www.ccb.com/cn。交通银行官方网址是：www.bankcomm.com。

4.【答案】A

【解析】交通银行信用卡产品有太平洋信用卡，招商银行的产品是金葵花卡，中国工商银行发行的银行卡统一命名为牡丹卡，中国建设银行的信用卡都以龙卡命名。

5.【答案】B

【解析】9月27日，中国银行（毛里求斯）有限公司正式对外营业，成为在毛里求斯经营的中资银行。

6.【答案】B

【解析】熊猫债券是"一带一路"沿线国家企业在中国资本市场发行的债券。

7.【答案】D

【解析】4月19日，中国银行（香港）有限公司获批准成立文莱分行。至此，中国银行集团在东盟十国实现机构全覆盖。

8.【答案】A

【解析】2017年博鳌亚洲论坛的主题是"直面全球化与自由贸易的未来"。

二、多项选择题

1.【答案】ABC

【解析】中国农业银行的主要品牌有金钥匙、金光道、金 e 顺、金益农、金穗卡。

2.【答案】ABCD

【解析】中国银行下属机构主要有中银国际、中银基金、中银保险、中银航空租赁、中银香港。

3.【答案】AB

【解析】"一带一路"战略与人民币国际化前景的关系，是"一带一路"国际合作高峰论坛的重要议题。

专项训练二

时 事 新 闻

1. 经典示例

经典例题 1（单选题） 2016 年 7 月 1 日，习近平总书记在庆祝中国共产党成立 95 周年大会上的讲话中强调面向未来，面对挑战，全党同志一定要（　　）。

A. 自力更生，艰苦奋斗　　　　B. 独立自主，改革开放

C. 不忘初心，继续前进　　　　D. 依法治国，以德治国

【答案】C

【解析】中共中央总书记、国家主席、中央军委主席习近平在会上发表重要讲话强调，我们党已经走过了 95 年的历程，要永远保持建党时中国共产党人的奋斗精神，永远保持对人民的赤子之心。面向未来，面对挑战，全党同志一定要不忘初心、继续前进。

经典例题 2（单选题） 自 2016 年 12 月 1 日起，用 ATM（包括其他具有存款功能的自助设备）转账，除本人同行账户转账能实时到账外，本人跨行和向他人转账，24 小时后才能到账；如对转账存疑，可在 24 小时内向发卡行申请撤销，这种 24 小时内的"后悔权"将（　　）。

A. 增加企业转账资金成本　　　　B. 降低商业银行经营利润

C. 有力保护储户账户安全　　　　D. 彻底阻断金融诈骗行为

【答案】C

【解析】此举措能有效防止电信诈骗，保障广大储户利益和安全。

经典例题 3（单选题） 在 2016 年被列入《世界遗产名录》后，（　　）成为我国首个被联合国教科文组织人和生物保护圈、世界地质公园、世界遗产三大保护制度共同录入的"三冠王"名录遗产地。

A. 湖北神农架　　　B. 北京颐和园　　　C. 西藏布达拉宫　　　D. 甘肃敦煌莫高窟

【答案】A

【解析】2016 年 7 月 17 日，在联合国教科文组织世界遗产委员会第四十届大会

上，湖北神农架被正式列入《世界遗产名录》，成为我国第一个被联合国教科文组织人和生物保护圈、世界地质公园、世界遗产三大保护制度共同录入的"三冠王"名录遗产地。

经典例题 **4**（单选题）2016 年 8 月 19 日，由我国科学家自主研制的世界首颗量子科学实验卫星"（　　）"在酒泉卫星发射中心成功发射。在世界上首次实现卫星和地面之间的量子通信，是跨度最大、时尚最安全的通信网络。

A. 天琴号　　　　　　B. 天宫号　　　　　　C. 墨子号　　　　　　D. 嫦娥号

【答案】C

【解析】我国科学家自主研制的世界首颗量子科学实验卫星"墨子号"在酒泉卫星发射中心成功发射。

经典例题 **5**（单选题）G20 峰会第十一次峰会于 2016 年 9 月在杭州举行，本次峰会的主题是（　　）。

A. 经济复苏和新开端　　　　　　B. 经济增长，就业与抗风险

C. 共同行动以实现包容和稳健增长　D. 构建创新、活力、联动、包容的世界经济

【答案】D

【解析】在 G20 峰会上，习近平提出了峰会的"4 个 I"主题，即希望推动各方共同构建创新（innovative）、活力（invigorated）、联动（interconnected）、包容（inclusive）的世界经济。

经典例题 **6**（单选题）当地时间 2016 年 8 月 5 日晚，第（　　）届奥林匹克运动会在里约热内卢的马卡纳体育场开幕，这是现代奥运会历经 120 年发展后（　　）登陆南美洲。

A. 28　第一次　　　B. 29　第二次　　　C. 30　第二次　　　D. 31　第一次

【答案】D

【解析】第 31 届奥林匹克运动会在里约热内卢的马卡纳体育场开幕，这是第一次在南美洲举行，这是现代奥运会历经 120 年发展后首次登陆南美洲。

2. 同步训练

单项选择题

1. 2017 年 2 月 23 日，中国篮球协会第九届全国代表大会在北京召开，会议审议通过了第八届中国篮球协会工作报告，审议并通过了《中国篮球协会章程》，并选举产生了以（　　）为主席的第九届中国篮球协会领导班子。

A. 姚明　　　　　　B. 李金生　　　　　　C. 宫鲁鸣　　　　　　D. 杨桦

2. 2016 年 9 月 3 日，国家主席习近平出席 2016 年二十国集团工商峰会开幕式，并发表题为（　　）的主旨演讲，强调中方希望同各方一道，建设创新、开放、联动、包容型世界经济，推动世界经济走上强劲、可持续、平衡、包容增长之路。

A. 新希望 新起点　　　　　　　B. 中国发展新起点 全球增长新蓝图

C. 经济发展新常态 发展方式新起点　D. 共同构建合作共赢全球新秩序

3. 2017 年 3 月 31 日，国务院总理李克强主持召开国务院第七次全体会议，决定任命（　　）为香港特别行政区第五任行政长官，于 2017 年 7 月 1 日就职。

A. 林郑月娥　　　B. 叶刘淑仪　　　C. 胡国兴　　　D. 曾俊华

4. 为推动建立科技特派员创业扶贫机制，科技部联合国务院扶贫办起草《科技特派员创业扶贫实施方案》。2017 年 2 月 17 日，科技部副部长徐南平表示，2017 年科技部将开展（　　），进一步动员全社会科技资源投身脱贫攻坚。

A. 精准扶贫工程　　　　　　　　B. 科技扶贫行动

C. "百千万"科技扶贫工程　　　　D. 精准扶贫、科技脱贫

5. 2017 年 3 月 17~18 日，（　　）会议在德国巴登巴登举行。此次会议是德国担任主席国后举办的首次财长和央行行长会。会议主要讨论了当前全球经济形势和增长框架、促进对非洲投资、国际金融架构、国际税收、金融部门发展和监管以及其他全球治理议题，并发表了联合公报。财政部部长肖捷和中国人民银行行长周小川率中国代表团出席了会议。

A. 金砖峰会　　　　　　　　　　B. 二十国集团（G20）财长和央行行长

C. 欧盟峰会　　　　　　　　　　D. 中欧峰会

6. 2017 年 1 月，习近平主席在联合国日内瓦总部发表了题为（　　）的演讲。从历史和现实角度围绕人类前途命运的重大主题，全面系统地阐述了构建人类命运共同体这一时代命题。

A. 共建共享、合作共赢　　　　　B. "一带一路"

C. 文明交流的全球认知　　　　　D. 共同构建人类命运共同体

7. 2017 年中央"一号文件"指出，农业农村工作必须顺应新形势新要求，坚持问题导向，调整工作重心，（　　），加快培育农业农村发展新动能，开创农业现代化建设新局面。

A. 着力推进农业提质增效　　　　B. 深入推进农业供给侧结构性改革

C. 引领现代农业加快发展　　　　D. 激活农业农村内生发展动力

8. 2017 年 4 月 1 日，中共中央、国务院印发通知，决定设立（　　）。这是党中央作出的一项重大的历史性战略选择，是继深圳经济特区和上海浦东新区之后又一具有全国意义的新区。

A. 重庆两江新区　　B. 大连金普新区　　C. 湖南湘江新区　　D. 河北雄安新区

9. 2017 年 5 月，中国主办了（　　）国际合作高峰论坛，共商合作大计，共建合作平台，共享合作成果，为解决当前世界和区域经济面临的问题寻找方案，为实现联动式发展注入新能量，更好造福各国人民。

A. "一带一路"　　B. 北京 APEC　　C. 杭州 G20　　D. 中国会展经济

10. 2016 年 10 月 14 日，瑞典文学院常务秘书长莎拉·丹纽尔宣布，2016 年诺贝尔文学奖授予（　　）。颁奖词称："他在伟大的美国歌曲传统中开创了新的诗性表达。"

A. 村上春树   B. 杰艾伦·金斯伯格

C. 鲍勃·迪伦   D. 阿多尼斯

11. 2016 年 10 月 17 日，（   ）在酒泉卫星发射中心由长征二号 FY11 运载火箭发射。经过 2 天独立飞行完成与天宫二号空间实验室自动对接形成组合体。这次飞行任务是中国载人航天工程三步走中从第二步到第三步的一个过渡，目的是为了更好地掌握空间交会对接技术，为中国建造载人空间站做准备。

A. "神舟十号"   B. "神舟十一号"   C. "嫦娥一号"   D. "嫦娥二号"

12. 2016 年 11 月 16 ~ 18 日，以"创新驱动造福人类——携手共建网络空间命运共同体"为主题的第三届世界互联网大会在（   ）召开，来自全球的 110 多个国家和地区、16 个国际组织的 1 600 名嘉宾共聚一堂展望互联网发展前景。

A. 山东青岛   B. 重庆两江   C. 浙江乌镇   D. 福建厦门

参考答案与解析

单项选择题

1. 【答案】A

【解析】2 月 23 日，在中国篮球协会第九届全国代表大会上，姚明当选新一届中国篮协主席。

2. 【答案】B

【解析】9 月 3 日，国家主席习近平在杭州出席 2016 年二十国集团工商峰会开幕式，并发表题为《中国发展新起点　全球增长新蓝图》的主旨演讲。

3. 【答案】A

【解析】国务院任命林郑月娥为香港特别行政区第五任行政长官。

4. 【答案】C

【解析】2017 年科技部将开展"百千万"科技扶贫工程，进一步动员全社会科技资源投身脱贫攻坚。

5. 【答案】B

【解析】3 月 17 ~ 18 日，二十国集团（G20）财长和央行行长会议在德国巴登巴登举行。此次会议是德国担任 G20 主席国后举办的首次财长和央行行长会。

6. 【答案】D

【解析】2017 年 1 月，习近平主席在联合国日内瓦总部发表了题为《共同构建人类命运共同体》的演讲。

7. 【答案】B

【解析】中央"一号文件"题为《中共中央、国务院关于深入推进农业供给侧结构性改革加快培育农业农村发展新动能的若干意见》，强调深入推进农业供给侧结构性改革。

8. 【答案】D

【解析】2017 年 4 月，中共中央、国务院印发通知，决定设立河北雄安新区，区位优势明显。

9.【答案】A

【解析】2017年5月14～15日，在北京举办的"一带一路"国际合作高峰论坛是我国首次以"一带一路"战略为主题举办的最高规格、大规模国际论坛，是中国继北京APEC、杭州G20之后举办的又一次重要的国际盛会、主场外交。

10.【答案】C

【解析】鲍勃·迪伦荣获2016年诺贝尔文学奖。

11.【答案】B

【解析】2016年10月17日，"神舟十一号"飞船在酒泉卫星发射中心发射。

12.【答案】C

【解析】2016年11月16～18日，第三届世界互联网大会在中国浙江乌镇召开。

专项训练三

常 识 判 断

1. 经典示例

经典例题 1（单选题）儒家也称为儒教或儒学，儒家基本上坚持"亲亲""尊尊"的立法原则，以下说法不正确的是（　　）。

A. 儒家提倡"德治"　　　　　　　　B. 儒家重视"人治"

C. 儒家追求"法治"　　　　　　　　D. 儒家维护"礼治"

【答案】C

【解析】儒家维护"礼治"、提倡"德治"、重视"人治"。法家思想追求"法治"，故选 C 项。

经典例题 2（单选题）《封神演义》中提到一种神奇的动物叫"四不像"，现实中，这种动物是（　　）。

A. 角马　　　　　B. 麋鹿　　　　　C. 驯鹿　　　　　D. 鸭嘴兽

【答案】B

【解析】麋鹿又名"四不像"，是因为头脸像马，角像鹿，颈像骆驼，尾巴像驴，故选 B 项。

经典例题 3（单选题）每年的 7 月、8 月，我国大部分地区出现了高温天气，这主要是受到（　　）的影响。

A. 西太平洋副热带高压　　　　　　B. 东太平洋副热带高压

C. 西太平洋热带高压　　　　　　　D. 东太平洋热带高压

【答案】A

【解析】西太平洋副热带高压（简称副高）是影响我国大陆的重要天气系统。故选 A 项。

经典例题 4（单选题）2013 年 5 月，我国南方大部分地区的夜空中可以看到一个持续数十秒拖着锥形光尾的不明物体。这实际是一次高空科学探测实验，其产生的锥形光带是由于在高空撒布的（　　）形成。

A. 纳　　　　　　B. 镁　　　　　　C. 铊　　　　　　D. 钡

【答案】D

【解析】本次试验利用高空探空火箭，通过高能粒子探测器、磁强计和钡粉释放实验装置等多种科学探测有效载荷，对电离层、近地空间的高能粒子和磁场强度与结构进行了原位探测。故选 D 项。

经典例题 5（单选题） 古代六艺，"礼、乐、射、御、书、数"中的"御"是指（　　）。

A. 杂技　　　　　　B. 驾车　　　　　　C. 射箭　　　　　　D. 骑马

【答案】B

【解析】"礼、乐、射、御、书、数"，合称"六艺"。礼，主要指德育；乐，指美育；射，射箭；御，指驾车；书，指各种历史文化知识；数，指数学。故选 B 项。

经典例题 6（单选题） 2015 年 7 月，青岛海域遭受了浒苔的侵袭。它的形成主要是由于（　　）。

A. 海水富含氮磷　　　　　　　　B. 海洋鱼类数量减少

C. 海水缺少氧离子　　　　　　　D. 区域内大量海洋生物死亡

【答案】A

【解析】浒苔爆发的根本原因是海水富含氮磷，海水富营养化打破了海域原有的平衡。故选 A 项。

2. 同步训练

单项选择题

1. "以德治民，取信于民"体现了哪家的思想？（　　）

A. 墨家　　　　　　B. 道家　　　　　　C. 儒家　　　　　　D. 法家

2. 下列哪一典故与《庄子》无关？（　　）

A. 鹏程万里　　　　B. 庖丁解牛　　　　C. 庄生梦蝶　　　　D. 刻舟求剑

3. "四书五经"中的"四书"指的是（　　）。

A.《诗经》《孟子》《孝经》《尔雅》　　B.《周易》《尚书》《礼记》《春秋》

C.《大学》《中庸》《论语》《孟子》　　D.《尚书》《周易》《论语》《孝经》

4. 第一部诗歌总集是（　　）。

A.《诗经》　　　　B.《汉书》　　　　C.《诗歌总集》　　D.《尔雅》

5. 西汉时期，谁奉汉武帝之命两次出使西域，开辟了著名的"丝绸之路"？（　　）

A. 班超　　　　　　B. 张骞　　　　　　C. 鉴真　　　　　　D. 郑和

6. 中国共产党在社会主义初级阶段基本路线的简明概括是（　　）。

A. 始终不渝地坚持改革开放　　　　B. 解放和发展生产力

C. 消除两极分化，达到共同富裕　　D. 一个中心，两个基本点

7. 辛亥革命后屡遭挫折的孙中山先生，把中国共产党人当成亲密朋友，毅然改组国民党，实行（　　）三大政策。

　　A. 联美、溶共、扶助农工　　　　　　B. 联俄、联共、扶助农工

　　C. 民族、民权、民生　　　　　　　　D. 民族、民主、民生

8. 开辟天津为通商口岸的不平等条约是（　　）。

　　A.《南京条约》　　B.《北京条约》　　C.《天津条约》　　D.《马关条约》

9. 关于宇宙的起源，最具代表性、影响最大的理论是（　　）。

　　A. 黑洞理论　　　　B. 大爆炸理论　　C. 暗物质学说　　　D. 能量守恒定律

10. 下列不属于清洁能源的是（　　）。

　　A. 太阳能　　　　　B. 核能　　　　　C. 潮汐能　　　　　D. 水能

11. 红十字国际委员会设立的护理界国际最高荣誉奖是（　　）。

　　A. 白求恩奖　　　　B. 南丁格尔奖　　C. 菲尔兹奖　　　　D. 沃尔夫奖

12. 把海螺壳扣在耳朵上，可以听到像海潮一样的声音，其实这是（　　）

　　A. 风吹进海螺壳的声音　　　　　　　B. 颅内血液流动的声音

　　C. 海螺运动发出的声音　　　　　　　D. 外界的杂音

13. 自古以来，中国人就有饮茶的习惯，国内较早关于茶叶的研究来自唐代陆羽的《茶经》，茶叶按其制作工艺可以分为不发酵、半发酵和完全发酵茶。以下属于半发酵茶的是（　　）。

　　A. 西湖龙井茶　　　　　　　　　　　B. 庐山云雾茶

　　C. 福建安溪铁观音　　　　　　　　　D. 安徽祁门红茶

14. 关于我国的湖泊，下列叙述正确的是（　　）。

　　A. 海拔最低的湖在四川　　　　　　　B. 海拔最高的湖在新疆

　　C. 最大的淡水湖在江西　　　　　　　D. 最大的咸水湖在西藏

15. 下列不属于我国佛教四大名山的是（　　）。

　　A. 山西五台山　　　B. 四川峨眉山　　C. 浙江普陀山　　　D. 陕西华山

参考答案与解析

单项选择题

1.【答案】C

【解析】孔子主张以德治民，反对苛政和任意刑杀，统治者要爱惜民力，取信于民，正身律己。故选 C 项。

2.【答案】D

【解析】刻舟求剑出自《吕氏春秋·察今》，"鹏程万里"出自《庄子·逍遥游》，"庖丁解牛"出自《庄子·养生主》，"庄生梦蝶"出自《庄子·齐物论》，故选 D 项。

3.【答案】C

【解析】《诗经》《周易》属于"五经"。"四书"指《论语》《孟子》《大学》《中

庸》四部经典著作，故选 C 项。

4.【答案】A

【解析】《诗经》是我国第一部诗歌总集，收录了自西周初年至春秋中叶 500 多年的诗歌 300 余篇，故又称《诗三百》。西汉时被尊奉为儒家经典，始称《诗经》，并沿用至今。《诗经》分为风、雅、颂三部分，有赋、比、兴三种表现手法。

5.【答案】B

【解析】西汉时，张骞奉汉武帝之命出使西域，打开了中原和西域的联系。

6.【答案】D

【解析】中共十三大根据社会主义初级阶段理论，确立了党在社会主义初级阶段的基本路线，以经济建设为中心，坚持四项基本原则，坚持改革开放。即是"一个中心、两个基本点"。故选 D 项。

7.【答案】B

【解析】辛亥革命后的孙中山先生，毅然改组国民党，实行"联俄、联共、扶助农工"三大政策。故选 B 项。

8.【答案】B

【解析】1860 年，英国强迫清政府签订《北京条约》。这个条约除确认中英《天津条约》仍属有效外，又增加了扩大侵略的条款，增开天津为商埠。

9.【答案】B

【解析】大爆炸理论是宇宙物理学关于宇宙起源的理论，现在宇宙物理学的几乎所有研究都与宇宙大爆炸理论有关。故选 B 项。

10.【答案】B

【解析】清洁能源是指在生产和使用过程中不产生有害物质排放的能源，可再生的、消耗后可得到恢复，或非再生的（如风能、水能、天然气等）及经洁净技术处理过的能源（如洁净煤油）。核能如果发生核泄漏，将对生态环境造成非常巨大的影响，后果将不堪设想。故选 B 项。

11.【答案】B

【解析】南丁格尔奖是红十字国际委员会为表彰在护理事业中作出卓越贡献人员的最高荣誉奖。白求恩奖章是 1991 年我国卫生部设置的荣誉称号。菲尔兹奖是一个在国际数学联盟的国际数学家大会上颁发的奖项。沃尔夫奖主要是奖励对推动人类科学与艺术文明作出杰出贡献的人士。故选 B 项。

12.【答案】B

【解析】声波共振会产生比普通振动更大的声音，即便是很微弱的声音。海螺壳其实跟小提琴、吉他的共振一样，人们听到的是颅内血液流动的声音与壳内空气共振后的声音。

13.【答案】C

【解析】A 项西湖龙井茶是不发酵茶；B 项庐山云雾茶是不发酵茶；C 项铁观音是半发酵茶；D 项祁门红茶是全发酵茶。

14. 【答案】C

【解析】海拔最低的湖是位于新疆维吾尔自治区吐鲁番盆地的艾丁湖。海拔最高的湖是位于西藏的纳木错湖。最大的咸水湖是位于青海的青海湖。故选 C 项。

15. 【答案】D

【解析】中国佛教四大名山分别为：山西五台山、浙江普陀山、四川峨眉山、安徽九华山，有"金五台、银普陀、铜峨眉、铁九华"之称。D 项华山是我国五岳之一，不属于佛教四大名山之列，故选 D 项。